"EL FEMINISMO NO ES NUEVO"
Las crónicas de Clotilde Betances Jaeger

Editado por María Teresa Vera-Rojas

Arte Público Press
Houston, Texas

Recuperando el pasado, creando el futuro

Arte Público Press
University of Houston
4902 Gulf Fwy, Bldg 19, Rm 100
Houston, Texas 77204-2004

Diseño de la portada por Adelaida Mendoza

Edición e Introducción © 2020 por María Teresa Vera-Rojas
Impreso en los Estados Unidos de América

20 21 22   4 3 2 1

ÍNDICE

II. "Mentes de mujer"

Retratos de mujeres hispanoamericanas y españolas
(con alguna excepción)

III. "Gente contra gente no alzará espada"

Crónicas políticas, antiimperialistas y abolicionistas

VI. "Si pudiera, escribiría unos versos"

Creación literaria

Apéndice

AGRADECIMIENTOS

El trayecto que se materializa en este volumen se inicia en 2004 con una pregunta que me hice mientras era estudiante de doctorado de University of Houston y *research assistant* en el *Recovering the U.S. Hispanic Literary Heritage Project*: ¿hubo textos escritos por puertorriqueñas en Nueva York que tuvieran una visión diferente sobre la mujer de aquella proyectada por Jesús Colón, Alberto O'Farrill y, en general, los editores del semanario *Gráfico*? Desde entonces la búsqueda ha sido fructífera y los hallazgos han contribuido a una comprensión más compleja del feminismo, la cultura y las experiencias del heterogéneo colectivo de mujeres que integraba la colonia puertorriqueña de Nueva York, entre las décadas de 1920 y 1940. Esta pregunta y el feminismo de Clotilde Betances Jaeger también definieron de manera decisiva el rumbo de mi investigación, buena parte de la cual se debe a las crónicas aquí recogidas.

Este volumen es posible gracias al apoyo incondicional del Dr. Nicolás Kanellos y a la confianza con la que ha respaldado desde entonces mi investigación sobre Clotilde Betances Jaeger.

La recuperación de estas crónicas se ha podido realizar gracias al extraordinario archivo y al imprescindible trabajo del *Recovering the U.S. Hispanic Literary Heritage Project,* en donde he podido consultar *Gráfico* y *Artes y Letras* en su totalidad. La lectura y el estudio de *La Prensa* fue llevada a cabo en el archivo del Center for Puerto Rican Studies del Hunter College de Nueva York, gracias a las becas de investigación otorgadas por esta institución.

Otros archivos y centros de documentación han sido también imprescindibles en la incansable búsqueda de los escritos de Clotilde Betances Jaeger: la "Colección Puertorriqueña" de la Biblioteca Lázaro de la Universidad de Puerto Rico, Río Piedras, el Arxiu Històric de la Ciutat de Barcelona, el CRAI Biblioteca del Pavelló de la República de la Universitat de Barcelona y el International Institute of Social History de Ámsterdam.

Este libro es también el resultado de los años de formación e intercambio académicos como investigadora de ADHUC —Centre de Recerca Teoria, Gènere, Sexualitat de la Universitat de Barcelona.

Quiero agradecer, finalmente, a Marta Aponte Alsina por los felices intercambios sobre Clotilde Betances Jaeger, por la amistad y el entusiasmo con el que ha respaldado mi investigación sobre la prensa y las escritoras de la colonia puertorriqueña en Nueva York. Agradezco a María Sánchez Carbajo por su invaluable asistencia en la revisión de los textos que integran este volumen. A Sonia Barrios, Luziris Pineda Turi, Anadeli Bencomo, Elizabeth Cummins-Muñoz y Mónica Parle, por acompañarme en este largo trayecto.

A mi familia, por el respaldo y la confianza en cada proyecto que emprendo. A Álvaro, por el apoyo intelectual y afectivo con el que ha compartido mi investigación y mi pasión por Clotilde Betances Jaeger a lo largo de quince años.

INTRODUCCIÓN

La mujer de hoy es tan feminista como la de ayer.
Esos deseos, en muchas inconfesados,
de ser independientes económicamente,
de abrirse campo en las letras, en las artes,
en la ciencia, es feminismo puro.
Clotilde Betances Jaeger, "El feminismo no es nuevo"

El 3 de mayo de 1930, Clotilde Betances Jaeger publica en *Gráfico* un texto titulado "Carta abierta a Clara Ponval"[1]. Además de una magistral respuesta, esta epístola tiene el valor excepcional de acercarnos a la intimidad y a la vida profesional de esta feminista y escritora puertorriqueña a través del relato que construye de sí misma:

Esposa, ama de casa, oficinista, periodista y escritora. Trabajo, amiga mía, de sol a sol. No me sonríe la fortuna, lo que no lamento porque así estoy más compenetrada con las luchas de la mujer y mi simpatía enorme es toda de ella . . .

Como oficinista, mi trabajo es de responsabilidad y competencia; no tengo tiempo, como muchas de mis compañeras, para leer novelas y arreglarme las uñas en la oficina, lo que no quita que me las arregle en casa porque soy muy presumida. También lavo y plancho esas cositas que no pueden ir al *laundry* y que a una mujer no es preciso enumerárselas. Sostengo voluminosa correspondencia con varias mujeres representativas de la opinión en distintos países y, después de todo esto, escribo todas las noches hasta las doce. Otras mujeres, como usted no puede menos de reconocer, bailan y se divierten a esas horas. Tampoco dejo de hacer mis ejercicios para mantener el vigor físico, la mente alerta, la juventud y las líneas. Como periodista, no lo hago mal. Ya usted lo dice en su párrafo sexto. Como escritora, he escrito toda mi vida. . .

Dice usted muy mal en eso de cuando todo en la vida nos sonríe. La vida no puede sonreírle a una mujer de mi calibre, que lucha denodadamente por el derecho violado, la destrucción de los ídolos, la emancipación de la tradición que es cadena y esclaviza y, sobre todo, [por] ayudar a la mujer a deshacerse del temor de vivir. . .

No pierdo las esperanzas. Mis esfuerzos serán secundados algún día porque la mujer latina no debe ni puede quedarse rezagada en la evolución social e histórica de hoy.

Como deja constancia en esta carta, tanto en la intimidad de su cotidianidad y de sus afectos como en la fortaleza de sus crónicas y de su oficio como periodista y escritora, la lucha en contra de la esclavitud social, económica e intelectual de las mujeres definió la vida y la labor intelectual de Clotilde Betances Jaeger. La mujer nueva, la mujer apóstol, la mujer mundo son algunos de los nombres con los que defendía la liberación de la mujer latina durante las primeras décadas del siglo XX; a partir de estas definiciones también se articulaba su cotidianidad, su pensamiento, su escritura, su activismo y su legado.

Además de una reconocida feminista, Clotilde Betances fue una prolífica escritora e intelectual antiimperialista, antibelicista, defensora de los derechos de educación de la infancia y las mujeres, de la igualdad racial y de la independencia de Puerto Rico, donde nació, en San Sebastián del Pepino, probablemente en 1894[2]. Produjo y publicó la mayor parte de su trabajo en Nueva York, ciudad en la que residió desde mediados de la década de los veinte, y donde, al parecer, murió en la década de los setenta.

Su prestigio y el respeto por su trabajo eran reconocidos por intelectuales, feministas y destacadas figuras de los círculos artísticos y literarios tanto de Puerto Rico y la colonia hispana en la metrópoli como de Hispanoamérica y España. Esta acogida iba a la par con la publicación de sus crónicas y ensayos, y la difusión de sus estudios críticos y sus textos de creación literarias en revistas culturales, diarios, semanarios y periódicos no solo de Nueva York, sino también de diferentes publicaciones de países como Puerto Rico, Cuba, República Dominica, México y España, principalmente entre las décadas de 1920 y 1950.

La lectura de sus crónicas nos permite ingresar en un espacio de debate y militancia feministas en la colonia hispana de Nueva York, integrado por intelectuales, escritoras y artistas pertenecientes a las clases media y alta de la colonia puertorriqueña[3], entre las cuales destacaban nombres como los de Josefina Silva de Cintrón, Clotilde Betances Jaeger y María Mas Pozo. Gracias a la labor de estas escritoras, la lucha por los derechos de la mujer y los debates en torno a la feminidad y el feminismo compartieron protagonismo con los relatos de inmigración y la lucha obrera de líderes e intelectuales obreros y sindicalistas de la colonia puertorriqueña como Jesús Colón, Joaquín Colón y Bernardo Vega, así como con la producción literaria de escritores puertorriqueños como Pedro Juan Labarthe y Pedro Caballero. A su vez, las crónicas de Clotilde Betances Jaeger nos ofrecen diferentes registros sobre las transformaciones sociales, económicas y políticas que tenían lugar en medio de la avasallante vida moderna norteamericana, y dan cuenta de cómo estos cambios, además de resignificar los modos de convivencia y las prácticas cotidianas de la colonia hispana, también abrían un amplio campo de posibilidades para las libertades de las mujeres latinas.

"El feminismo no es nuevo": Las crónicas de Clotilde Betances Jaeger recoge buena parte de sus escritos publicados entre 1920 y 1940, principalmente aquellos aparecidos en la prensa hispana de Nueva York en publicaciones como el semanario *Gráfico*, la revista cultural *Artes y Letras* y el diario *La Prensa*, e incluye algunas de sus colaboraciones en Puerto Rico y en la prensa anarquista española.

Clotilde Betances Jaeger: la mujer nueva

Aunque la trayectoria periodística de Clotilde Betances no se limitaba a las páginas femeninas de los diarios, su ingreso a la escritura y el oficio periodísticos ocurre gracias a la posibilidad que brindaba la inclusión de estas secciones en la prensa puertorriqueña e hispana de la metrópoli.

Las páginas femeninas emergieron en la prensa norteamericana, a finales del siglo XIX, debido al creciente interés que generaban las mujeres como consumidoras y responsables de la economía doméstica. Herederas de esta tradición, las páginas femeninas en publicaciones como *Gráfico* o *La Prensa* de Nueva York conjugaban en un mismo espacio los asuntos que sus editores consideraban de índole femenina como consejos de belleza y de moda, farándula, la alimentación de la familia y la economía del hogar, con la publicidad de cigarrillos, alimentos, moda y belleza, y productos para el hogar y la higiene personal. Pero también, en ellas se publicaban, muy sugerentemente, reflexiones sobre feminismo, la libertad de la mujer, los cambios que atravesaba la mujer moderna y, en numerosas ocasiones, ensayos sobre política, cultura, sociedad, historia y ciencia que estuvieran directamente relacionados con las experiencias contemporáneas de las lectoras.

Los primeros trabajos periodísticos de Clotilde Betances de los que tenemos constancia tuvieron lugar en Puerto Rico[4]. En 1924 ya escribía para el *Heraldo de Puerto Rico*, del que era reportera, traductora y directora de la página de belleza y moda femenina "Lectura para las damas. Deporte y literatura". El mismo año pasó a ser la encargada del "Departamento de Información", al parecer único en su estilo en la historia del periodismo puertorriqueño hasta esa fecha, y cuyo objetivo era atender las dudas sobre "cualquier ramo del saber humano" que pudiera tener el público lector tanto de Puerto Rico como de Estados Unidos.

En 1929, Clotilde Betances Jaeger inicia su colaboración en *Gráfico*[5] y allí publicará algunas de las crónicas más importantes de su trayectoria como escritora y feminista. En la sección "Charlas femeninas" de este semanario, compartió espacio con la también escritora puertorriqueña María Mas Pozo[6] con quien mantuvo uno de los debates más significativos sobre la mujer nueva en la prensa hispana de Nueva York[7]. A pesar de los enfrentamientos y diferencias ideológicas entre Mas Pozo y Betances Jaeger en relación con las libertades de las mujeres en la sociedad moderna, sus intercambios en este semanario constituyen verdaderos manifiestos dirigidos hacia la concienciación de las mujeres latinas de la metrópoli. En sus crónicas discutieron la libertad de la mujer no solo en relación con el derecho al voto, sino respecto de la economía y las políticas económicas internacionales. Todo lo cual es sumamente subversivo, especialmente si tomamos en cuenta que mientras los hombres en las mismas páginas del periódico regulaban el comportamiento de las mujeres de la colonia y censuraban las libertades de las mujeres modernas norteamericanas[8] —a la par que promovían su sexualización mediante ilustraciones de flappers y fotografías de actrices de Hollywood[9]—, ellas discutían los orígenes de la opresión de las mujeres y debatían si estas debían reclamar la igualdad con el hombre en el hogar y en la sociedad.

Asimismo, en esta columna, Betances Jaeger denunció la violencia doméstica, la cosificación de la mujer, la desigualdad de derechos civiles y la desprotección legal de la que eran víctimas, y lo hizo a través de crónicas como "Matrimonio y mortaja del cielo bajan", "Hay que respetar a la mujer", "La moral de la mujer en magisterio" y "El espíritu de hoy". En estos y otros textos fue implacable además en su crítica a la esclavitud religiosa y social de la mujer y denunció la doble moral con la que la sociedad legitimaba la sumisión de las mujeres, regulaba su identidad y restringía su autonomía intelectual y física. En "Las tragedias del himen", publicado en la revista anarquista española *Iniciales,* reivindicó el goce de la mujer en la relación sexual y atacó el hecho de que a estas se les hubiera impuesto el papel de representar la honra del hombre. En este texto, responsabilizó una vez más a la religión de haber creado dogmas como la virginidad y de hacer del himen un símbolo de castidad en perjuicio de la libertad de las mujeres. Como en sus otras crónicas feministas, en este texto Clotilde Betances Jaeger insistía en que la única diferencia que existía entre hombres y mujeres era la biológica, porque todo aquello que la mujer debía representar socialmente no era más que una imposición cultural de la que la religión tenía gran responsabilidad.

Por otra parte, la campaña antibelicista de Clotilde Betances Jaeger está presente en buena parte de sus crónicas, y con ella la interpelación directa a las mujeres de la colonia y de Hispanoamérica para que participaran activamente en la denuncia y la detención de los conflictos bélicos que ya se anticipaban en Europa. En "La mujer y la paz", "La paz y la mujer", así como también en "La mujer nueva", publicadas en *Gráfico,* o en sus cartas publicadas en la sección "De nuestros lectores" del diario *La Prensa* —identificadas con el subtítulo designado por el editor, como en el caso de "[Sobre la conferencia de la señorita Mistral – Las mujeres de Sudamérica…][10]" o "[Prejuicios nórdicos—La mujer sudamericana . . .]"—, Clotilde Betances no solo expuso que la guerra limitaba las libertades de las mujeres, sino que tomó especial partido en denunciar los comentarios racistas de Carrie Chapman Catt pronunciados en el marco de la conferencia "La causa y cura de la guerra" ("Cause and Cure of War"), llevada a cabo en Washington DC, del 18 al 24 de enero de 1925. En esta conferencia, la líder sufragista norteamericana afirmó que las mujeres "sudamericanas" carecían de educación y eran incapaces de tener una visión más amplia sobre políticas internacionales, lo cual constituía, según Chapman Catt, una amenaza para la lucha por la paz. Las diferentes respuestas de Betances Jaeger se enfilaron directamente hacia Champan Catt para desmentirla, pero, además, para equiparar su arrogancia imperialista con la ignorancia del pueblo norteamericano. Este enfrentamiento nutría, sin duda, la insistencia con la que Clotilde Betances reclamaba a sus lectoras más acción y una mayor concienciación de sus responsabilidades en el acontecer político y económico nacional e internacional.

Estas son algunas de las crónicas que integran la primera parte de este volumen, titulada **"¡Mujer latina, despierta!". Crónicas feministas.** Aunque el feminismo fue medular en el pensamiento y toda la escritura de Clotilde Betances Jaeger, esta selección junto con los textos que integran la segunda parte, **"Mentes de mujer". Retratos de mujeres hispanoamericanas y españolas (con alguna excepción),** condensan sus reflexiones sobre la emancipación de la mujer y sobre la necesidad de construir una genealogía que permitiera no solo explorar los orígenes históricos de la opresión de género y de la división sexual del trabajo, sino también celebrar la labor intelectual, artística, científica y social de otras mujeres contemporáneas a ella, tales como Marta Robert de Romeu, Ofelia Rodríguez Acosta o Mariblanca Sabas Alomá[11], quienes encarnaban las libertades que representaba la mujer nueva, así como la posibilidad de una revolución social de manos de las mujeres.

Clotilde Betances Jaeger: la mujer apóstol

El nombre de Clotilde Betances Jaeger aparece de forma esporádica en algunos libros publicados entre las décadas de 1960 y 1970 dedicados sobre todo al estudio de Ramón Emeterio Betances y Enrique José Varona. El interés que desde hace un par de décadas ha despertado el pensamiento y la escritura de Clotilde Betances Jaeger ha sido consecuencia, por una parte, de las valiosas, aunque todavía escasas, investigaciones sobre las aportaciones culturales de los puertorriqueños en la metrópoli, el feminismo de las latinas en Estados Unidos y la figura de la nueva mujer de las primeras décadas del siglo XX[12]. Y, por otra, de los trabajos sobre las publicaciones anarquistas de la Segunda República y la Guerra Civil españolas[13]. A pesar de que hay un largo intervalo de silencio entre el periodo de mayor difusión de su escritura —1920 a 1950— y la progresiva recuperación de sus textos —2000-2020—, el prestigio intelectual, la trayectoria como feminista y defensora de los derechos sociales de las minorías raciales y la vida de Clotilde Betances Jaeger fueron recogidos en diferentes publicaciones y estampas biográficas desde, por lo menos, la década de los treinta.

Uno de los textos de referencia en este sentido es el publicado por José Reyes Bermúdez en la edición del 20 de mayo de 1939 del *Puerto Rico Ilustrado*. Titulado "Puertorriqueños ilustres: Clotilde Betances", este perfil biográfico e intelectual destacaba la erudición de esta escritora puertorriqueña y enfatizaba la retórica de la humildad que, según Reyes Bermúdez, antecedía sus escritos:

> Su inmensa modestia la hace internarse en sí misma, en las reconditeces de su propio ser, como si pretendiera esconderse a las miradas de todos, en sus ansias de pasar desapercibida ante el mundo que la lee y la admira. Solo su pensamiento polifacético anda desperdigado por los mundos, ya que su producción literaria es traducida a diversos idiomas, entre

ellos el francés, el alemán, el ruso y hasta el rumano. Y a pesar de la universalidad de su obra evita en todo momento el elogio merecido, la admiración conquistada, todo lo que tienda a realzar su persona. (19)

En Clotilde Betances Jaeger, sin embargo y como se podrá comprobar en la lectura de sus crónicas, la modestia no es tanto un elemento distintivo de su escritura como una estrategia que inscribe su figura en la tradición de la literatura femenina precedente. El alcance internacional de la popularidad y el reconocimiento de su trabajo es enfatizado por Reyes Bermúdez quien lamenta asimismo el desconocimiento que se tenía entonces —y que persiste en la actualidad— sobre su destacado trabajo intelectual "como profunda pensadora y estilista de honda penetración psicológica" (19).

Este desconocimiento ha ocurrido aun cuando buena parte de sus escritos y conferencias reflexionaron sobre la literatura, cultura, política e historia puertorriqueñas, y también, sorprendentemente, a pesar de su importante filiación con el prócer independentista y abolicionista puertorriqueño, Ramón Emeterio Bentances, su tío abuelo, con quien compartía la lucha por la independencia de Puerto Rico. Una lucha, que, según Reyes Bermúdez, conjugaba dos posiciones: "Él abogaba por la independencia patria como última etapa de un principio de reconstrucción nacional. Para ella el asunto de la independencia no es más que un medio para llegar a un fin: la revolución social completa, que le devuelva la libertad al individuo y elimine de raíz todos los males sociales, y todas las instituciones parasitarias" (17).

Esta lucha por alcanzar una "revolución social completa" no se limitaba al reconocimiento de los derechos de igualdad de las mujeres, sino que abogaba también por el fin de las diferentes formas de esclavitud social, entre estas, la perpetuación de la opresión racial, el imperialismo norteamericano y la guerra. **"Gente contra gente no alzará espada". Crónicas políticas, antiimperialistas y abolicionistas,** la tercera parte de este volumen, recoge las crónicas políticas de Clotilde Betances Jaeger. En ella se reúnen textos como "Lincoln y Betances" y "Hacia atrás", publicados en *Gráfico* o "El derecho divino de los blancos", publicado en *Puerto Rico Ilustrado*, en los cuales no solo reconoce la labor emancipadora de Ramón Emeterio Betances, sino que además denuncia el racismo en los Estados Unidos y la imposición colonial de este país en Puerto Rico.

De este modo, la idea de una "revolución social completa" es el eje en torno al cual se articulan sus textos de las décadas de los veinte y los treinta y es, precisamente, lo que explica que la defensa de los "derechos violados" de la mujer, de la igualdad de las razas y de la independencia de Puerto Rico compartan espacio con su lucha por una educación libre de tabúes sociales y con el diálogo con el pensamiento anarquista y naturalista que da forma a una parte de sus textos. Estas vindicaciones las compartía con otras feministas y escritoras hispanoamericanas y españolas contemporáneas a quienes reconocía en sus escritos, así como con nombres destacados de este movimiento, como "Federica Montseny, Violeta Miqueli, Àngela Graupera y otras mujeres de avanzada, la vanguardia de la intelectualidad femenina revolucionaria" (Reyes Bermúdez 17).

Efectivamente, si bien Clotilde Betances Jaeger se inscribe en las generaciones de mujeres pertenecientes a las clases acomodadas de Puerto Rico, que pudieron acceder a una educación universitaria de prestigio e ingresar al sector profesional a través de campo de la educación, principalmente como maestras normalistas, su posicionamiento feminista no solo se inscribe en la obra de sufragistas liberales puertorriqueñas como Ana Roqué de Duprey, María Luisa Angelis, Mercedes Solá, Milagros Benet de Mewton, Librada R. de Ramírez, María Cadilla de Martínez y Trinidad Padilla de Sanz, quienes además habían tenido una presencia indiscutible en publicaciones periódicas puertorriqueñas y en la constitución de organizaciones sufragistas y feministas en Puerto Rico. El feminismo de Clotilde Betances Jaeger también abrazó las formas de liberación que defendían el feminismo socialista y anarquista, liderado por feministas españolas como Federica Montseny y Àngela Graupera. De hecho, además de defender el derecho al voto y la igualdad entre hombres y mujeres, el feminismo de Clotilde Betances se caracterizó por insistir en la importancia de la emancipación económica de la mujer y la igualdad de condiciones económicas con el hombre, las críticas a las imposiciones sociales de la iglesia, las indagaciones históricas sobre el origen del matriarcado y el patriarcado, y las formas de acción directa mediante la interpelación de las lectoras a la acción social. Crónicas como "El matrimonio no le trae a la mujer independencia económica nunca" y "La mujer nueva" enfatizaron la importancia de la economía y el acceso a trabajos remunerados para la independencia económica de la mujer, así como para la comprensión del papel que ocupaban sus tributos en el respaldo de las guerras. Clotilde Betances comprendió que la desigualdad de los sexos se sostenía en diferencias económicas y políticas, de allí su crítica a las convenciones sociales que hacían de la institución matrimonial el ideal de independencia y realización de la mujer. En estos textos y en otros como "No creo en las madres", publicado en la revista anarquista española *Estudios. Revista Ecléctica,* denunciaba, además, la sumisión y la dependencia que acarreaban las tareas domésticas y la maternidad, de allí que apoyara el amor libre y el control de la natalidad y criticara, a la vez, la desprotección legal y la exclusión social de las madres solteras en Puerto Rico en "El problema pavoroso de la desnutrición de la infancia en Puerto Rico y las madres solteras".

Por otra parte, su compromiso con la Segunda República Española y su alineamiento con las fuerzas republicanas en la Guerra Civil están presentes en su colaboración en el único ejemplar que se conserva del periódico quincenal *Al Margen.* Publicado en la ciudad de Barcelona, en dicho ejemplar de noviembre de 1937, Clotilde Betances apoyaba los sacrificios del bando republicano en su ensayo "No entierran cadáveres; entierran simientes". Partiendo de una frase de Castelao que titulaba una de las estampas del álbum *Galicia mártir,* la escritora puertorriqueña rendía homenaje a las muertes de los revolucionarios republicanos y veía en ellas, con esperanza, el futuro y la liberación de España.

Clotilde Betances Jaeger: la mujer mundo

Este perfil sobre el feminismo, el trabajo intelectual y las implicaciones políticas de Clotilde Betances Jaeger es expandido gracias al enorme trabajo llevado a cabo por Josefina Rivera de Álvarez en su *Diccionario de literatura puertorriqueña.* En la edición revisada y aumentada de 1974 se incluye un detallado registro dedicado a Clotilde Betances Jaeger en el que no solo se presta una mayor atención a su educación y desempeño como profesora, sino también a su contribución a la literatura puertorriqueña como ensayista, periodista y autora de algunos relatos de ficción y volúmenes ensayísticos, al parecer, todavía inéditos.

Era habitual que Clotilde Betances Jaeger hiciera de sus experiencias y allegados personales parte de sus reflexiones y dedicatorias; a amigos, escritores e intelectuales como Pedro Caballero, Enrique José Varona o Alberto M. Brambila dedicó textos como "Paisajes de la tierra puertorriqueña", "Estudio crítico del drama *Strange Interlude* de Eugene O'Neill" y "El idioma vive en mí", respectivamente. También, gracias a crónicas como "La mujer puertorriqueña. Marta Robert de Romeu", sabemos sobre su educación en el Colegio Presbiteriano, o por "Hay que respetar a la mujer" y "Carta abierta a Clara Ponval" conocemos que cursó estudios universitarios en Cornell University desde 1912 hasta su graduación en 1916. Así también, a partir de la dedicatoria de "Estudio crítico de *La parte del león*. Drama de Alejandro Tapia y Rivera", podemos además saber que se desempeñó como profesora en la Universidad de Puerto Rico y fue maestra normalista de la Alta Escuela Central de San Juan, la Alta Escuela de Caguas, la Escuelas de Continuación de Naguabo y Quebradillas, y la Escuela de Continuación en Santurce, "Labra".

Con todo, la amplitud y extensión de su inmersión en el ámbito educativo y su formación académica es completada de manera detallada por Josefina Rivera de Álvarez, quien registra que Clotilde Betances, además de cursar lengua y literatura en la Universidad de Puerto Rico en el verano de 1914 y de ejercer la docencia durante siete años en diferentes escuelas de continuación de Puerto Rico, continúa en Nueva York "las tareas de enseñanza (entre otras instituciones, en el Beth Jacob Teachers' Seminary of America, de Nueva York) en funciones de hispanista y de profesora de lenguas extranjeras. Prosigue a la par estudios universitarios avanzados y en 1949 recibe la maestría en ciencias por la Universidad de Butler, de Indianápolis"[14] (203-204).

El interés de Clotilde Betances Jaeger por la educación de las mujeres y los niños, así como por la defensa de una enseñanza libre de prejuicios y moralismos no se restringió a su responsabilidad editorial en las páginas del *Heraldo de Puerto Rico*, sino que formó parte integral de su escritura y de la comprensión de que una de las vías para acceder a la liberación de la mujer y llegar a una verdadera revolución social era por medio de la educación. Así lo afirmó en numerosas crónicas como las recogidas en la cuarta parte de este volumen, titulada **"Dudar siempre, hasta hallar la verdad que nos hará libres". Educación, ciencia y sociedad en tiempos modernos,** entre estas, algunas de las publicadas en *Gráfico* como "El espíritu de hoy" y "Carta abierta para René Méndez Capote de Solís"; en ensayos de *Artes y Letras* como "Letra con sangre no entra" o en cartas a *La Prensa* como "[Verdadero sentido de educación – El ideal de paz . . .]".

Uno de los aspectos que sin duda resaltan de la formación de Clotilde Betances es la conjunción de un vasto conocimiento sobre antropología, sociología, pedagogía, política internacional y religión junto con una extenso saber sobre lingüística y literatura (principalmente, hispanoamericana, española y norteamericana), ópera, música y teatro. Estos temas los abordó en las numerosas reseñas que escribió para publicaciones como *Gráfico* y *Artes y Letras*, y en las conferencias sobre literatura, escritores y escritoras hispanoamericanos que llevó a cabo principalmente en Nueva York y que fueron documentadas en diarios de la colonia hispana como *La Prensa*.

La quinta parte de este volumen recoge los textos de Clotilde Betances Jaeger sobre literatura, música y espectáculos. En **"El arte que no vive no es arte". Estudios críticos: literatura, cine, música, espectáculos,** encontramos los "estudios críticos" dedicados, entre otros, al libro de José Coll y Cuchí, *El nacionalismo en Puerto Rico*; *Las leyendas puertorriqueñas*, de Cayetano Coll y Toste; los dramas *Strange Interlude*, de Eugene O'Neill, y *La parte del León*, de Alejandro Tapia y Rivera; las novelas *El triunfo de la débil presa*, de Ofelia Rodríguez Acosta, *Dulce nombre*, de Concha Espina, *Doña Bárbara*, de Rómulo Gallegos, y *La bella intrusa*, de Max Ríos Rios, o la poesía de César Gilberto Torres, Juana de Ibarbourou o Rosita Silva[15]. Así como numerosos estudios críticos sobre obras de teatro como *Hedda*

Gabler y *John Gabriel Borkman*; películas como *Amor audaz,* o representaciones de vaudeville, danza, conciertos de orquesta y recitales, de los que destacaban figuras como Carola Goya, Nina de Silva, Hannah Lefkowitz, Juan de Beaucaire, Charles Maduro, Louis Sugarman, Giuseppe Leone y Leopoldo Santiago Lavandero.

Por otra parte, y a juzgar por las muchas reseñas que encontramos en la prensa hispana en la metrópoli, la actividad intelectual de Clotilde Betances no se limitaba a sus publicaciones en estos medios, sino que participaba en una articulada red de asociaciones y organizaciones culturales y civiles que atendían tanto la creciente demanda cultural de los habitantes de la colonia como las diferentes necesidades sociales, políticas y festivas de estos en dicha ciudad. De hecho, en sus *Memorias*, Bernardo Vega la menciona como uno de los miembros de la Asociación de Escritores y Periodistas Puertorriqueños establecida en Nueva York a finales de la década de los años treinta. Clotilde Betances, además de colaborar periódicamente en la revista cultural *Artes y Letras*, dirigida por Josefina Silva de Cintrón, también formó parte del Círculo Cultural Cervantes y participó en las reuniones y actividades culturales organizadas por esta asociación. Su activismo no solo se restringió a actividades culturales, sino que además fue la representante de Puerto Rico para la Unión de Mujeres Americanas y, entre otras asociaciones, formó parte del Comité Pro-Huelga de Puerto Rico, cuyo objetivo era organizar actividades que permitieran difundir los reclamos de los trabajadores y recoger fondos para apoyar la huelga general de cortadores de caña y de estibadores de los muelles de Puerto Rico, llevada a cabo desde finales de 1933.

Como parte de las conferencias dictadas en diferentes agrupaciones civiles y organizaciones culturales de la colonia, muchas de las cuales fueron reseñadas y difundidas en la prensa hispana local, encontramos "La Tragedia Social del Hombre", leída el 24 de marzo de 1933 para el festival literario de la Hispano America Lodge No. 233; otra conferencia sobre la poesía de Julia de Burgos, dictada el 18 de abril de 1940 para la Fraternidad Estudiantil Hispanoamericana; y la conferencia "La personalidad de José María Vargas Vila como escritor, novelista y filósofo" auspiciada por el Centro Literario Hispano el 4 de mayo de 1930. La relación de Clotilde Betances con el lenguaje le hizo explorar también el aspecto revolucionario de este a través de la conferencia "El pensador i rebolusionario mejikano Alberto M. Brambila i su ortografia rasional ispanoameriakana", leída el 2 de abril de 1933 en la Liga Puertorriqueña e Hispana Inc. de Nueva York, y publicada en México ese mismo año, en la cual abordó en el trabajo del mexicano Alberto Bambrila, quien buscaba reformar la ortografía para adaptarla a la oralidad.

Además de escribir crónicas, ensayos y reseñas, Clotilde Betances publicó cuentos breves y algunos poemas en diarios y revistas. En este sentido, Josefina Rivera de Álvarez destaca su contribución a la literatura puertorriqueña a partir de su labor como periodista y ensayista en diarios locales como *Porto Rico Progress, Puerto Rico Ilustrado, El Diluvio, La Correspondencia de Puerto Rico, La Democracia, El Mundo, Alma Latina, Heraldo de Puerto Rico, Gráfico de Puerto Rico,* todos estos publicados en San Juan; o *El Diario del Oeste,* de Mayagüez; *Puerto Rico Evangélico,* de Ponce; así como en diferentes publicaciones periódicas en Nueva York e Hispanoamérica. Resalta asimismo los galardones que recibió por su trabajo ensayístico y subraya, particularmente, el diploma de honor del Ateneo Puertorriqueño otorgado a Clotilde Betances en la edición de 1921 por su ensayo sobre el socialismo titulado "Amor y servicio"[16]. Finalmente, menciona una serie de publicaciones de libros y folletos de los cuales incluso la misma Rivera de Álvarez confiesa carecer de datos bibliográficos completos[17]. Sin embargo, es posible aproximarnos a la faceta literaria de Clotilde Betances Jaeger por medio de los textos compilados en la sexta parte de este volumen, **"Si pudiera, escribiría unos versos". Creación literaria,** en los que los trazos de un extinguido modernismo se conjugan con las exploraciones de una narrativa criollista en textos como "Agua hermana", "Y Pierrot lloró . . . ", "'Riña de gallos'. Cuento criollo" y "El revólver de Papá Toro".

Su faceta como escritora merece un especial énfasis porque las exploraciones contemporáneas sobre su figura han indagado especialmente sus imprescindibles contribuciones como feminista, pero han dejado desatendidas en buena medida sus importantes aportaciones a la literatura puertorriqueña en la isla y en Nueva York, aun cuando este fue uno de los aspectos que hizo de ella una de las intelectuales más activas y respetadas de la colonia puertorriqueña durante la primera mitad del siglo XX. La valoración que hizo Rivera de Álvarez del estilo de su escritura resalta por destacar el ritmo y la particularidad de su prosa, "periodos más breves que largos, de decir moderno vigoroso y contundente, que refleja con fidelidad una voluntad de comunicación de rigurosos escalonamientos lógicos, revestida su palabra a la par de contenida emoción y de sobrias galas líricas" (205), identificable incluso cuando firmaba con el seudónimo "La jíbara borinqueña". Sobre todo, "en el manejo del léxico y de los giros fraseológicos se advierte el acomodo de la escritora a los patrones de la lengua cultura promedio consagrada dentro de los moldes del español general, reforzada en ocasiones la transmisión del mensaje por el empleo de alguna forma neologista de sello más personal" (205).

A su vez, su cuidadosa escritura se ve enriquecida por la destreza en el manejo de un vocabulario pleno de cultismos y por la inclusión de expresiones, palabras e incluso traducciones provenientes del inglés y francés en sus textos. En este sentido, la riqueza conceptual de sus crónicas da cuenta de la constante formación de una intelectual, cuyos méritos recaen en el carácter político de su escritura, así como en el hecho de haber conseguido ingresar en el emergente campo intelectual de la colonia puertorriqueña de Nueva York, dirigido y regentado en su mayoría por hombres —Josefina Silva de Cintrón es, sin duda, una excepción— para desarrollar reflexiones políticas sin ambages que exigían de las mujeres una mayor participación en el espacio público, la demanda de igualdad de sus "derechos violados" y la necesidad de adquirir una mejor educación y una mayor autonomía intelectual.

Clotilde Betances Jaeger concebía el feminismo más allá de las luchas que encabezaban las sufragistas. Para ella, feminismo era una teoría y una agenda política que buscaba derrumbar la falsa moral con la que el *statu quo* legitimaba la opresión y la desigualdad de las mujeres ante la ley y la sociedad. Por ello exigía cambios y llamaba la atención de las mujeres, específicamente de sus lectoras, para que despertaran del letargo social en el que vivían sumidas y comprendieran que la emancipación de la mujer abarcaba también su independencia económica, el control de su cuerpo, una mayor participación política, un mayor desarrollo intelectual y la transformación de la institución matrimonial. Es por ello que dedicó sus esfuerzos a demostrar no solo que el feminismo no es nuevo, sino también que la liberación de la mujer demanda la igualdad de las razas, el fin de las guerras y el desarrollo de una educación libre de prejuicios.

Espero que este volumen pueda continuar su legado.

María Teresa Vera-Rojas

Obras citadas

Acosta-Belén, Edna. *"Adiós, Borinquen querida": la diáspora puertorriqueña, su historia y sus aportaciones*. Albany, NY: CELAC, 2000.

___. "Betances Jaeger, Clotilde". *Latinas in the United States: A Historical Encyclopedia*. Eds. Vicky L. Ruiz y Virginia Sánchez Korrol, Vol. 1. Bloomington: Indiana University Press, 2006. 87-88.

Acosta Belén, Edna y Carlos E. Santiago. *Puerto Ricans in the United States: A Contemporary Portrait*. Boulder: Lynne Rienner Publishers, 2006.

Aponte Alsina, Marta. *Culture and Indentity: Periodical Literature in Puerto Rican Archives*. Unpublished project report. Recovering the U.S. Hispanic Literary Heritage Project, University of Houston, 1994.

Arizmendi, Elena. "[La Biblia y el trabajo de la mujer]". *La Prensa* 19 Nov. 1930: 7.

Colón, Jesús. *Lo que el pueblo me dice*. Ed. e introd. Edwin Karli Padilla Aponte. Houston: Arte Público Press, 2001.

Diez, Xavier. *El anarquismo individualista en España (1923-1938)*. Barcelona: Virus editorial, 2007.

Espigado Tocino, Gloria. "Las mujeres en el anarquismo español (1869-1939)". *Ayer* 45 "El anarquismo español" (2002): 39-72.

Freán Hernández, Óscar. "Imperialismo, fascismo y revolución. El discurso sobre la guerra en la prensa anarquista gallega". *Cahiers de civilisation espagnole contemporaine* 1 (2012). <https://journals.openedition.org/ccec/3959>.

___. "Ideas y vidas a través del Atlántico. El anarquismo americano en la prensa libertaria gallega". *Historia y Política* 42 (2019): 117-143.

Havlin, Natalie. "Cultures of Migration: Race, Space, and The Politics of Alliance in U.S. Latina/o Print and Visual Culture, 1910-1939". Diss. University of Illinois at Urbana-Champaign, 2011.

Kanellos, Nicolás. *Hispanic Immigrant Literature: El sueño del retorno*. Austin: University of Texas Press, 2011.

Patterson, Martha H., ed. *The American New Woman Revisited: A Reader, 1894-1930*. New Brunswick, N.J.: Rutgers University Press, 2008.

Pérez Rosario, Vanessa. "Latinas Write the New York City Diaspora". *Review: Literature and Arts of the Americas* 47.2 (2014): 164-171.

"Relación de los Certámenes celebrados por el Ateneo puertorriqueño desde su fundación hasta 1971". *Revista del Instituto de Cultura Puertorriqueña* 75 (1976): 34-48.

Reyes Bermúdez, José. "Puertorriqueñas ilustres. Clotilde Betances". *Puerto Rico Ilustrado* 20 Mayo 1939: 19, 37.

Rivera Álvarez, Josefina. "Betances Jaeger, Clotilde." *Diccionario de Literatura Puertorriqueña*. Vol. 1. San Juan, Puerto Rico: Instituto de Cultura Puertorriqueña, 1974. 203-205.

Sabas Alomá, Mariblanca. *Feminismo. Cuestiones sociales y crítica literaria*. Santiago de Cuba: Editorial Oriente, 2003.

Sánchez Korrol, Virginia E. "The Forgotten Migrant: Educated Puerto Rican Women in New York City, 1920-1940". *The Puerto Rican Woman. Perspectives on Culture, History and Society*. 2ª ed. Ed. Edna Acosta-Belén. New York: Praeger Publishers, 1986. 170-179.

Vega, Bernardo. *Memorias*. Ed. César Andreu Iglesias. Río Piedras, Puerto Rico: Ediciones Huracán, 1988.

Vera-Rojas, María Teresa. "Betances Jaeger, Clotilde". *The Greenwood Encyclopedia of Latino Literature*. Ed. Nicolás Kanellos. Westport, CT: Greenwood Press, 2008. 126-129.

___. "Mas Pozo, María". *The Greenwood Encyclopedia of Latino Literature*. Ed. Nicolás Kanellos. Westport, CT: Greenwood Press, 2008. 748-750.

___. "Polémicas, feministas, puertorriqueñas y desconocidas: Clotilde Betances Jaeger, María Mas Pozo y sus 'Charlas femeninas' en el *Gráfico* de Nueva York, 1929-1930". *CENTRO: Journal of the Center for Puerto Rican Studies* 22.2 (2010): 4-33.

___. "Lecturas desde el margen. En torno a las cartas de María Mas Pozo en el diario *La Prensa* de Nueva York". *CENTRO: Journal of the Center for Puerto Rican Studies* 26.1 (2014): 80-109.

___. *"Se conoce que usted es 'Moderna'". Lecturas de la mujer moderna en la colonia hispana de Nueva York (1920-1940)*. Madrid y Frankfurt: Iberoamericana-Vervuert, 2018.

Notas

[1]Clotilde Betances Jaeger escribe esta carta como respuesta a la carta que Clara Ponval, una lectora de *Gráfico*, le envía a propósito del llamado de atención con el que interpelaba a las mujeres de la colonia para que reaccionaran y se posicionaran en contra del asunto de la guerra, en sus artículos "La mujer y la paz" y "La paz y la mujer", publicados entre enero y marzo de 1930. La carta de Clara Ponval, titulada "Mujeres de carne y hueso" (ver **Apéndice** en este volumen) y publicada el 12 de abril de 1930, es una respuesta en reacción al llamado de atención y las demandas de Clotilde Betances Jaeger.

[2]Aunque Josefina Rivera de Álvarez indica que nació en 1890, es probable que haya nacido en 1894. Esto se puede deducir luego de leer sus crónicas, especialmente la dedicada a Marta Robert de Romeu (nacida en 1890) y de confirmar su ingreso a Cornell University en 1912. Es curioso, sin embargo, cómo en una carta escrita a Enrique José Varona en 1929, Clotilde Betances, al referirse a su edad afirmara que tenía 28 años y su esposo Frank, 31 años.

[3]Una de las investigaciones pioneras en documentar el liderazgo de mujeres pertenecientes al sector profesional y artístico de las puertorriqueñas en Nueva York fue "The Forgotten Migrant: Educated Puerto Rican Women in New York City, 1920-1940", de Virginia Sánchez Korrol. Este texto, escrito a mediados de la década

de los ochenta, destaca la importancia que estas mujeres tuvieron en el establecimiento de la temprana colonia puertorriqueña y, aunque no menciona a Clotilde Betances Jaeger ni a María Mas Pozo, sí incluye como parte de este grupo a Josefina Silva de Cintrón, feminista y directora de la revista *Artes y Letras*, y a un heterogéneo grupo formado por mujeres como Luisa Capetillo, Lola Rodríguez de Tió, Julia de Burgos, Pura Belpré, Eloísa García Rivera, Honorina Irizarry y Raquel Rivera Hernández.

[4]Para entonces firmaba Clotilde H.(Helga) Betances. El apellido Jaeger lo adquiere luego de su matrimonio con Frank Jaeger, un estadounidense de origen alemán.

[5]*Gráfico* (1927-1931) fue uno de los semanarios más influyentes de la colonia hispana de Nueva York a finales de la década de los veinte. Sus dueños, editores y colaboradores eran tabaqueros socialistas, escritores y actores de teatro, como Alberto O'Farrill, Bernardo Vega y Jesús Colón. Algunas de las razones que explican la popularidad de este semanario son su posición conservadora con respecto al papel de la mujer hispana en la sociedad, así como la inclusión de imágenes y representaciones sexistas de las mujeres modernas norteamericanas.

[6]María Mas Pozo fue una escritora puertorriqueña, nacida en 1893 en Bayamón, donde también falleció en 1981. Perteneció a la Asociación de Escritores y Periodistas Puertorriqueños, defendió la independencia de Puerto Rico y, seguramente, fue miembro de ese movimiento junto con su esposo, José Enamorado Cuesta, con quien se casó en 1938. Desde finales de la década de los veinte y hasta, por lo menos, la década de los cuarenta colaboró activamente en publicaciones en español de la colonia hispana de Nueva York como el semanario *Gráfico*, la revista *Artes y Letras*, y la sección "De nuestros lectores" del diario *La Prensa*. También tuvo una destacada proyección internacional, gracias a su colaboración en publicaciones como *La Correspondencia* y *El Mundo* de Puerto Rico, la revista *Fémina* de República Dominicana, el *Repertorio Americano* de Costa Rica, o *La Revista Blanca* de Barcelona, España. En sus crónicas es constante su posición antiimperialista, la defensa de la independencia puertorriqueña, su apuesta por el apoyo mutuo entre los países latinoamericanos y su problematización de las libertades que la modernidad traía consigo tanto a mujeres como a hombres. Por ello defendió la superioridad moral de las mujeres y la agencia de estas en la sociedad a partir del ejercicio consciente de sus roles

como madres, maestras, esposas, hijas. Su crítica al colonialismo e imperialismo norteamericanos definió también el único libro que se conoce de ella, *El camino de la violencia* (1973), en el cual, desde una posición cercana al comunismo, identificaba y cuestionaba críticamente el capitalismo, el consumo, la religión y el imperialismo norteamericano como los motivos que propiciaban y alimentaban la violencia y las guerras. Para más información, véase, Vera-Rojas, "Lecturas desde el margen. En torno a las cartas de María Mas Pozo en el diario *La Prensa* de Nueva York" y "Mas Pozo, María" en *The Greenwood Encyclopedia of Latino Literature*.

[7]Uno de los debates que ocuparon varias ediciones de "Charlas femeninas" fue el que estas escritoras mantuvieron sobre el tema de la mujer moderna y la figura de la Nueva Mujer. El origen de dicho debate se sitúa el 27 de enero de 1929 cuando apareció publicada en esta sección una crónica titulada "La mujer moderna", firmada por Emma Barea, en el que su autora iniciaba su ensayo reflexionando sobre la importancia que había adquirido para la época el tema de la mujer, en particular debido al fenómeno de la mujer moderna. En respuesta al texto de Barea, María Mas Pozo defendió el rol protagónico de las mujeres a lo largo de la historia en un texto titulado "La mujer en las edades", publicado el 17 de febrero de 1929, y, posteriormente, defendió que la autonomía de las mujeres no era incompatible con sus responsabilidades en el hogar en "La Mujer y el Alma", publicado en dos partes, el 13 y el 20 de abril de 1929, en los que, lejos de ir al rescate de una feminidad idealizada, cuestionaba también la subordinación de la mujer ante el hombre y criticaba a la Iglesia católica por su responsabilidad en la desigualdad de la mujer en el hogar, ante las leyes y la sociedad. Clotilde Betances Jaeger respondió a Mas Pozo a partir de la magistral crónica, "La mujer nueva (Glosando a M. M. Pozo)", publicada en tres partes, los días 18 de mayo, 8 y 15 de junio de 1929. Clotilde Betances creía en la mujer como motor del cambio y la revolución social porque las concebía en igual condición intelectual y física a los hombres, por ello defendió la emancipación de la mujer nueva a través de la celebración de las oportunidades que traía consigo la vida moderna, particularmente en relación con su presencia en diferentes ámbitos de la vida pública. (Las crónicas de Emma Barea y María Mas Pozo se pueden consultar en el **Apéndice** de este volumen.)

[8]Uno de los ejemplos más significativos en este sentido son las crónicas de Jesús Colón publicadas en este semanario, las cuales pueden consultarse en el volumen *"Lo que el pueblo me dice . . . "*, editado por Edwin Karli Padilla Aponte.

[9]Sobre las contradicciones y la doble moral que definían la relación de los editores y cronistas de *Gráfico* con respecto a la flapper y las libertades de la mujer moderna norteamericana, véase, *"Se conoce que usted es 'Moderna'". Lecturas de la mujer moderna en la colonia hispana de Nueva York (1920-1940)*, de María Teresa Vera-Rojas; particularmente el capítulo "La flapper en tres escenas".

[10]Como veremos en su carta, Clotilde Betances Jaeger hace referencia a la polémica que tuvo lugar entre las lectoras de *La Prensa* en torno a una conferencia dictada por Gabriela Mistral el 15 de noviembre de 1930. Tal como se anunciaba en este diario, la conferencia titulada "Problemas de la América Hispana" prometía abordar algunos de los acontecimientos recientes que afectaban a los países hispanoamericanos. Sin embargo, como nos indican las cartas publicadas en "De nuestros lectores", Mistral no habló sobre este tema, sino que, como resumía la conocida feminista mexicana, Elena Arizmendi, en su carta del 19 de noviembre de 1930, "la poetisa se ocupó de más en contarnos sus gustos e inclinaciones. De cosas muy personales que de ningún modo respondían al título de la conferencia", para más adelante señalar: "La Mistral nos dice se ríe cuando le hablan de la mujer y el trabajo porque en su nación siempre ha visto trabajar a la mujer. Esto no quiere decir que todas las mujeres chilenas tengan las mismas buenas oportunidades para manifestar su preparación y talento, ni que sus trabajos estén siempre bien retribuidos. Pero aun aceptando que lo estuvieran, ¿acaso el problema de la falta de trabajo para ambos sexos y la mala retribución de este no es de palpitante interés en todas las Américas?" (7). A raíz de esta crítica de Arizmendi —fundadora en 1922 a de la Liga Internacional de mujeres ibéricas e hispanoamericanas y de la revista *Feminismo Internacional*—, se produjo un interesante debate que tenía como núcleo no solo la defensa de Gabriela Mistral, sino también su posición y la de las diferentes lectoras en torno al feminismo, las libertades de la mujer moderna y el derecho al voto.

[11]Feminista cubana, autora del libro *Feminismo. Cuestiones sociales y crítica literaria*, publicado en La Habana en 1930. Mariblanca Sabas Alomá junto a Ofelia Rodríguez Acosta y María Collado

representan el grupo de escritoras e intelectuales feministas cubanas cuyo liderazgo y producción literaria y periodística tiene su apogeo durante las décadas de 1920 y 1930. La admiración y el diálogo intelectual y político entre Clotilde Betances Jaeger y Mariblanca Sabas Alomá queda plasmados en diferentes crónicas recogidas en este volumen: "La moral de la mujer en el magisterio", "La paz y la mujer", "[Sobre la conferencia de la señorita Mistral—Las mujeres de Sudamérica]" y "Mariblanca Sabas Alomá, la Mujer Apóstol", en los que además elabora un perfil biográfico y activista de la feminista cubana. Por otra parte, Mariblanca Sabas Alomá publicó en la revista cubana *Carteles* un artículo titulado "Efectivamente, Sra. Chapman Catt" donde alababa la valiente respuesta de Clotilde Betances Jaeger en defensa de la mujer hispana, a propósito de la acusación hecha por Carrie Chapman Catt sobre la supuesta amenaza y falta de educación de las mujeres hispanoamericanas en relación con la guerra y la política internacional.

[12]Véanse, entre otras, las investigaciones de Edna Acosta-Belén, "'Adiós, Boriquen querida': la diáspora puertorriqueña, su historia y sus aportaciones"; Edna Acosta Belén y Carlos E. Santiago, *Puerto Ricans in the United States: A Contemporary Portrait*; Vicky L. Ruiz y Virginia Sánchez Korrol, *Latinas in the United States: A Historical Encyclopedia;* Marta Aponte Alsina, *Culture and Indentity: Periodical Literature in Puerto Rican Archives;* Nicolás Kanellos, *Hispanic Immigrant Literature: El sueño del retorno;* Martha H. Patterson, ed., *The American New Woman Revisited: A Reader, 1894-1930;* Vanessa Pérez Rosario, "Latinas Write the New York City Diaspora"; María Teresa Vera-Rojas, *"Se conoce que usted es 'Moderna'". Lecturas de la mujer moderna en la colonia hispana de Nueva York (1920-1940).*

[13]Algunas de las investigaciones que destacan la colaboración de Clotilde Betances Jaeger en publicaciones anarquistas españolas son las llevadas a cabo por Óscar Freán Hernández, "Imperialismo, fascismo y revolución. El discurso sobre la guerra en la prensa anarquista gallega" e "Ideas y vidas a través del Atlántico. El anarquismo americano en la prensa libertaria gallega"; Gloria Espigado Tocino, "Las mujeres en el anarquismo español (1869-1939)"; Xavier Diez, *El anarquismo individualista en España (1923-1938).*

[14]Además de sus publicaciones sobre este tema en los periódicos y las revistas de la colonia, Clotilde Betances Jaeger ahondó en la relación entre la pedagogía y la conservación de los valores religiosos que promovía la Iglesia presbiteriana en su tesis de maestría *Organizing a Program of Weekday Religious Education in the Bronx Community*, defendida en 1949 como parte de su Master of Science in Religious Study de Butler College, Indianápolis. Desde finales de la década de los cuarenta y durante la siguiente década, Clotilde Betances Jaeger dedicó su escritura y activismo a la educación de los niños hispanos del Bronx, a partir de una posición mucho más conservadora que se apropió de los discursos de la Iglesia protestante, la Biblia y Cristo como medios de unión, resguardo y permanencia de la institución familiar, preocupaciones que ocuparon los últimos años de su vida de los que se conserva algún registro.

[15]Aunque no se incluye en este volumen, también realizó el extenso análisis crítico, "La poesía de Gastón Figueira", incluido en el libro de poesías *Fiesta de Panamérica* de Gastón Figueira, publicado en Nueva York por Las Americas Publishing Company, en 1943.

[16]Según la "Relación de los Certámenes celebrados por el Ateneo puertorriqueño desde su fundación hasta 1971", publicada por la *Revista del Instituto de Cultura Puertorriqueña,* Clotilde Betances participó en la edición de 1921 en la categoría "Concurso sobre el tema", la cual giraba en torno a "La cuestión social y su arreglo evolutivo en justicia, equidad y generosidad".

[17]Entre los cuales destaca: *"Poet of the Stone*, sobre la vida del primer paleontólogo francés, Jacques Boucher de Crèvecoeur de Perthes; *Aníbal*, sobre el insigne guerrero cartaginés de este nombre; *El complejo de Edipo y Freud*; *Crimsom Flood*, vida del aventurero florentino Concino Concini en la Francia de Luis XIII; *Los millones bailan*, sobre la industria de la caña sucrosa en Cuba; *Worship Through Music, Introduction to Luke the Evangelist, Stray Thoughts* (dos volúmenes), *Los años que se comió la langosta*, en torno de Cervantes. Bajo el título de *Genio y estatura* tiene emprendidos estudios biográficos varios sobre Betances, Hostos, Stokowski. Es autora además de sendos dramas inspirados en las vidas de Rudyard Kipling y de Juan Bautista, y de la novela de interés sociológico que titula *La que vendrá*, de asunto puertorriqueño" (Rivera de Álvarez 204).

Nota sobre la edición

Para la transcripción de los textos de Clotilde Betances Jaeger se ha respetado la sintaxis original, incluyendo aspectos léxicos como neologismos, arcaísmos y extranjerismos, estos últimos marcados en cursivas. Solo se han adaptado las tildes y algunas palabras y los títulos de los libros, obras de teatro, cuentos, etc., a las normas de ortografía y estilo vigentes. También se han corregido erratas en nombres, títulos de libros o algunos pronombres y signos de puntuación.

Los corchetes en el texto con puntos suspensivos indican la ilegibilidad de algunas palabras en el texto original. También se han escrito algunas palabras o partes de estas entre corchetes para completar el sentido de algunas oraciones.

I
"¡Mujer latina, despierta!"
Crónicas feministas

MATRIMONIO Y MORTAJA DEL CIELO BAJAN

Matrimonio y mortaja . . . se dice en castellano; en inglés, *Marriages are Made in Heaven*. Con este último proverbio hueco ha dado título a uno de sus dramas Walter Hasenclever. Su representación ha alborotado al clero alemán de tal modo que se ha pronunciado decididamente contra el drama y su autor.

En primer término, hay que advertir que en Chile acaba de tener efecto un suceso matrimonial sangriento. Una mujer boliviana fue cogida in fraganti, esto es, cometiendo el delito de adulterio. Según añeja, bárbara y feudal costumbre de amo y señor con sus esclavos, de los tiempos de horca y cuchillo, el marido así ultrajado tiene el derecho de beber la sangre de la esposa infiel con la ley por escudo. En el caso que nos ocupa, se trocaron los papeles. La esclava se defendió logrando matar a su agresor. La ley chilena que todavía no ha reconocido en la mujer derechos jurídicos, demostrando así el exiguo grado de civilización de ese país, ha encerrado a esta mujer en las cuatro paredes de una prisión.

Ahora pregunto: ¿Fue este matrimonio hecho en el cielo? ¿Bajó del cielo? Mil veces mentira; recurso bien trabajado de la iglesia para esclavizar al ignorante. Es palmario que desde su incepción la iglesia se ha valido de tales artes. A los bárbaros engañó con milagros falsos para alejarlos de Roma, la ciudad sagrada envilecida por todos los crímenes de la púrpura y de las togas; a los despiertos arrojó en mazmorras pestilentes para que no pensaran, para que sus palabras no minaran el poder temporal. ¡El jesuitismo! ¡La inquisición! ¡Cuántos crímenes se han cometido bajo su santa égida!

Prueba evidente de la reacción contra las injusticias del marido en la vida conyugal es lo que va a continuación:

Se efectuó la premier de *Die Aegyptische Helena* o *La Helena egipcia*, ópera de Ricardo Strauss, en Dresden, el 6 de junio de 1928. La crítica mostró poco entusiasmo; lo mismo acaeció en Viena dos días después. El 6 de noviembre, se representó en el teatro de la ópera de la urbe neoyorquina. La crítica estuvo feroz. Entre otras razones porque el libreto se basa en el amor conyugal como el único bien para triunfar en la vida. Tan inexacto y manoseado tema no halló eco. Es decir, que Elena de Troya no debió haber huido con Paris porque su felicidad estaba con su esposo, su dueño; ni el público en su mayoría, ni los críticos en su minoría pudieron digerir tanta falsedad.

Crimen que clama al cielo, si una suprema inteligencia está sobre nosotros, es la esclavitud de la mujer y las grandes responsabilidades con que se le ha cargado. Rubén Darío ya en sus tiempos escribía:

> "El clarín enemigo suena contra los engaños sociales; contra lo que ha deformado y empequeñecido el cerebro de la mujer, logrando convertirla en el transcurso de un inmemorial tiempo de oprobio en ser inferior y pasivo".

El grillo de los sexos ha sido para la mujer lo que la argolla del presidiario; la huellas que esta deja no se honran ni con la muerte. Dijo Martí:

> "El dolor del presidio es el más rudo, el más devastador de los dolores, que mata la inteligencia y seca el alma y deja en ella huellas que no se borrarán jamás".

La mujer ha estado en cadena perpetua. Y todavía hay pueblos osados que la condenan. ¿En dónde está la misericordia, ya que no la razón?

Bajo el presente *statu quo*, la mujer es la depositaria del honor de la familia. ¡Responsabilidad enorme para una esclava! Ella debe dirigir las mentes de los hijos en la verdadera religión, guiar sus pasos en la vida y llevar siempre el sambenito infamante: "Sé fiel, obedece": ¡Sarcasmo cruento!

Nunca le dijo la iglesia al hombre: "Tu esposa te la dio el cielo; es de casta de dioses; venérala, sele fiel". Fueron hombres los que tales cargas impusieron. O como dice Eugene O'Neill en su *Strange Interlude*:

> "But the God of Gods —the Boss— has always been a man".

Sucedió que la mujer tuvo amantes porque su vida conyugal era una serie de humillaciones míseras, donde se le sacaba en cara a cada paso su condición inferior, su ilotismo.

Con Nora coronó Ibsen a la mujer esclava que halla el camino de luz de la libertad.

Es decir, que el cielo se complace en unir las vidas de una mujer y un hombre para que ella, envilecida y prostituida, porque no otra cosa puede ser la mujer que, despreciando a un hombre, tenga la obligación de recibir sus caricias porque sí, porque ella es su cosa ("mi mujer" que dice él), para que ella tenga que lanzarse al adulterio y él por vanidad ultrajada se vea en la tesitura de tener que matar. No otra cosa que vanidad siente el marido engañado. Eso solo lo empuja a derramar la sangre de la infeliz mujer.

Y porque este hombre mató a su esclava no hubo homicidio. Había que lavar el honor con sangre porque la mujer que es de uno se entrega en brazos de un amante, y desde entonces el honor del marido corre por los suelos.

¡Sofistería! ¿Qué es el honor? Palabra abstracta que los que más la usan mayor desconocimiento tienen de su alcance. El honor reside en nos y con él a nadie podemos investir. Es personal. Un hombre no da honor ni lo quita. Una mujer no deshonra a su esposo porque su honor pertenece a él.

¿Cabe que el cielo haga un matrimonio para que termine en deshonor y muerte? ¿Cabe que bajo el cielo un matrimonio que se odia, que se desprecia mutuamente, viva junto para salvar las apariencias?

¿Baja el matrimonio del cielo? Preguntadlo a las edades. Preguntadlo a esas mujeres que no ríen. Preguntadlo a esa infeliz que gime prisionera por atreverse a defender la vida que era de su amo y señor.

"¿En dónde está la misericordia de nuestros corazones, que tanto la necesitamos para nosotros? ¿En dónde está la pureza del juez? ¿Quién ha dado al hombre el derecho de juzgar al hombre?".

Libertad a esa mujer que dejó de ser Nora, paria; que se mancipó porque vio la luz.

¿Con qué derecho se detiene a aquel que busca la verdad y la vida?

Clotilde Betances Jaeger
New York, enero 9, 1929

(*Gráfico* [Nueva York], 20 de enero de 1929, p. 15.
En "Charlas femeninas")

LA MORAL DE LA MUJER EN EL MAGISTERIO

Ha llegado la hora de la admonición en que, según la soberbia escritora cubana Mariblanca Sabas Alomá, "despertó ya la dormida conciencia de la mujer".

La epopeya de la mujer latina es digna de sus expoliadores. Esclava entre sus conviviales, se alza enhiesta para romper sus cadenas.

El hombre le da un demérito. Las de su sexo, las pobres ilotas uncidas al yugo dorado, la cubren de lodo con saña sangrienta.

Esa osada, inerme, pero irreductible a la ortodoxia reinante, exacerba a la oligarquía. ¿Que una mujer, una de su grupo, se impaciente con el *statu quo*? ¡Imposible!

Esas ansias de emancipación se sublimizan en la enseñanza; ella es el nexo con las cumbres. Más allá está el sol. Olvida la incauta que en la cauda de sus alas no lleva la libertad.

∾ ∾ ∾

Érase la capital de una isla del Caribe. Empieza ella su exaltación, es decir, su viacrucis. El Comisionado de Instrucción la trató con cierto mimo, pero también con un sí es no de condescendencia que dejó un poco de hiel en el procedimiento sacramental de la iniciación sacramental de la iniciación en el magisterio.

¿Quién lo hubiera creído? Toda aquella farsa del discurso a los graduados, que ella tuvo por entrada triunfal a la eucaristía del derecho sacro de la mujer a vivir su propia vida, está resultando una exutoria corrosiva y hedionda. El ergástulo está ahí. ¿Volar? ¿Dónde? Los esclavos unidos en acervo llaman a su puerta. La silla de los curules es de oro y marfil, pero, los que en ella se sientan, están hechos de lodo.

Sostiene esta mujer lucha terrible entre sus sueños de emancipación, ya casi violados, y el afán de triunfar. El amor llega a sus umbrales. Se hace esposa. Sigue soñando. El compañero se burla de sus ideas. Incomprendida e indomada, para evitar tanto escarnio, se reviste de dalmática espiritual. Los deseos que en ella arden continúan en su periplo una y mil veces. La angustia la acompaña en sus noches. Morfeo huye de sus párpados. Hay que apuntar la razón o se desmorona.

Resuelve libertarse del marido que la somete y que la insulta. Lucha cruenta se inicia. La casuística educacionista vela, como el león a su presa, el proceso de divorcio. Pero ya esta mujer no se engaña. Sabe que su destierro comienza. El Comisionado de Educación y sus satélites se ponen la casulla. El rito de la inmolación va a tener lugar. Las fauces de los togados escolásticos se sacan su erudición a la violeta, ha sido insultada por la maestra egregia que, al dar el escándalo de un divorcio, se pone el dogal de la deshonra al cuello. El Señor S., carroña dogmática, se apresta a quemar en el holocausto de la mujer valiente el incienso que ha de subir hasta las narices ávidas de los paniaguados del Departamento.

Se consuma el divorcio; la mujer aboga su causa con tal ecuanimidad, inteligencia y tacto que cautiva la razón de los jueces. Se arroga derechos libertarios en aquellos momentos que sorprenden a la Corte por su profundidad, sensatez, serenidad y juicio:

"Es un estigma para la mujer convivir con un hombre a quien desprecia. No hay nexo posible entre marido y mujer, cuando la cultura la ha hecho a ella libre; no hay matrimonio donde falta el amor. Toda mujer que se habitúa al yugo permanece esclava. Donde impera la esclavitud muere el arte. Un hombre libre no impone trabas a su esposa para que sus hijos nazcan libres. La prostitución comienza bajo las holandas domésticas que no se comparten a gusto. Matar a pulgadas es la regla entre los maridos vulgares. Una mujer como yo tiene derecho a la vida. Yo podré alejar de mis hijos el vaho de la vileza abriendo sus ojos a la luz; yo les enseñaré a vivir sus vidas interiores libremente. La biología les mostrará los tesoros del sexo; mis hijas no se ruborizarán al confesarme que aman; el proceso genésico no las aturdirá en el momento difícil porque saben ya que la vida es pura. En una estatua desnuda verán la belleza de la línea, la suavidad del contorno, la ubérrima ciencia del artista, pasando desapercibido el sexo porque nunca ha sido tema vedado. Mis hijas serán virtuosas porque, como Cristo en la montaña bíblica, pasarán por todas las tentaciones".

Así se expresó aquella mujer por el espacio de seis horas. Grávidas de valor fueron sus palabras. La Corte quedó rendida.

En la ciudad de X fue el divorcio la comidilla de todos los hogares donde la maestra tenía discípulos. Los hombres, todos a una, proclamaron a aquella mujer una mujer. Las mujeres, ¡ah!, las precitas, reptando en sus jaulas de oro, *incubus* de todo delito de falsedad e hipocresía, ellas, sádicas, reunieron la grey y con ínsulas menoscabante, desterraron de su seno a la mujer que tuvo la osadía de defender y luchar por la idea.

Dos meses se sucedieron. Era tan espantosa la calma, que azaraba. Llegó un telegrama:

"Queda usted trasladada al pueblo tal . . . sueldo . . .".

¡Qué difícil se hace a veces carecer de alas! No cabía duda, se la castigaba . . .

Por primera vez se vio frente a frente de la señora . . .

"Deseo saber la causa de mi traslado injusto, puesto que se me envía a un pueblo de mala muerte, con menos sueldo . . .".

"Muy sencillo: Usted es una mujer divorciada. Dará mal ejemplo a sus discípulos. Se la ha visto en la calle con hombres que no eran su esposo".

Una rabia loca se apoderó de la víctima.

"¿Y me trasladan porque me liberté de un hombre que mataba en mí la idea; de un marido que dormía con las prostitutas y volvía al lecho conyugal pálido y trasojado de tanta bacanal; de un cobarde que rehusó ir a la guerra por temor y no por convicción ni principios; de un hombre que ordenaba acatamiento como en los tiempos feudales de amo y señor; de un hombre erigido en bestia porque su víctima se revolvió? ¿Qué clase de mujer es usted que no ha comprendido mi dilema ni simpatizado con mis dolores?".

La Señora . . . hizo llamar a su secuaz, el abúlico M. La acritud con que se presentó daba gusto. Entre los dos acervaron cuanto pudieron contra la mujer valiente, que se reía ya nerviosa de tanta vil ostentación de bonhomía de parte de él y tan insólita virtud de parte de ella.

Se levantó con intenciones no muy santas de cruzar el rostro de M. y escupir a la Señora . . .

"Siento decirles que no puedo aceptar el puesto tan arbitrario que se dignan concederme. Sin embargo, antes de marchar, me veo en la necesidad de hacer una pregunta. 'Señora ¿dónde está su marido?'".

Nunca se había tenido noticias del Señor . . .

La interpelada se amorató. La recia se moría de apoplejía fulminante. El tiro había dado en el blanco. La señora acusaba que debía ser acusada.

Dijo Shakespeare en su inmoral Hamlet:

"Be thou as chaste as ice as pure as snow
Thou shall not escape calumny".

O lo que quiere decir lo mismo, en las palabras hermosas de Amalia Domínguez Soler:

"¡Calumnia abominable! ¡El luto y el espanto
difundes por doquiera, fatal es tu misión!
Los ojos más serenos anublas con el llanto,
y arrancas despiadada la paz del corazón".

El dramita canallesco ante la Señora . . . y el acerebrado M. quedó sin consecuencias aparentes. Las aguas mansas llevan en sí la muerte. Los ríos caudalosos se mueven lentamente. La mar está en calma sobre el abismo profundo. El león va solo cuando está hambriento. El sol calienta menos a la hora de eclipsar. El hombre oculta, bajo virtud aparente, la hipocresía.

El Departamento de Instrucción decretó el exilio de aquella mujer de la escuela. La atmósfera que la rodeaba tenía vibraciones de odio, de agitación, al contrario de lo que sucedía en las visiones de Isaías, cuando el aire se hacía suave. Shylock reclamó su libra de carne. Mefistófeles quiso su presa. Las Euménides se retorcieron de gusto en aquellos antros negros como el manto de la noche tormentosa. La piedad no cupo en aquella Omphala que se arrojaba en Némesis de una mujer que se atrevió a pulsar la idea.

La calumniada se hizo aparecer como calumniadora. La mujer moral fue inmoral; todo lo hicieron; sin reputación quedó, sin nombre, sin hogar, deshecha. La tempestad de su vida arrasó hasta los ideales. Quedó el hambre, la miseria, el desprecio, la persecución, la ignominia, el dolor todo, el Estigma.

Oh, Cristo, ¿dónde comienzan las costas de tu imperio? Oh, Cristo, ¿dónde están las fronteras de tu reino? Esta feria no es tu reinado; los mercaderes se han apoderado del templo; vibre tu látigo sublime.

Ibsen, ¿qué se ha hecho de la fría cólera con que desollaste tanta lepra social? Tolstoi llora la tristeza de tu derrota; Quijote muérete de indignación.

¿De qué sirve Nora, la emancipada, si las mujeres que, cual ella ven la luz, se condenan como las almas en el infierno del Dante?

¿Para qué escribió Tolstoi su *Resurrección* en pleno siglo XX si la cultura es solo similar? ¿Para qué redimió Cristo a la Magdalena? ¿Con qué fin adoncelló el Quijote a la pobre Maritornes?

¡Ah! ¡La realidad asombra! ¡El espíritu del siglo! Todo es hostil, todo brutal. ¡La fuerza por doquier! Los ideales mueren estrangulados.

❧ ❧ ❧

Ya lo sabéis, mujeres: si en el espíritu tenéis alas, cortadlas; si la idea quiere hacerse verbo, abortadla; si vuestro marido os esclaviza, seguid reptando; si la sociedad os destierra, someteos sin replicar.

De ninguna manera. Si tenéis opinión, aventadla sobre el haz de la tierra porque, si calláis, robáis a la raza humana. La libertad y la vida son de todos. En la escuela cabe la soltera, la casada, la divorciada, la viuda, la madre. La sociedad no es infalible. La escuela es humana; si así no fuera, se saldría de la vida.

(*Gráfico* [Nueva York], 3 de marzo de 1929, p. 11, 15.
En "Charlas femeninas")

LA MUJER NUEVA
Glosando a M. M. Pozo

Hay que crear el hogar. Inteligencia, cultura y arte entran en el proceso formativo de un hogar. Tacto, finura, amor, paciencia y servicio son elementos matrices para mantenerlo. La familia es parte del hogar, elemento integrante, pero no el todo. No hay hogar donde falta atmósfera. Hogar es esto. El sillón de la abuela mullido para sus huesos cansados, el cuadro favorito, el asma periódica del padre, las sábanas de hilo para la nena de piel sensitiva que no soporta las de algodón, las alegrías y las penas colectivas, las alzas y las bajas. Un microcosmos es el hogar. Todos los verdaderos hogares tienen este calibre.

Alondra quejumbrosa que añora siempre. Seméjase usted, mujer, toda corazón, a aquel grandioso Almafuerte, gentilísimo poeta de la Argentina, alma de piedad, que debió haber nacido en los tiempos de la corrupción de Roma, de la heroica Bizancio, de la soberbia Nínive, de la inmensa Babilonia, de la Alejandría de Cirilo e Hipatia, para poder, como Isaías, de su roca escueta bajar a deshacer soberanos con sus conminaciones ingentes. Me recuerda usted, tierna paloma de arrullo suave, a ese eterno dolorido de las suertes patrias, a ese incansable luchador libertario, a ese filósofo de la libertad en la vida toda, a ese gran Vargas Vila, tan calumniado, tan incomprendido, tan execrado y tan querido y admirado por las almas de élite. Alma de mujer, usted compañera. "Cualquier tiempo pasado fue mejor", lloró el poeta. Nuestros tiempos de transición, ¿tan malos son que la incitan a menear su exquisita pluma para plañirse doliente?

Hay todavía damas y hay todavía caballeros. La emancipación de la mujer la hace una verdadera reina del hogar, su esposo, el rey, su primer súbdito y la familia, su más reñida corte.

Se lamenta usted de la multiplicidad de las obligaciones que recaen sobre la mujer de hoy. ¡Benditas responsabilidades! Ellas fertilizan el suelo. Ellas nos preparan para la vida fuera del hogar, ya que dentro de él lo sabemos todo. No le choque el símil. La mujer es como el buey. Paciente, dócil, lleva en sus hombros las cargas más onerosas y, como este manso animal de aspecto noble y ojos dulces, trabaja y sufre, de vez en cuando, dando su buena cornada.

Los deberes de hoy, ¿son más opresivos que los pasados para la mujer? No. La educación de la familia, la preservación del fuego votivo de los dioses lares ha estado siempre bajo la jurisdicción de la esposa. Ahora, el mundo todo de la actividad humana se le brinda. Como dice Havelock Ellis, la aplicación práctica del espíritu científico está en manos de la mujer, manos de lirio, manos de belleza. La mujer está en el gobierno, idónea, resuelta a hacer leyes que aseguren al hogar mayor número de dichas. La mujer en todo, la mujer mundo. Las artes de la vida están en nuestros manos, manos de lirio, manos de fuerza. El hombre no puede concebir nuestra fuerza porque sus ojos están todavía blindados por la ilusión de que la mujer es siempre la ilota, la dependiente, solo madre y luego cosa del marido. Sin embargo, hombres de magnitud como G. González Beauville no dejan de ver la situación tal cual es:

"Cometen grave error y evidente injusticia los que sostienen que las funciones políticas deben ser a manera de un privilegio exclusivo de los hombres, atribuyendo a nuestro sexo superioridad para ello. Los que así opinan olvidan que ambos sexos —¡oh, verdad elemental!— provienen de un común origen, pues que la mujer no solo desciende de la madre sino de su padre, y el hombre a su vez no solo es obra de la fecundación paterna sino del seno que lo concibió de la entraña de la madre".

El hombre es la fuerza bruta. La mujer tiene la fuerza del sol, que en ignición gradual se adueña del mundo; la mujer tiene de la arena la fortaleza, escultora natural que muerde en la roca viva y se filtra hasta el corazón de la tierra. La fuerza de la mujer está en sus derechos violados. La fuerza de la mujer estriba en la adquisición de lo que legítimamente es suyo: la cooperación con el hombre, no la separación. Si en el hogar van bajo una misma coyunda, fuera deben irlo también.

La separación de los sexos no es el problema. Hay que infiltrar en la raza, hasta que se haga biológica, la igualdad de los sexos. Platón dijo que la mujer es un hombre pequeño y será la mujer un "hombre pequeño", pero ¡cuánta grandeza hay en su psiquis!

La mujer, por su virtud generatriz, tiene que ser necesariamente el elemento conservador de la familia. Esto se impone. Es fuerza latente, fuerza heroica. En esto solo estriba la tan manoseada desigualdad de los sexos.

Es patente que eso de la igualdad de los sexos recibe sus distintas interpretaciones de acuerdo con la capacidad de la persona en hacer uso de sus dotes mentales, porque los acéfalos que no piensan ni siquiera se toman el trabajo de saborearlo, esos, por supuesto, quedan fuera de este artículo.

Fumar y vomitar bocanadas de humo hasta enrarecer el aire de Dios y hacerlo opaco e irrespirable es subversivo naturalmente. Jactancias machunas de parte de algunas mujeres causan hilaridad ante su propio sexo como ante el opuesto. El *standard* doble es un mito, una puerilidad. Solo una meretriz puede entregarse y entregarse. Los mismos hombres sienten repugnancia al echarse en brazos de toda clase de mujeres. La mujer se jactará de poder hacer tal en esta época, pero sabe que no lo puede llevar a cabo por esa ley ineludible que es norma de toda mujer sin atavismos de prostitución.

Lo que es intolerable en estos nuestros días es la inusitada hipocresía que inficiona al ambiente. Se predica la tolerancia; el libertinaje triunfa. ¿Cabe desfachatez mayor que lo que sucede en la ciudad del Hudson con la ley seca? Jueces incorruptibles (?) permiten que campen por sus respetos las *hostesses* de los *night clubs* neoyorquinos, que la saña de la señora Willebrandt no ha podido contrarrestar.

Hay mujeres bravas que sienten el aguijón del sexo y el intenso deseo maternal. Antes que rendirse a la locura, a la neurosis o a la esterilidad son madres sin padre para su hijo, pero se hacen mujeres saludables, el vicio de la corrupción herido de muerte.

Hay esposas que bajo la patente conyugal deshonran a toda mujer con su desenfreno sexual, precitas, no faltan a la iglesia y ofrecen lámparas votivas en el altar del amor licencioso. No tienen el valor de sus actos, no son mujeres, son engendros. La valentía no es parte de su ser y reptan.

Y los hombres que con ellas conviven, compartiendo el connubio ilegal, infringen a todas horas leyes votadas por ellos para salvaguardar la moral de los demás; zanguangos degenerados son esos que solo pueden despreciarse y salivarse.

De tales aproximamientos sexuales hay fruición algunas veces. Carne para el manicomio, el leprocomio y el hospital. Carga pesada para el estado y los contribuyentes.

El sistema educativo de hoy es perverso, pasado de moda, intolerante, ciego. Las escuelas, cuando no enseñan la vida, se salen de ella. La escuela de hoy de nada sirve. La madre de ayer, saturada de falsas preocupaciones de orden educativo y moral, se gozó en el ostracismo de la higiene y profilaxis del vivir.

Yo conozco una señora ignorante, estúpida, cargada de prejuicios, religiosamente fanática, hechura del cura ignorante y bárbaro de una aldea de incomprensión, que ha hecho la infelicidad de su hijo adorado, según ella, que para mí su adoración por él es un malvado egoísmo. Me habló así:

"Mis hijitas irán al lecho nupcial puras. Nada sabrán del rito iniciático sexual".

A la ignorancia más crasa del acto creativo llama esta mujer pureza. Tanta respetabilidad asusta, como dijo una de las heroínas ibsenianas. Mi opinión es otra. El sexo para mis hijas no tendrá misterios tenebrosos. Su curiosidad no será estúpida ni morbosa, sino científica. Mis hijos no volverán la vista ante un desnudo porque admirarán la belleza de la línea, la audaz euritmia de la concepción del artista, el profundo conocimiento de la fisiología y de la vida en general.

Esos casos de preñez en niñas de escuela, ¿a qué se debe[n]? A ignorancia. Si en el hogar nada se aprende, la escuela y la iglesia deben hallarse prestas. La iglesia y la escuela, la primera llamando pecado al beso sexual, la segunda prohibiendo e inhibiendo en esos seres llenos de curiosidad el deseo de conocer su origen, la fuente de sus anhelos, de sus dichas, de sus dolores, de sus sentimientos; la iglesia oculta la verdad como la mujer adúltera el fruto de su amor ilegítimo, la escuela teme abordar la verdad y se conforma con permanecer en una pasividad criminal en perjuicio de la raza.

La verdad ante todo. Hay que descorrer el velo. La franqueza es de dioses, de genios. La estructura soberbia de la humanidad hay que fabricarla tomando como base el organismo del hombre. Yo no enviaría mis hijos a las escuelas de hoy ni tampoco a las iglesias por temor a que se corrompiesen sus almas cándidas, pero ávidas, hambrientas de saber dónde se formaron, cómo nacieron, por qué viven, cuál es su esencia. Esta curiosidad debe ser satisfecha a todo trance, de manera eficaz, de acuerdo con la estética más sana, pura, como es la desnudez de la estrella, la albura del ala, el lustre del rocío matinal. Aquí está la fuerza de la mujer. Aquí su fuerza magna.

La ignorancia es esclavitud. La mujer quiere ser libre, como la mariposa para embellecer, como el gusano de seda para ser útil, como el sol para dar luz. La libertad viene sumisa a los que abren sus ojos a la luz como el capullo al beso efébico. La tradición es enemiga de la libertad. Un espíritu de duda se impone. La verdad, ¿dónde se halla? Buscar, buscar, dudar, dudar siempre. La mujer debe ser juez, sacerdote, maestra, madre. No hay que asombrarse de las múltiples responsabilidades de la mujer. Ella es el Hércules que va a limpiar los establos de Augeas.

(*Gráfico* [Nueva York], 18 de mayo de 1929, pp. 10, 15.
En "Charlas femeninas")

LA MUJER NUEVA

Glosando a M. M. Pozo

> ¡Mujer latina, despierta! Esta guerra es
> tuya también. Tus hijos no deben beber
> "agua muerta". Tú no debes cargar el peso
> de un injusto sistema económico.

El hombre posee una mente y un cuerpo. El mundo no se asombra de lo que se hace con el cuerpo, pero espera ver lo que da la mente. Cuando se discute la situación de la mujer nueva, hay que tener en cuenta la naturaleza de su alma y su orientación económica.

Antes de la guerra, la situación de la mujer era bastante precaria, sobre todo, la de la mujer francesa que se hallaba sujeta a la voluntad y antojo arbitrario de cualquier miembro masculino de su familia. Solo dos alternativas tenía: el trabajo en condiciones humillantes y dificultosas y la prostitución. Antes de dedicarse a trabajos que por su sola índole insultaban los principios más sagrados humanos, estas mujeres escogían la prostitución.

Vino la guerra. El orden de cosas se trocó. Los valores verdaderos se perdieron de vista. El hombre se fue a guerrear. La mujer acaparó, no por inclinación, sino por necesidad entonces, todos los puestos del hombre; esto no tan solo en Francia, sino en toda la Europa y también en América. Terminó la guerra. Regresó el hombre y se encontró con que la mujer había despertado; sus cualidades latentes se habían activado con el choque rudo, espiritual y animal de la guerra. La bella durmiente había despertado a la llegada del príncipe. No quiso volver, no pudo volver a su condición de ilota. Se vio y se conoció apta y se quedó con la herencia que le había sido robada y que necesitó del cataclismo mundial para llegar a sus verdaderas manos. Desde entonces, el crecimiento de la mujer fue rápido. Al entrar en su reino, tuvo por necesidad ineludible que darse cuenta de la situación económica y de que privaba un cambio. Se ocupó de ello e introdujo mejoras. Se dio perfecta cuenta que era parte del presente sistema económico, injusto, de un lado, riquezas exageradas, del otro, la miseria más espantosa. De aquí una responsabilidad inmensa para ella.

La guerra fue benéfica para la mujer. Su beso de fuego la hizo abrir los ojos. Pero el pasado, pasado es. Para olvidar el pasado debe la mujer poner toda su mente en los derechos e intereses del presente. Hay que olvidar la guerra. El empuje que ella dio al feminismo fue trascendental. El problema de la mujer nueva es su economía. La mujer tiene que fabricar con sus miras puestas en el futuro y no en el ayer.

La guerra está en pie. La guerra económica. El Tratado de Versalles, de noviembre 11 de 1918, es guerra, sin armamentos, pero guerra. La guerra impuso derechos de vida y de hacienda, la paz presente también; significa contribuciones enormes bajo cuyo peso se doblan las espaldas del hombre, del niño y de la mujer.

¡Mujer latina, despierta! Esta guerra es tuya también. Tus hijos no deben beber "agua muerta". Tú no debes cargar el peso de un injusto sistema económico.

Amiga, M. M. Pozo, hay miles de mujeres antillanas e indoamericanas en los Estados Unidos. ¿Cuántas se dan cuenta de la situación económica futura, cuando, además de las fuertes contribuciones para sostener las fuerzas armadas, los grandes acorazados y armamentos guerreros, se aumente el impuesto sobre el azúcar cubano? Toda mujer se verá en la necesidad de privarse de muchas cosas, de esas cosas que tan queridas son a la cualidad estética imperante en la mujer, para hacer frente al aumento sobre su presupuesto casero presente.

El capital americano que usted y yo, y todas las mujeres hemos ayudado a acumular no se emplea con provecho aumentando los derechos arancelarios al azúcar muscovado y refinado cubanos. Cuba está en situación de surtir a los Estados Unidos con un producto más barato que el azúcar doméstico porque la caña es esencialmente tropical. Solo [con] el 15% de su azúcar doméstico puede esta nación surtir a sus consumidores, porcentaje que, en vez de aumentar, baja y que nunca ha sido más de 27%. El azúcar de remolacha no puede ni debe suplantar al azúcar de caña. Además, el americano no puede trabajar en los campos de remolacha porque su salud no lo resiste.

Las reformas arancelarias que se discuten en Washington estos días deben despertar el interés de la mujer nueva, ella tiene que hacerse oír y con derecho legítimo.

La mujer cubana debe poner sus cinco sentidos en este asunto tan vital porque las relaciones entre Cuba y los Estados Unidos están tirantes, en primer lugar; en segundo, la crisis industrial azucarera en Cuba es muy seria. La mujer americana sufrirá las consecuencias con todas las mujeres de otras naciones que conviven aquí y fuera de aquí.

La economía no es solo dinero, es decir, oro. El caudal consiste en las posesiones de una persona: su casa, sus cuadros, caballos, muebles, trajes, etc. La tarifa tan debatida en el Senado y la Cámara Baja es un problema público de la economía presente. Significa que, con los aumentos en los derechos de entrada a muchos géneros, especialmente al azúcar, de tanta importancia en el régimen alimenticio del mundo, el consumidor tendrá que restringir sus gastos y, en vista de compromisos contraídos anteriormente, su problema económico sufre un desbarajuste y en muchos hogares entrará la miseria y la necesidad.

(Continuará.)

(*Gráfico* [Nueva York], 8 de junio de 1929, pp. 10, 15.
En "Charlas femeninas")

LA MUJER NUEVA

Glosando a M. M. Pozo

(Conclusión)

———————

Los manufactureros y comerciantes de los Estados Unidos, que son los únicos que derivarán beneficios de la tarifa proteccionista, creen que, al aumentar los precios del impuesto, la gente se abstendrá de comprar en el extranjero, esto hará que el dinero se quede en casa y, por consecuencia, el país se hará rico. Esto es un error evidente porque no puede haber exceso de exportación sobre la importación sin que el consumidor sufra, porque, al restringirse los artículos importados, hay automáticamente un descenso correspondiente en la exportación del país. Esto no quiere decir que los cambios arancelarios sean un mal contundente. Como todo, tienen sus ventajas y sus desventajas. Por ejemplo, no se importan productos a menos que no se pague por ellos su valor más el flete. Es claro que, cuando la exportación aminora la importación, ya los efectos de la tarifa han dejado a su paso un aumento permanente de dinero y de precios. Es por esto que muchos se inclinan a la tarifa, porque la creen una fuente de prosperidad, lo que no es así, porque es obvio que el arancel aumenta los precios de los productos protegidos, pero también el de los no protegidos.

La mujer, que en las elecciones pasadas inclinó la balanza a favor de Hoover por dos razones sentimentales, la religión y la prohibición, ahora debe interesarse en una razón práctica, en el arancel, porque su economía está en grave peligro y, por consecuencia, la dicha del hogar. Debe demostrar que, como mujer nueva, sabe lo que le atañe.

M. M. Pozo, la mujer tiene responsabilidades, usted lo ha dicho. Responsabilidades de magnitud. ¡Benditas responsabilidades!

Mujer de corazón, mujer de mentalidad, mujer nueva, la economía es tu problema inminente y tienes que resolverlo. La economía de los hogares entra en tu jurisdicción, la economía del mundo es tu herencia.

El Senador William E. Borah declara que la posteridad tiene derecho a hacerse oír. La mujer de Puerto Rico tiene graves responsabilidades. Puerto Rico, hoy por hoy, tiene que rehacerse económicamente, si algún día quiere obtener su libertad política. A ver si esas mujeres que tan tozudas se mostraron en los días aciagos de la Revolución de Lares, esas mujeres que tan valientes son en la tormenta, resuelven el problema económico de Puerto Rico. Tienen para ello que olvidarse de pequeñeces, de convencionalismos sociales y podridos prejuicios. Que demuestre ahora la mujer puertorriqueña que es la sal de la tierra. No importa que todas no sepan leer para tener voz y voto en la cosa pública. La masa amorfa de un país no es la que priva. Solo unos cuantos rigen los mundos.

La mujer nueva lleva el cetro. Cuando se firmó el Tratado de Versalles, un estadista francés dijo que era la continuación de la guerra. En la mano de la mujer, mano filial, mano de fuerza, está el exterminio de esta guerra sorda, bestial y absurda.

¿Qué podremos hacer para afrontar la situación y disminuir la carga onerosa que llevamos sobre los hombros y que la familia humana no podrá resistir por mucho tiempo? Mujeres, no somos Atlas para soportar el mundo, pero sí somos Hércules para llevar a cabo los doce dolores del parto.

Las mujeres de raciocinio de corazón, de buena voluntad, tienen la palabra. Agradeceré comentarios a/c de GRÁFICO, 83 Pearl Street, Ciudad.[1]

(*Gráfico* [Nueva York], 15 de junio de 1929, p. 10.
En "Charlas femeninas")

---

[1] N. de la E.: El 27 de julio de 1929, en la sección "Foro popular" del semanario *Gráfico,* una lectora que firmaba con el nombre de María Carpintero de Coll Cuchí, desde Santurce, Puerto Rico, atendía al llamado de esta crónica y en una pequeña nota dedicada a Clotilde Betances Jaeger titulada "La Mujer Nueva" se dirigía a esta última con las siguientes palabras:

"¿Por qué no escribes en los diarios que circulan en esta, tu tierrita? Envíanos una parte de tus energías.

Eres la clase de mujer que admiro. Tienes corazón y mente muy preciada, dotes que unidas a tu feminidad forman el más alto concepto de la Mujer Nueva.

Hay mujeres que superan a algunos hombres, mas no por ello dejan de ser femeniles. Esa mujer no puede permanecer rezagada por temor a encontrarse con un hombre que no avanza en su camino. En el mundo habrá siempre de todo.

Que la mujer gana algún terreno en el campo de la libertad. Nada más justo y beneficioso para el hogar. El marido no puede tener hogar si hace a su mujer esclava. El esclavo solo ansía botar el yugo.

Un día, sentada en el tronco de un árbol caído, oí a un campesino que decía a su hijo: 'Hijo mío, la mujer a media soga a como la cabra'. Dicho esto, hizo una bocina con las manos y gritó forzando el diapasón: 'Oye, muchacho, dale toda la soga a ese animal, ha comido muy poco y no dará suficiente leche mañana'. El zagal dio toda la soga a una cabra flaca que surtía de leche a la familia.

No temas por la mujer puertorriqueña, ella está en pie, predicará la economía y votará para mejorar su situación.

Tuya de corazón" (4).

HAY QUE RESPETAR A LA MUJER

Por la edición de *Carteles* de agosto 18, vemos que en España ha ocurrido un suceso, por demás trágico, por falta del debido comedimiento y respeto que debe sentir todo hombre hacia toda mujer, sin excepción.

Es el caso que la dama en cuestión, colombiana, joven y bella, fue dejada por su esposo, don Joaquín Mencías, en la acera, mientras él entraba a una tienda a comprar cigarrillos. En esto acertó a pasar un fresco, llamado José González de la Cámara, de cuarenta y cinco años (valiente pollo) quien insultó a la joven groseramente, tanto de obra como de palabra. Cuando don Joaquín salió de la tienda, su esposa ofendida le dice: "ese hombre es un insolente". Don Joaquín, sin encomendarse a Dios ni al diablo, propina al ofensor una soberbia bofetada. El agredido, no conforme con haber insultado a la esposa, saca una navaja enorme de su bolsillo. La esposa, adivinando las intenciones aviesas del faltarespetos, se interpone entre su esposo y el belitre, recibiendo en el vientre un navajazo feroz y otro de consideración en el brazo derecho. *La Libertad* de Madrid califica su estado de gravísimo.

No me sorprende nada este hecho. Lo que sí me sorprende es que sea tan viejo y que nada se haya hecho para cortarlo de raíz. Todos los días y a todas horas sucede algo por el estilo. Las esposas se callan por no comprometer a sus esposos, como en el caso citado. Otras, se guardan el secreto por timidez; algunas se toman el desquite por sí mismas. Sucede a veces que la agresión es tan rápida que ni tiempo da para pensar en medidas salvadoras.

En Puerto Rico, todo un senador, que había prometido ayudar a una joven a conseguir una colocación, la hacía venir donde él con frecuencia. El último día en que ella se dio cuenta de su mala fe, él le levantó el escote del vestido para mirar sus senos. Ella se sorprendió, indignada; lo miró tan digna y tan airada que dejó la habitación pasando primero, olvidando sus modales de dublé.

¿Quién era este hombre? Un borrachín que dormía la mona debajo de las casas, antes de haber llegado al honroso *status* de todo un señor senador. Y digan que había nacido de buena familia. ¿Y qué? Lo de buena familia es sofisma puro. Si nacen de raza de caballeros, ponen durante su vida empeño y amor en olvidar su estirpe con sus actos canallescos.

En otro caso, una señorita dulce, joven y graciosa [que] acababa de graduarse en la Universidad de Cornell, llegó a Puerto Rico. Andaba por la ciudad de tiendas. Vestía traje verdaderamente correcto. Mucho más largo que los que se llevan ahora. Calzaba botas bien altas. El traje tenía mangas cortas y un escote decente. Pasa por una botica, punto de reunión de varios ricachos haraganes que allí se congregaban diariamente para mover la sin hueso siempre en detrimento de toda mujer. Pasa la muchacha; uno de ellos se desató en los más bajos improperios en lenguaje de carretero. Todos los demás celebraron la gracia. La joven se avergonzó de tal modo que no supo qué hacer. Se le hizo un nudo en la garganta y llegó a su casa con fiebre.

El tercer caso es todavía más vulgar. Un hombre, ya sesentón, llamó a una niña de doce años que pasó por su lado y le dijo:

"Tú me gustas y quiero que seas mi querida".

La niña sabía que no era nada santo lo que el vejestorio le había dicho. Fue a su casa y se lo dijo a su padre. El padre tomó un garrote y se lo dio a la niña. "Ve y dale con toda tu fuerza dos garrotazos en las rodillas; no temas que voy yo detrás". Cuando llegaron a presencia del viejo verde, la niña hizo cuanto su padre le había dicho. Dos tremendos garrotazos le asestó en las rodillas que lo hicieron aullar de dolor.

"Miren la brujita, sinvergüenza, espérate, que te voy a romper la crisma, so fresca…".

Se quedó a medio acabar cuando vio al padre de la niña con los brazos cruzados y el gesto de Júpiter Tonante. El hediondo tenorio se puso lívido de terror.

"Don A . . . ¿vio lo que me ha hecho su hija? ¿Qué juguetona, eh?".

Don A . . . le propinó tres patadas que lo hicieron caer de bruces con los dientes rotos, por ende. La chiquilla pasó muchas veces por su lado. Jamás se atrevió el viejo cobarde y vil a decirle ni tus ni mus.

En la ciudad de New York se dan estos casos todos los días. En los trenes, en los teatros, en los *ferries*. Los vehículos de transportación que van casi siempre atestados de humanidad son los lugares que los Tenorios baratos y los degenerados escogen para sus proezas. A hurtadillas, con estudiado sigilo y con desvergüenza fenomenal tocan los senos de las mujeres, sus caderas; pegan sus rodillas sucias a las de las mujeres dignas. ¡Uf, qué asco!

Y esto, ¿por qué? Porque todo hombre tiene la idea de que la mujer es su cosa, que está hecha para su regalo. ¡Qué vanidad, Dios mío! ¡Qué engreimiento!

Esa falta de respeto a la mujer tiene que cesar. La mujer posee el remedio. Producto es este estado de cosas de la desigualdad social, civil y política de la mujer. Cuando el hombre se dé cuenta de que la mujer tiene sus derechos reconocidos, terminarán los piropos nauseabundos, las caricias groseras no buscadas.

Mujeres latinas: hay que hacernos respetar. New York es la Meca de los faltarespetos.

Invito a mis hermanas las hispanas a que, por medio de *Gráfico*, me ayuden con sus comentarios y consejos a cortar un mal tan arraigado.

La campaña es nuestra. ¡Despierta mujer hispana a tus deberes! Solo haciendo uso de tus poderes mentales podrás liberarte de tanto barro, de tanta arcilla.

¿Eres una cosa, una hembra nada más o una mujer consciente? El hombre te cree su cosa sujeta a sus caprichos. ¡¡Desmiéntelo!!

(*Gráfico* [Nueva York], 21 de septiembre de 1929, p. 18.
En "Charlas femeninas")

LA MUJER Y LA PAZ

Mujer, tú amas la paz; la guerra te hace mucho daño. En primer lugar, se te arrebatan [a] tus hijos, pierdes [a] tu marido, tu padre, tus hermanos. Tu problema económico se derrumba. En algunos casos, en la mayor parte de los casos, tú dependes para subsistir de esos hijos, de ese esposo, de ese padre. Te falta el salario que ellos traen a la casa y no hay medio de apuntalar tu edificio económico, pues, quieras que no, se te ha de caer encima.

¿Y te cruzarás de brazos, mujer, permitiendo que se lleven los pedazos de tu corazón, la carne de tu carne, a servir las ambiciones de gobiernos tiránicos que alardean de patriotismo, desconociendo la esencia de esa palabra, desvirtuando su concepto en rastrera propaganda para conseguir sus fines bastardos?

¿Y permites, mujer, quedarte sin medios, sin dinero, para luego caer en las garras de la pobreza, del hambre y de la enfermedad, trinidad que acompaña siempre a la guerra?

¿Y te olvidas, madre, que la prostitución se ensañará en ti y en tus propias hijas cuando el hambre llame a tus puertas y el frío amenace tus días y tus noches?

Tú puedes mucho, mujer, mucho, mucho puedes. ¿Oíste contar alguna vez la fábula del haz de leña? Por si acaso la has olvidado, escucha:

Un buen padre tenía varios hijos. Llegaron a la edad en que la vida reclama lo suyo y decidieron irse a correr fortuna. El padre, experto ya en los golpes de la vida, quiso darles un buen consejo, ya que no otra cosa. Así pues, los envió al monte a cortar varas. Dio a cada uno de los mozos una, rogándoles la quebrasen. Ellos así lo hicieron con facilidad pasmosa. Luego, juntó muchas varas haciendo con ellas un haz y rogándoles por segunda vez que tratasen de romperlas. Se esforzaron valientemente en hacerlo. Rojos se pusieron en el empeño. No lo consiguieron. Les dijo el padre entonces:

—Hijos míos, no ha sido grata la tarea de quebrar el haz. ¿Saben por qué? Porque todas esas varas juntas son más fuertes que una sola. Unidas son fuertes, separadas, débiles. Unidas no hay quien las rompa, separadas, ¡qué frágiles son! De la unión, hijos míos, se deriva un empuje enorme; en la unión, hijos míos, está la fuerza.

Mujer, madre, esposa, hija, tú sola nada puedes hacer. Pero únete a todas las demás que sufren las mismas penas que tú y verás cómo te agigantas, verás cómo tus esfuerzos se multiplican, verás cómo tu empuje arrolla a tus enemigos.

Tú bien sabes, mujer, que la guerra destruye los hogares, quebranta los corazones más tesoneros y arruina a la familia despiadada, robándole los suyos. Muchas veces tus hijas son deshonradas ante tus propios ojos por la horda enemiga, ebria de represalias, por hombres que fueron como tu esposo, tus hijos, tus nietos, tu padre, hombres de bien que la guerra maldita ha transformado en desalmados, incendiarios y ladrones.

No culpes a esos hombres, culpa a la guerra brutal que los envió a asesinar, a incendiar y a robar por la ley del más fuerte; la omnipotente ley de la guerra. Escudados por esa ley te queman tu casa, se roban tus haberes, te dejan en la calle viuda, huérfana, madre sin hijos.

Para sostener esa guerra, tienes tú y tu familia toda que trabajar arduamente. Hay que pagar contribuciones enormes para sostener todo ese aparato de guerra, esos grandes acorazados, esos cañones, esos aeroplanos, esos gases químicos que, al matar a tu familia, [te] matarán también a ti y a tus amigos.

¿No se te ha ocurrido alguna vez, mujer, que, sin saberlo, estás ayudando a matar a tu propia familia manteniendo soldados y marinos, acorazados, submarinos, aeroplanos y toda, toda la maquinaria horrenda de la guerra?

Hoy en día se necesitan millones de dólares para fabricar esos cruceros tan poderosos de los gobiernos de la tierra y especialmente de ese gobierno americano a quien tú pagas contribuciones. De cada peso que tú pagas, tres cuartas partes van a comprar material de guerra. Fíjate en la cifra, mujer, de cien centavos que tú pagas de contribuciones al gobierno, setenta y cinco engordan el material de guerra.

Esos millones los pagan tú, tus hijos, tu esposo, tu familia, tus amigos que como tú luchan y trabajan.

No vives como crees solo para sostenerte, ni para tu regalo. Cada vez que pones una carta al correo, cada vez que vas al teatro, cada vez que haces un viaje, contribuyes al tesoro nacional con el sudor de tu frente, dinero que se invertirá en útiles horrendos que causan la muerte, la desolación y la tristeza.

(Continuará.)

(*Gráfico* [Nueva York], 25 de enero de 1930, p. 14.)

LA MUJER Y LA PAZ

(Conclusión)

———

Añade a esto la guerra en el campo de batalla. Imagínate a tu hijo amado con un gran agujero en el vientre, los intestinos colgando, revolcándose en el duro suelo, abrasado en fiebre, pidiendo por piedad un vaso de agua que nadie le puede dar; imagínatelo allí días de días sin ayuda porque [ni] la Cruz Roja ni los médicos dan abasto, porque se mata con más rapi[dez] que lo que puede llegar ayuda médica al soldado herido de muerte o de cuidado. Imagínate al esposo que tú con tanto mimo y afán cuidaste en una enfermedad, a quien amas entrañablemente, con una herida que causa la rigidez de la muerte y que engaña, enterrado medio vivo en una fosa común con miles de otros tan infortunados como él; imagínate [a] tus hijos, tu esposo, tu padre, batallando sin descanso, jadeantes, de sol a sol del esfuerzo y el cansancio. Imagínate un cementerio donde miles de muertos se hallan sin sepultura y llegará a tu olfato el hedor insoportable y pestilente, el de la pólvora, no siendo lo bastante fuerte para mitigarlo. Imagínate, luego, por la falta de cuidado y de cura, a tu delicado hijo herido de tres días, sin auxilio médico ni religioso, hediendo a sangre coagulada en todo su conocimiento, pero una parte de él hecha gusanos. Imagínate lo peor, mujer, y tendrás la guerra en todo su feo aspecto.

Dadas todas estas circunstancias tan trascendentales, mujer, tienes que unirte para evitar la guerra.

No lo dejes para mañana. La guerra es ahora. Una guerra sorda, bien es verdad, pero guerra.

Yo quisiera que las mujeres que lean este artículo me ayudasen diseminando estas ideas de odio a muerte a la guerra. Quisiera recibir palabras de aliento de las mujeres que me lean. Yo estoy tratando de poner mi grano de arena para conseguir la paz del mundo y el bienestar de la humanidad.

En mi próximo artículo me extenderé más sobre este asunto tan vital a mi corazón de mujer.

(*Gráfico* [Nueva York], 1 de febrero de 1930, p. 15.)

LA PAZ Y LA MUJER

En la edición del primero de febrero del año actual, se publicó un artículo en este semanario bajo el epígrafe de LA MUJER Y LA PAZ.

Se trataba, en lenguaje claro y sencillo, pero muy gráfico, de los crueles azares de la guerra y los efectos antihumanitarios y económicos de la misma; se daban además sus causas y se sugería el modo de contrarrestar su influencia. Al final, se hacía un llamamiento a la mujer para que ayudara con sus consejos, sus comentarios, sus críticas, sus razones, su opinión adversa o favorable, a dilucidar un problema que es el de toda mujer que se tiene por mujer de veras y, sobre todo, con dos dedos de frente.

Es hoy el dieciocho de marzo y, cuando aparezca este artículo, el mes habrá llegado a su fin. Entre tanta mujer que lee castellano en la ciudad de New York, ni una le ha dado un segundo a tema de tan gran importancia para su economía y felicidad y, por ende, de la humanidad toda; tema que es para la madre, la esposa, la hermana, la hija y la novia. Todas las mujeres a quien[es] me dirigí, si no están relacionadas con la guerra en una forma lo están en otra, de modo que a todas sin excepción les incumbe la guerra.

¿He oído una voz amiga que me aliente? ¿He oído un grito disidente? ¡Nada! ¡Nada! ¡La paz del cementerio! ¿Qué clase de mujeres son esas que no palpitan con el momento histórico? ¿Qué clase de mujeres son esas que se preocupan tan poco de su suerte, de la de sus seres queridos y de la humanidad? ¿Qué clase de mujeres son esas que no se dan cuenta de que el mundo todo quiere la paz a toda costa, especialmente la mujer? ¿Qué clase de mujeres son esas que no se curan un comino de acelerar la obra de la paz? ¿Qué clase de mujeres son esas que no leen ni piensan, que viven la vida del fósil, es decir, comen, duermen y se divierten creyendo erróneamente que con el trabajo diario han hecho lo suficiente? ¿Qué clase de mujeres son esas en que la idea no halla eco ni tampoco el llamamiento humanitario?

Esas mujeres se hallan verdaderamente en la paz. Es tan enorme su aletargamiento, tan vasta su modorra, tan larga la noche de su dulce no hacer nada, tan abotagada su razón, tan estrecho su sentido de humanidad, que ponen espanto.

¿Es que se queda la mujer de New York y, sobre todo la latina, regazada en un movimiento que tanto le atañe? ¿No sacudirá su eterna inercia? ¿Seguirá en esa indiferencia tan espeluznante?

Si es verdad que el año pasado la señora Carrie Chapman Catt, líder feminista (y digo "si es verdad" porque la dama en cuestión se desmintió), emitió en Washington el juicio de que la mujer latina se preocupaba poco o nada de los asuntos que le incumben más de cerca, tuvo razón, y en mi defensa de la mujer latina, secundada desinteresada y noblemente en *Carteles* por la adalid cubana de la mujer, Mariblanca Sabas Alomá, no hicimos otra cosa que desbarrar defendiendo una causa muerta.

La mujer inglesa fue a las urnas en mayo pasado por la paz. Las mujeres del mundo tienen hoy la vista hacia la conferencia naval que tiene lugar en Londres. Se persigue allí el alto fin de reducir los armamentos de guerra a un mínimo, especialmente los barcos submarinos. Las cinco potencias representadas allí, a saber, Italia, Francia, Estados Unidos, Japón e Inglaterra tienen sólida representación de sus mujeres. La mujer inglesa es la mano derecha de Ramsay MacDonald; fue su esfuerzo cívico en las elecciones de mayo empuje avasallador porque un intenso deseo de paz las impelió a elevar a MacDonald al puesto que hoy tiene, porque en su plataforma él se confesaba amigo de la paz.

¿Pondrá la mujer latina a un candidato todo suyo en el poder para que le ayude a conseguir la tan anhelada paz? Pero señor, si ni se dan cuenta de lo que pasa en este mundo de hoy. La mujer de sociedad sigue tan oronda en sus bailes de caridad mal entendida, en sus fiestas tediosas de placer; la de la clase media se empeña en encumbrarse hasta las primeras y la obrera es tan ignorante que culparla no es posible.

Las de las jaulas doradas de cabezas de chorlito no pueden ni tienen tiempo de ocuparse de esos asuntos de sufragistas; las que viven en apartamentos más o menos cómodos no están vivas, muertas en vida están. En la paz del sepulcro se hallan todas. Pensar siquiera les hace daño. Dedicar un momento a la ingrata tarea de su misma salvación es demasiado pedir.

—¿Qué se cree esa señora, que no tenemos nada qué hacer como ella que solo se dedica a escribir? Nosotras no tenemos tiempo ni para rascarnos la cabeza con el baile tal o la velada cual. No quiera ella encontrarse en nuestro lugar.

¡Señor! ¿Cuándo saldrán de esa paz? ¿Cuándo de ese marasmo?

Cuando truene el cañón a sus puertas, cuando el Estado les quite los hijos, cuando la novia quede abandonada y sus sueños de futura esposa deshechos por una bala; cuando la esposa quede viuda con una numerosa familia de bocas ávidas pidiendo pan que no se halla porque el padre, único sostén, está tomando parte en una guerra loca, sin razón, que solo algunos pocos porque son los que derivan ventaja de ella saben su causa, los demás, ¡pobre carne de cañón, tristes ilusos!, ignoran los motivos y creen estar dando sus vidas por una causa santa. Cuando el hambre roa sus estómagos sin piedad, cuando las granadas destruyan sus hogares y sus clubs de placer sean incendiados por los aeroplanos, cuando la enfermedad se adueñe de la tierra, entonces, solo despertarán, demasiado tarde, y allí será el lloro y el crujir de sus dientes. Entonces esa Clotilde Betances Jaeger no será una soñadora metiendo miedo con el coco, sino una profetisa.

—¿Qué haremos ahora, Clotilde? —me preguntarán con lágrimas en los ojos.

—Cosecháis lo que habéis sembrado —me costará responderles, bien a mi pesar.

Pánfilas, rebañegas, el que se resigna con su suerte se la merece. Hoy el Estado les quita para sostener la guerra tres cuartas partes de sus haberes, mañana se lo quitará todo y se resignarán. Mañana el Estado las dejará sin familia y sin medios y lo consentirán.

¡Mujeres de cartón! ¡Muñecas! ¡Descansad en paz!

(*Gráfico* [Nueva York], 29 de marzo de 1930, p. 14.)

CARTA ABIERTA A CLARA PONVAL

Tiene razón, amiga: Clara Ponval es mujer y mujer entera. Recoge usted el guante que lancé con valentía cívica, en nombre de un conglomerado de mujeres que necesitan del látigo del amo para obrar.

Dice que carece de lo que poseo en abundancia: un profundo conocimiento de la pluma (gracias; ella está a la disposición de la mujer siempre).

Se equivoca, y no la culpo, en el tercer párrafo de su buena carta. ¿Qué le indica el programa que va a continuación y que se explica solo? Esposa, ama de casa, oficinista, periodista y escritora. Trabajo, amiga mía, de sol a sol. No me sonríe la fortuna, lo que no lamento porque así estoy más compenetrada con las luchas de la mujer y mi simpatía enorme es toda de ella.

Como esposa, mi compañero lleva siempre calcetines zurcidos; no dejo de poner el remiendo donde se requiera, ni el botón donde falte. Como ama de casa, no hay polvo en los rincones y mi casa es un nido de confort. Como cocinera, no nos hemos indigestado todavía y tanto mi esposo como yo estamos saludables, a pesar de que en eso del arte culinario no soy muy perita. Como oficinista, mi trabajo es de responsabilidad y competencia; no tengo tiempo, como muchas de mis compañeras, para leer novelas y arreglarme las uñas en la oficina, lo que no quita que me las arregle en casa porque soy muy presumida. También lavo y plancho esas cositas que no pueden ir al *laundry* y que a una mujer no es preciso enumerárselas. Sostengo voluminosa correspondencia con varias mujeres representativas de la opinión en distintos países y, después de todo esto, escribo todas las noches hasta las doce. Otras mujeres, como usted no puede menos de reconocer, bailan y se divierten a esas horas. Tampoco dejo de hacer mis ejercicios para mantener el vigor físico, la mente alerta, la juventud y las líneas. Como periodista, no lo hago mal. Ya usted lo dice en su párrafo sexto. Como escritora, he escrito toda mi vida.

Bien es verdad que mi querido esposo me ayuda la mar, pero esos mil detalles de una casa solo los ven los ojos expertos de una mujer. Ya ve que más cándida no puedo ser.

Dice usted muy mal en eso de cuando todo en la vida nos sonríe. La vida no puede sonreírle a una mujer de mi calibre, que lucha denodadamente por el derecho violado, la destrucción de los ídolos, la emancipación de la tradición que es cadena y esclaviza y, sobre todo, [por] ayudar a la mujer a deshacerse del temor de vivir.

Yo sí conozco este ambiente, tal vez demasiado bien, señora Ponval. La mujer no lo ha hecho todo cuando termina el trabajo de la oficina o de la fábrica y se dedica a su casa. La humanidad toda requiere su cuidado, su atención, su desvelo. Es egoísmo encerrarse en las cuatro paredes de una casa y olvidar que fuera pulula el dolor, la esclavitud, la ignorancia y la guerra.

Me aconseja que escriba algo más práctico. ¿Llama impráctico gritarle a la madre que proteja a su hijo de las garras despiadadas de la guerra, a la esposa que luche por retener a su compañero en el hogar y no permitir que sea carne de cañón, a la hermana, a la novia, a la amiga que luchen por la humanidad? ¡Ah! Amiga mía, sobre todo, está la humanidad. Así lo aprendí en la Universidad de Cornell donde hice mis estudios y jamás lo he olvidado. ¿Llama impráctico el deber social? ¿Llama impráctico a mi espíritu humanitario? ¿No es usted madre, tal vez, ni esposa, ni hermana, ni amiga? Creo que es todo esto y tal vez la mujer que yo sueño, la mujer apóstol, la mujer historia, la mujer madre de toda la humanidad.

Dice que mi labor será estéril. No la quiero creer, Clara Ponval. No pierdo las esperanzas. Mis esfuerzos serán secundados algún día porque la mujer latina no debe ni puede quedarse rezagada en la evolución social e histórica de hoy.

Cordialmente suya . . .

(*Gráfico* [Nueva York], 3 de mayo de 1930, p. 14.)

EL PROBLEMA PAVOROSO DE LA DESNUTRICIÓN DE LA INFANCIA EN PUERTO RICO Y LAS MADRES SOLTERAS

La terrible tragedia de la niñez desnutrida de Puerto Rico nos causa reflexiones de sabor muy amargo. Son muchas las causas y múltiples los factores de esta desventurada situación. Nos atendremos por ahora a una sola fase de este estado de cosas.

En primer lugar, está el absurdo en que se basa nuestra sociedad puertorriqueña de no hacerle frente a problemas cuyas raíces están en actos, los más naturales, dominada como se halla por un estrecho criterio eclesiástico, sin otro fin que desvirtuar el sentido natural y biológico de ciertos actos.

¿Cómo es posible que la niñez famélica de Puerto Rico pueda estar en otras condiciones de bienestar, cuando la única maternidad digna que se concibe es la de la mujer casada, aunque el hijo no sea de su esposo? El que una soltera conciba y pase por los dolores del parto es antivital y antinatural. De aquí que la madre soltera y su prole no reciban adecuada protección porque cargan el sambenito infamante que quita todo derecho a la vida y a la felicidad de madre soltera e hijo legítimo.

Poco cuesta llegar a una conclusión. La madre soltera esconde lo que el mundo llama su falta, echando sus hijos a la calle para que la caridad pública se encargue de ellos.

Nunca se le ha enseñado a la mujer latina que no es una vergüenza ser madre, aun sin ayuda de párroco o alcalde. Todo lo que ha oído en la iglesia, en la casa, en la calle es la eterna gazmoñería de que procrear fuera del matrimonio establecido es un crimen. El deber moral como madre no le ha sido inculcado; el orgullo de su maternidad le es enteramente desconocido.

Esos niños sin padre, nacidos fuera de las conveniencias, son parias. La madre no es aceptada en ningún lado; solo recibe desprecio y humillaciones. Si la madre no halla perdón, ¿de dónde va a sacar protección para su hijo? Esos hijos bastardos, ¡qué sarcasmo!, sin nombre, ¡sofisma!, ¿no tienen el apellido de su madre? ¿Es que la madre no tiene derecho a dar nombre a su hijo? ¡Extraña paradoja! Legalmente esa mujer no puede dar su nombre al hijo de sus entrañas, pero extralegalmente el hijo ilegítimo lleva el nombre de su madre. Realmente, el apellido de la madre es el que más pertenece al hijo. En la mayor parte de los casos, el padre, si consta, consta mal; la madre siempre consta. Siempre se sabe quién es la madre, pero no siempre quién la fertilizó. Esos infelices desheredados de la fortuna tienen que pagar la culpa de sus padres. ¿En dónde está esa culpa? ¿Por qué ha de llevarla solo la mujer y el fruto inocente de un acto de su vida? ¿Por qué se empeña la sociedad en culpar solamente a la mujer, mientras el hombre sigue tan orondo su paternidad inconfesada o negada?

Porque la actual sociedad gazmoña e hipócrita tira el puñado de fango solo a la mujer, porque es la más débil y porque en los países religiosos solo la única que pudo tener un hijo por arte de birlibirloque fue María. Si los hijos pagan las llamadas culpas de su madre, pero no las de su padre, no es de extrañar que los niños de Puerto Rico se mueran por falta de nutrición, pues los más de ellos no conocen a su padre y su pobrecita madre no tiene un ochavo con que darles de comer, a menos que no se queme día y noche el flácido vientre ante un fogón.

Este es un problema de economía social. Si esa madre soltera tuviese medios, su hijo no iría al arroyo a mendigar, a robar, a caer en la escuela correccional, en la cárcel, ni tampoco moriría de inanición.

Bien es verdad que la mortandad infantil es universal; también es cierto que la ignorancia en materia de maternología y puericultura es espantosa, pero hasta en España, donde las condiciones sociales de la mujer están bastante descuidadas, se ha dado atención a esta trascendental cuestión. En Alemania hay una sociedad cuyo fin es la protección de los niños sin padre conocido; en París existen cinco asilos de iniciativa privada para embarazadas, allí nadie se preocupa de las creencias ni del estado social de las recluidas, y en Nanterre hay un asilo para madres vagabundas. En Puerto Rico, las asociaciones caritativas han cerrado sus puertas a la madre soltera, en cambio, la mujer casquivana es admitida en todas partes porque no ha pecado, es decir, su pecado no ha tomado forma, no se ha cristalizado en hijo-pecado que un Dios todo amor, se supone, perdonaría siempre.

Esto no quiere decir que los desdichados niños que en Puerto Rico padecen de anemia, de tuberculosis y de otros males causados por la mala o ninguna nutrición sean todos hijos de madres solteras. Algunas, muchas de ellas, son casadas, pero tan ignorantes de lo que la maternidad entraña que culparlas no es posible.

La campaña que se lleva a cabo en Puerto Rico a favor del niño desnutrido debe también llevarse a efecto con la madre y no solo la soltera, sino también la casada.

Dar de comer a la infancia de Puerto Rico es deber imperativo, legislar sabiamente para cambiar ese *statu quo* está en orden, pero lo que precisa ante todo es cambiar el espíritu de nuestra sociedad de cruel y refinada respetabilidad, esa respetabilidad que, como bien dice Ibsen, espanta.

(*Gráfico* [Nueva York], 28 de junio de 1930, p. 9.)

EL FEMINISMO NO ES NUEVO

Todo esclavo de jaula dorada siente odio manso hacia su amo. Al preguntarse la causa de tal inquietud, comienza su emancipación.

En el vasto designio social de las edades, el trabajo manual, la industria y todo lo que directamente se dirija a la finalidad de obtener la subsistencia es herencia exclusiva de las clases inferiores, o sea, los esclavos y las mujeres. En el plan económico del bárbaro, la caza no lo hacía jornalero, por lo tanto, no se le podía clasificar ni entre los esclavos ni entre las mujeres, ni podía dársele a su trabajo el nombre de faena. Su trabajo, antítesis completa del de la mujer, podía ayudar a mantener al grupo, pero comparado con la diligencia sin resonancia de la mujer no admitía siquiera comparación con el de esta, por su excelencia y eficacia, porque la industria era patrimonio de la mujer.

Resulta pues que las mujeres de hombres más acomodados, por motivo de su categoría, ya no podían dedicarse a la industria ni a los trabajos manuales. Entonces, a pesar de la usanza de la tradición del lugar de la mujer en el plan económico, comienza el desarrollo incipiente de un cambio de sentimientos. ¿Por qué tenía la mujer que dedicarse a la industria, a los trabajillos, sobre todo si los hombres de su familia son expertos cazadores, grandes guerreros y sacerdotes de importancia? La mujer misma, por más conservadora que se sintiera, se preguntaba el porqué de la discrepancia entre su trabajo y el del hombre. Las dos palabras Emancipación y Trabajo se le presentaban escritas en la pared con vívidos caracteres como el "Mene", "Tekel", "Phares" de los tiempos del infeliz Nabucodonosor. Esas dos palabras expresan su resentimiento. ¿Por qué? Porque se reconoce apta para el trabajo, pero tiene que desarrollar su actividad en razón directa con el medio económico en que vive. Por lo tanto, el impulso de emancipación latente en la mujer desde los tiempos primitivos la hace luchar por vivir su vida, por hallar su verdadera alma.

La mujer de hoy es tan feminista como la de ayer. Esos deseos, en muchas inconfesados, de ser independientes económicamente, de abrirse campo en las letras, en las artes, en la ciencia, es feminismo puro.

No son feministas solo las sufragistas. Toda mujer encarna el ideal feminista de una vida espiritual, física y mental de más amplia perspectiva.

(*Gráfico* [Nueva York], 9 de agosto de 1930, p. 6.)

EL MATRIMONIO NO LE TRAE A LA MUJER INDEPENDENCIA ECONÓMICA NUNCA

El Departamento de Mujeres del Buró del Trabajo en Washington acaba de publicar un informe que trata de las muchas mujeres que salen de las escuelas y colegios en este junio para esparcirse por la nación en busca de trabajo. En uno de sus párrafos dice:

"El casamiento no significa para la mujer la libertad sino mayores cargas económicas por razón de los que de ella dependan, especialmente cuando los maridos no perciben sueldos suficientes para sostenerse y sostener a su familia".

No cabe duda que toda mujer siente deseos de tener un compañero, un hogar, su propia familia. No cabe duda pensar que si, por temor a los obstáculos económicos, las mujeres dejaran de casarse, la familia humana se diezmaría y acabaría al fin por desaparecer de la faz de la tierra.

En estos días de la postguerra, cuando los valores se han trastocado, es indispensable que la mujer vea que en el matrimonio no se ha encontrado nunca la anhelada independencia económica.

Muchas mujeres, por ejemplo, se casan cuando tienen su buen sueldo que solas les asegura cierto desahogo económico. Muchas tienen ahorros de consideración, visten bien y viven holgadas. Se enamoran. En primer lugar, tienen que seguir trabajando. Entonces se hacen estas observaciones que muchas de mis lectoras conocen ya. Pero ¿y de qué me habrá servido casarme? Hoy tengo esposo, trabajo y lo que gano no me da para nada. Trabajo y no veo el fruto de mi labor. Si hago economías, tengo que gastarlas por una cosa o la otra. ¿Para qué me habré casado, cielos santos? Así empieza la desdicha del amor. Los aprietos económicos aceleran la crisis. Entonces, donde no hay dinero suficiente, no hay paz ni tampoco amor.

Con las preguntas nace la duda. ¿Con qué clase de hombre me he casado? No deseo que él me sostenga porque yo me sé sostener, pero podría hacer de mi dinero lo que me viniese en gana y no puedo. Por lo menos, él podría sostenerse a sí mismo. ¿Tiene mi marido derecho a vivir de mí?

La carga onerosa de la economía hace tambalear el edificio matrimonial. Es preferible no casarse. ¿Y qué hacer cuando el sexo aguijonea? ¿Casarse? Hay que pensarlo bien, mujeres.

Este es el problema de toda mujer de hoy. Ya el casamiento no es cuestión del corazón sino de la cabeza. Se acabaron los días de amo y esclava. La esposa sumisa, flaca y acabada por la tarea doméstica y los partos es hoy un anacronismo.

No es que la mujer se vuelva mercenaria y contraiga nupcias solo con millonarios. Los millones se esfuman. El marido rico algunas veces es un pobre de espíritu que, despojado de su dinero, no vale un perro chico. El hombre que no le teme a la vida, ese es el único que está preparado para luchar por la independencia económica de su familia.

¿No se os ha ocurrido, mujeres, que muchos hombres se casan con la misma intención que vosotros, la de buscarse un escudo contra la vida? Pues sí que sí. Los hay tan pusilánimes que, en vez de espina dorsal, tienen mantequilla derretida; tan cobardes, que no se atreven [a] ir en busca de una colocación; tan inferiores que, si trabajan, se dejan dar de patadas morales y físicas en el trabajo porque no tienen enjundia para hacer valer sus derechos de ser humano y pensante, y luego se desquitan en el hogar con las mujeres y los niños.

No os digo que no os caséis. Pero, si buscáis independencia económica en el matrimonio, erradas vais. ¿Queréis más trabajos, menos trajes, más sinsabores? Andad. En la alcaldía, en la iglesia, en la sinagoga uncen a dos por la cantidad mínima de dos duros. Buscad luego el modo de desatar ese nudo gordiano que el estado, la iglesia, la sinagoga amarraron por dos dineros y veréis. Para unciros al yugo, a la desazón, al infortunio, a la tragedia de una vida toda, se apresuran con las manos ávidas, extendidas hacia vuestros dineros, vuestra felicidad conyugal, importándoles un bledo. Pedid después a estas instituciones que rompan el nexo. No podréis con la misma facilidad con que os atasteis.

Luego, puede que sintáis compasión por el destripaterrones que os tocó de marido; tal vez hay prole. Se enmaraña la situación y para despejarla se quiebran los corazones, se agota la salud, a los ahorros les nacen alas . . . la bancarrota en toda regla.

¡Y hay quien se asombra de que la mujer quiera votar! ¡Hay quien hace aspavientos porque la mujer prefiera amar sin casarse! ¡Hay quien se asusta de ver a la mujer en la vida pública, batallando! Se olvida que tal vez está manteniendo a un zanguanzo a quien una vez amó y que ya ni siquiera puede respetar, pero por quien siente misericordia. Se olvida de que tal vez hay muchas bocas que alimentar. No se sabe que el estómago de la mujer pide pan, su cerebro, la idea, y su felicidad, la independencia económica.

(*Gráfico* [Nueva York], 16 de agosto de 1930, pp. 6, 10.)

[SOBRE LA CONFERENCIA DE LA SEÑORITA MISTRAL—LAS MUJERES DE SUDAMÉRICA . . .]

Una distinguida mujer de letras hispanoamericana, que muestra brillante cultura y un espíritu sereno y reposado, de delicada feminidad, la señora Clotilde Betances Jaeger, de 69-01 Sedgwick Street, Glendale, N.Y., tercia muy gentilmente en la polémica despertada, en esta sección y entre lectoras principalmente, en torno a la sensacional conferencia de la insigne poetisa y pensadora chilena Gabriela Mistral. Nada más interesante y mejor orientado, desde el campo tan atrayente y prometedor del feminismo de nuestra raza, que el criterio que expone la señora Betances Jaeger, en la siguiente comunicación:

Ha sido con gusto verdadero que he leído las cartas con visos de polémica que han escrito a LA PRENSA de estos días plumas femeninas como las de la señora Arizmendi y sus dos antagonistas de la edición del veinticuatro del corriente.

El que tiene opinión debe aventarla. Hurtarla es restarle a la posteridad. Con valor cívico se expresó la señora Arizmendi y con igual denuedo las dos damas que no comparten su opinión.

Es digno de encomio el esfuerzo de uno y otro lado. Lo que sí deploramos es que se tome a la ilustre huésped chilena, la poetisa Gabriela Mistral, para entretejer alrededor de su conferencia una controversia sin provecho alguno.

No conozco a la señorita Mistral, ni me mueve el deseo de constituirme en su adalid y romper lanzas por ella pues, no cabe duda, que ella se sabe defender. Inspirada solo por el más vivo interés en la mujer, intervengo en este asunto. Ya dejo expuesto que no hay provecho en esta brecha abierta entre las mujeres controversistas. La señorita Mistral vino a unir, a construir.

Empero, hay mucho valor intrínseco en el asunto, a pesar de su inoportunidad. Dijo el juez de la Corte Suprema de los Estados Unidos, Holmes, que cada idea es acicate. La conferencia de Gabriela Mistral lo ha sido. Por lo tanto, su éxito está probado.

La mujer tiene el mundo ante sí. Es olvidando podridos prejuicios, desnudándose de esa pasión tan antisocial que es la envidia, que acarician y sienten muchas mujeres y hombres por aquellos que entran en la eucaristía de la idea, que la mujer vencerá en su liza justa. Hay que iconoclastar falsos dioses, añejas tradiciones de la melindrería femenina, desenmascarar el vicio, purificar el ambiente, mostrar las llagas en toda su hediondez y podredumbre para neutralizar y deshacer la gazmoñería de la iglesia que cubre bajo espacioso velo las verdades biológicas con la ciencia como antorcha.

El 29 de enero de 1929, el *Herald Tribune* de Nueva York publicó lo que sigue:

" . . . las mujeres de Sudamérica son una amenaza a las relaciones entre este país y las repúblicas latinas. No poseen educación para entender los asuntos internacionales y hace tiempo que ansío formar una organización entre ellas para que aprendan a conocer el mundo moderno".

Estas palabras las profirió la líder feminista americana, Carrie Chapman Catt, en Washington, en la conferencia sobre "La causa y la cura de la guerra".

Las mujeres latinas que viven en Nueva York y en los Estados Unidos permanecieron mudas, pero no todas. A mi requerimiento, la medular escritora cubana, Mariblanca Sabas Alomá, se ocupó de este asunto en un soberbio y viril artículo desde su columna de *Carteles*, titulado "Efectivamente, señora Catt", y que se puede leer hoy mismo en su reciente libro, *Feminismo*. Yo entonces no tenía mi columna de *Gráfico* y solo pude expresar a la señora Catt mi indignación en carta que obra en mis archivos y que está a la disposición de alguna dama que tenga curiosidad científica. Y como le escribí a la señora Liliam Mederos de Baralt, secretaria de la Alianza Nacional Femenina de Cuba:

"En mi concepto, la señora Catt ha cometido una grave injusticia. Ella indica que los *reporters* la citaron equivocadamente, pero no ha rechazado la calumnia de la prensa, ni se ha retractado. De modo que todo un conglomerado de mujeres dignas ha quedado cobardemente vilipendiado".

En un asunto de esta índole, el pecho de toda mujer latina debió haber sido hervidero. La causa era y es justa. La causa era y es santa. Todavía está en pie.

La capacidad intelectual de la señorita Mistral es bien reconocida. Así como los cantantes no están siempre en voz, un conferenciante tampoco está siempre afinado.

No se le perdona a la señorita Mistral una conferencia que, hilvanada *ex tempore*, no resultó cómoda para la señora Arizmendi, la que recibe su codazo por dar su opinión franca y leal. ¡Bravo, bravas!

Empero, se permitió a la señora Chapman Catt creerse que la mujer norteamericana se lleva la palma en cultura y que tiene derecho a erigirse en árbitro de sus hermanas del sur.

(*La Prensa* [Nueva York], 28 de noviembre de 1930, pp. 6 y 7.
En "De nuestros lectores")

[PREJUICIOS NÓRDICOS—LA MUJER SUDAMERICANA . . .]

Nuestra culta lectora la señora Clotilde Betances de Jaeger, de 69-01 Sedgwick Street, Glendale, N.Y., que inició con sus comentarios sobre la personalidad de la mujer sudamericana una polémica muy interesante, sostenida en esta sección, nos escribe el siguiente final al debate que tanta atención ha despertado entre el público:

Como el asunto de la mujer sudamericana de LA PRENSA se originó conmigo, deseo decir algunas palabras a la señora Paula Ossorio *à propos* de su cartita, muy al grano por cierto, que ha tocado una fibra muy íntima de mi ser por dos razones: una sentimental, si se quiere, la otra racial.

La señora Ossorio cita a Sancho y, como el *Quijote* es mi biblia, me he estremecido de profundo orgullo, que hay que perdonarme, cuando en mi idioma hay una obra que con la Biblia y *Las mil y una noches* tiene primacía en las letras universales.

En cuanto a la segunda razón, no dejo de reconocer que para los efectos de la antropología y de la étnica, el "cognomen" raza no vale un comino. Pero como los prejuicios raciales son por desgracia la comidilla de este país de nuestras penas, como diría el buen Sancho, no podemos menos los que de otras tierras moramos aquí que reflexionar en voz alta y, a la vez, dar la apariencia de tener prejuicios también. El rubio, que significa el nórdico, es el único ser de elite en la opinión del pseudopensador de este suelo. El negro es vejado, el amarillo arrinconado, el rojo vilmente explotado y el latino que no es ave ni pescado o, de otro modo, ni negro ni amarillo ni rojo ni rubio, es el blanco de toda su contumelia.

La señora Carrie Chapman Catt, líder feminista norteamericana, no supo o no pudo situarse por encima de los prejuicios de un número de hombres de ciencia que jamás han verificado sus asertos en el laboratorio ni se han tomado el trabajo de hacer uso de la sana razón, al dejarse decir no tan solo que la mujer sudamericana carecía de un fondo de educación, sino que era una amenaza ante la buena marcha de las relaciones internacionales para la cura de la guerra. La palabra educación es muy traicionera. No cabe educación posible donde falta la educabilidad. De modo y manera, que tanto la mujer del norte como la del sur puede no ser educable.

Ojalá fuese la mujer sudamericana una amenaza. Entonces no habría ni guerras de defensa. El Pacto de París, hijo del cerebro de Aristides Briand, con el que el señor Kellogg se ciñe los laureles del triunfo, no es definitivo como instrumento de paz. La paz hay que crearla, hacerla biológica. Tiene que ser parte integrante del organismo del padre y de la madre que, al gestar, se la transmite al feto. La mujer que ama la paz *per se* es lo mismo americana del norte que del sur. Ella ha de poner punto final a la guerra, viviendo esta paradoja: los hijos de todos, ni tuyos ni míos. Automáticamente la guerra cesará porque nadie permitirá que los hijos de todos vayan a matarse o dejarse matar en contiendas que las más de las veces son hijas de los intereses creados.

Ojalá la mujer sudamericana tuviera poderío suficiente para constituir una amenaza. Este país altivo, sin ese tesón interior que solo emana de máxima liberación espiritual, se sostendría por el mayor número, pero no por la mayor inteligencia. No hay que olvidar que no es la masa amorfa de los pueblos la que crea estados de opinión y encauza la civilización, sino los pocos, los selectos, los raros. De esto me es testigo la historia.

(*La Prensa* [Nueva York], 22 de diciembre de 1930, p. 6.
En "De nuestros lectores")

[LA DELACIÓN, ARMA DE COBARDES—EN FAVOR DE UNA CUBANA . . .]

Nuestra lectora, la señora Clotilde Betances de Jaeger, de 69-01 Sedgwick Street, Glendale, N.Y., nos escribe una interesante comunicación que pone de relieve la sutileza de su espíritu y el piadoso sentimiento de confraternidad, como mujer y como pensadora, con sus hermanas de Cuba que padecen allá los rigores de una lucha política de intensidad y amargura creciente. Dice así la señora de Jaeger:

La delación es el arma del cobarde. En la sombra, como el reptil, hace su obra arrastrándose.

¿Por qué se halla la señorita Ofelia Domínguez en el Castillo del Príncipe? La delación esgrimió su arma de bajeza.

¿Se acusa a Ofelia Domínguez de algún crimen? De sedición no puede ser porque es Ofelia Domínguez demasiado talentosa para no dejar de reconocer que la sedición destruye y no construye; mal puede ocultársele que, de todos los males que hoy aquejan a Cuba, la sedición es el cáncer que le roe las entrañas. Tampoco puede ignorar esa mujer íntegra y consciente que la sedición es una sangría enorme en la economía de la civilización, vergüenza y estigma de pueblos ignorantes.

¿Conspiraba Ofelia Domínguez? No se le ha probado. Supongamos que conspiró; vayamos todavía más lejos, conspiró en toda la extensión del hecho. ¿Ha podido probársele?

Ante la ley, nadie es culpable mientras no se le halle tal bajo el acervo de pruebas contundentes. Derecho tiene a la libertad el acusado para buscar el mejor modo de defenderse de cargos criminales. Las puertas de una cárcel no se abren para aquel ser cuya culpabilidad está por probarse.

En esto estriba, pues, la sinrazón del encarcelamiento de Ofelia Domínguez. Se agrava todavía más la situación cuando se encierra con esta mujer sana, de principios los más reñidos con el despotismo y la injusticia, a las amigas que la visitaban. ¡Porque conspiraban!

¡Dios santo! ¿Qué se ha hecho del derecho, dónde se ha ido el honor de los pueblos?

A un hecho injusto se añade un hecho despiadado. Ofelia Domínguez es una mujer enferma. En esas condiciones, una cárcel no es el sitio más conveniente. Los tiempos en que se pudrían entre cuatro paredes los presos políticos han pasado. A excepción de las mazmorras infectas de los penales de la Guinea francesa, de la Venezuela de Gómez y otras varias úlceras purulentas de nuestra civilización que todavía no hemos sabido curar.

El asombro que siente por su reclusión la asombra todavía más y le araña la razón no poder atinar con la causa.

¿Es que la mujer es tan poderosa ya que se la teme? ¡*Gloria in excelsis*! ¡Al fin! ¡Persecución y cárcel por la justicia! ¡Bravas mujeres de Cuba que hacen historia en estos días aciagos!

¡Mujer, enferma e inocente! ¡Tres hojas de laurel en la corona de la mujer nueva!

No abogamos por la mujer. Tampoco por la intelectual. Ni siquiera por la enferma. Es por el derecho bendito de pensar. Hay que pelear por este derecho hasta vencer o morder el polvo. No somos comunistas, pero estamos con ellos alma y sangre, cuando se trata de coartar sus derechos a la idea.

Es la idea la que peligra, la que zozobra, en el caso de Ofelia Domínguez. Esta coyuntura no lo es solo de una mujer que, por ende, tiene intelecto y se haya delicada de salud. Es la situación de todos. No hay distinciones aquí de sexo, de calibre mental o estado precario de salud, puesto que se trata del derecho conculcado de todos.

¿Retrocedemos al Oscurantismo cuando atreverse a pensar equivalía a firmar nuestro decreto de muerte? ¿Volvemos a aquel estado imperfecto de civilización que veía en la teología la panacea universal? ¿Vamos a echar a un lado el avance que inició Newton sobre los hombros de aquellos gigantes del pensamiento que se llamaron Copérnico y Galileo?

¡Es preciso libertar a Ofelia Domínguez al instante! El pueblo de Cuba es el culpable.

La sedición y la delación se dan la mano. Son ambas resultado de un podrido estado de cosas. Descabellado es cargar al gobierno de Cuba con todas las culpas de la actual situación cubana. Esas tormentas nacionales no se forman en un día. El pueblo debe atalayarse para así tomar la parte de la culpa que le cabe.

Los pueblos tienen los gobiernos que se merecen. Tal pueblo, tal gobierno.

¡Libertad para esa mujer! Su arresto es irrisión vergonzosa. Con la libertad de esa mujer se redime la idea, se ensalza el civismo y se levanta el derecho caído. La liberación de Ofelia Domínguez será el primer paso hacia la nueva Cuba.

No eches en olvido, mal aconsejado y peor sufrido pueblo cubano, las palabras de Martí, aquel apóstol que en un día fue tuyo y hoy es de la humanidad:

"Solo las virtudes producen en los pueblos un bienestar constante y serio".

Y como dice Santiago Argüello, el poeta de alas de encaje:

"Si no normamos nuestra búsqueda en la pureza de un ideal en cada hombre nuevo, hallaremos el mismo hombre".

(*La Prensa* [Nueva York], 27 de marzo de 1931, p. 6.
En "De nuestros lectores")

NO CREO EN LAS MADRES

Que este título va a causar en mis lectores el efecto de una descarga eléctrica, me consta ya. Veo el mohín de disgusto en algunos rostros. Oigo los epítetos que se me arrojarán. Pues bien; el que tenga paciencia para leerme hasta el fin, hallará, sin ningún género de dudas, que mis observaciones son exactas.

Es bien sabido que toda institución tiene sus puntos flacos. En nuestros días, tan dados a la investigación y al análisis, desmenuzamos el matrimonio y clamamos por reformas y mejoras en esa institución al igual que en todas las demás. Llueven los ataques sobre el matrimonio, pero no se analizan para nada sus componentes. El marido, padre de mañana, es casi, por no decir del todo, secundario en el *statu quo*. Estamos, como se puede ver, en un matriarcado de lo más autoritario que darse pueda. *La madre no se analiza.*

A fin de cuentas, ¿para qué? Ella siempre está en lo cierto. Lo que ella dice y hace es la ley y los profetas. De ella, más que del padre, son los hijos y así se lo hace saber a quienesquiera con desenfado sin rival.

Nadie ignora que las madres se critican unas a otras a muerte. Sus hijos son los mejores, lo más bellos, los más inteligentes, por más que ella en el hogar los llene de improperios. Los hijos de las otras madres, maldito lo que le importan. ¿Son acaso *sus hijos*? ¿Es esta *la madre*? No, y mil veces no.

Sabiéndose fuerte en los atributos de su indiscutida e indiscutible maternidad, olvida muchas veces o, mejor dicho, siempre, que sus hijos, e igualmente los de las demás madres, no pidieron ser gestados ni mucho menos traídos a un mundo donde el robo, la violencia, la corrupción, el egoísmo y la injusticia infantil hacen su agosto.

A cambio de haberles dado el ser que no desearon, tienen que sujetarse a leyes maternales, arbitrarias y exigentes en todo sentido. No conozco al hijo todavía cuya madre no haya hecho de él un esclavo sentimental.

Los rapsodas han cantado a rabiar el supremo amor de madre. A la poesía, a la música y la escultura han exprimido el jugo para perpetuar en la palabra, en la nota y en la piedra, *el amor de madre*.

Y como todas, esa institución apellidada *la madre*, no es inconmovible. La madre está, más que ningún ser humano, podrida de tradición, adherida al qué dirán, engrudada a las costumbres.

A su antojo hacen y deshacen las madres a sus hijos, escudándose tras su maternidad omnisciente y omnipotente. ¡Ay del que ponga en duda su amor egoísta! ¡Infortunado el que ose poner en tela de juicio su reinado maternal! En la tierra ella es diosa y reina. Sus palabras son el verbo, sus consejos no pueden rebatirse, sus hechos son incontrovertibles. De su incontestable tiranía no hay quien escape. Mal hijo, hija de bajos sentimientos son los que se atreven a discutir sus dictámenes reales o se rebelan contra su poderío usurpado al niño. Mas . . . tomemos prestadas algunas palabras de la obra de Lacaze-Duthiers, *Philosophie de la Préhistoire:*

> "La madre que trata de casar a su hija, la pone en contacto con no importa cuál individuo, que se desposará con ella si tiene buena dote. De lo contrario, él no la desea. La madre que trata de casar a su hija no se preocupa de averiguar si su futuro yerno tiene sífilis u otra tara cualquiera. Lo esencial es que tenga dinero. Iniciar la hija en la vida sexual, a lo que ha de acontecerla en el matrimonio, no es conveniente. La iniciación será hecha por el marido al run tun tun".

Conozco a una madre. Tiene dos hijos y dos hijas. Los educó en la tradición, en las costumbres y la religión. A todos, salvo uno, les castró la libertad. El que se emancipó, ese, es un perdido. Los que contemporizaron son hijos modelos. Pues bien; entre los cuatro, escojo al *patito feo*, a la oveja descarriada, al hijo pródigo, a la mancha de la familia. Ese es humano, los otros son momias.

¿Y qué os parecerá si os digo que una de las hijas de esta madre, a su vez madre de cuatro, sin contar los que se ha hecho extraer (y no cree en el *birth control*), esa madre sin mácula, la buena madre criada en el temor de Dios, cuya férula hay que acatar sin decir esta boca es mía, aconseja a su propia madre que en modo alguno acepte al hijo rebelde en el seno de la tan respetable familia? ¡Ah respetabilidad que espanta! ¡Manes de Ibsen! Es de notar que el varón que queda en casa, sin valor para la lucha que significaba su emancipación, es un borracho consuetudinario.

¿Es posible que esta mujer sea la *madre de veras*? Yo digo que no. Que una madre no lo sea de todos es para mí inconcebible e inicuo.

¡Cuánto y cuánto más podría contar! Pero para los efectos de este artículo el anterior ejemplo basta y sobra porque es común. Las restricciones innúmeras que pone la madre ante los hijos hacen una lista interminable. Han de enamorarse y casarse a su gusto, vestirse a su antojo, salir cuando ella dé el permiso, estudiar si ella quiere, quedarse en casa de lavaplatos si ella lo ordena. ¡Y cuidado que le gusta mandar! Ella todo lo sabe, todo lo planea. Su palabra es ley. Castigo condigno de su falta tiene el hijo que se atreve siquiera a chistar.

Sé que vais a pensar: —Mi madre no es así o no fue así. Y yo digo: —Que se me presente *la madre,* la abnegada, la que todo da y nada quita, la que dirige sin gobernar, la que no impone su criterio y voluntad a la prole, la que aconseja sin inhibir, la que sabe confesarse equivocada, la que ha dejado de zurrar a sus hijos más o menos levemente.

Que se me enseñe el hijo que no haya sido víctima de sus pruritos nerviosos o de sus achaques. Gritos, amenazas, insultos, latigazos, golpes y palos los hemos recibido todos de esa mujer que han dado en poner en los cuernos de la luna, precisamente aquellos que han sufrido más en sus manos.

¡Ah! Los padres se lo deben todo a los hijos. Pido prestada a María Lacerda de Moura esta oración:

"Los niños no pertenecen a los padres ni a nadie".

Que esté yo en lo cierto no es lo que importa, sino que los adamantinos derechos maternos son antisociales, antinaturales y antihumanos.

Antes que nada, precisa educar a la madre. La palabra madre será sacrosanta, pero lo que ostenta el nombre es antiacrática hasta la médula. Con ella se inician la ley y la autoridad. Ella se irroga todos los derechos, es decir, todo el conglomerado de tradiciones con que las minorías se imponen por la fuerza. Ella se cree ama y dueña de sus hijos.

Cuando se dé a pensar que los hijos no le pertenecen y que los hijos de todos son sus hijos, entonces y solo entonces, será madre, *la madre* verdadera y justa.

Esa institución soberbia que es la madre, ha de pasar por el tamiz del verdadero sentimiento humano. Cerniéndola bien perderá sus impurezas.

(Estudios: Generación Consciente. Revista Ecléctica [Valencia, España], año X, núm. 105. Mayo de 1932, pp. 37-38.)

LAS TRAGEDIAS DEL HIMEN

En una ocasión me contó mi médico que una muchacha llegó donde él a rogarle que la reconociera, pues su novio rehusaba casarse con ella porque no la creía "señorita".

Eso de la virginidad femenina es otro de los prejuicios que ruedan por esos mundos. El himen, indicación física de virginidad en la mujer, es atributo de la raza humana, pues aun los antropoides carecen de él, según las investigaciones de Bischoff, Weidersham y Deniker. Esta pequeña estructura, *motivo de tanta tragedia* y tan ciega ridiculez, no comienza a aparecer en el feto hasta los 133 días, hecho claro y terminante de que el himen o *virgo*, como vulgarmente se dice a pesar de la bella acepción del vocablo en latín (virgen), apareció en la raza hace poco, pues el hombre individual pasa en su desarrollo por todas las etapas de la raza.

Ni los mismos hombres de ciencia han podido determinar a estas alturas la utilidad del himen en la mujer. En la China se destruye el himen como parte del adorno. Vale decir, una niña con himen no puede ser bella. Se asegura que médicos chinos desconocen el himen. En la India sucede algo parecido. En el Brasil, entre los machacuras, no hay vírgenes o mujeres con himen; en Kamchatka es una deshonra casarse con el himen intacto. Los filipinos tienen empleados públicos especiales para desflorar a las niñas y hacer al marido más agradable el matrimonio. Estos son varios ejemplos escogidos al azar entre muchos.

Entre los cristianos y mahometanos, el himen es de suma importancia. Sin embargo, esta membrana causa muchos sinsabores. En primer lugar, durante la visita periódica de la mujer, el himen interviene en la completa higienización de la vagina. En la membrana virginal queda sangre, donde se forman microbios. De ahí proviene cierta anemia que termina, como es natural, con el matrimonio, si es que entonces el himen desaparece.

Para la función sexual el himen es inútil. Solo creen lo contrario los sadistas que tienen a las mujeres por masoquistas.

Todavía no se explica la ciencia la función de este órgano. Varias suposiciones hay, por cierto, tales como la probable hipótesis de que en tiempos primitivos las relaciones sexuales comenzaban mucho antes que ahora y para los órganos inmaturos masculinos el himen sería barrera. Se deduce que entonces no se quebraba el himen brutalmente, sino que se dilataba gradualmente.

Es bien sabido que el himen no siempre se destruye y a veces se quiebra sin recurso a la función sexual. En el caso de primíparas, Budín halla el 17 por 100 con el himen íntegro.

La ciencia, siempre noble, reconoce al himen como fuente de muchos males para la mujer, pero la religión, en eterna vela, se apropió el himen para sus fines perniciosos. Hízose dogma la deshonra de una niña, y deshonra, otro convencionalismo falso, la desvirginización de una mujer, sin detenerse a pensar que este es quebradizo. Sábese que las mujeres atletas, las acróbatas, las bailarinas, las que se dedican a la equitación, etcétera, han perdido el himen por virtud del trabajo que hacen.

El vulgo ignorante, arma segura de la religión, adueñose la leyenda del himen y han condenado a la mujer a torturas peores que las de Tántalo. ¡Tanta mujer hay que llora la desdicha de esperar a un hombre que nunca llega! Ya lo dice la canción folklórica sueca:

"pu, the maid ched many a tear, ne'er did
suitor fine appear".

Una amiga me escribe así:

"Tiembla mi carne aún al contacto del recuerdo del deseo no satisfecho y esa ofrenda de mi *vergonzosa virginidad* será una fuerza en las futuras conciencias, porque nada se pierde. Este dolor será para otras antorcha que ilumine el inútil camino de tan odiosa virtud mil veces pecadora porque hunde los ojos en la desoladora y brutal canción del insomnio".

¿Hay que decir más después de lo que antecede? Concesión sincera y sin tapujos, digna y noble. ¿Hay que decir más? Sí. No todos los hombres desean y requieren esa primicia carnal tan tonta y no todos abundan en el dogma religioso del pecado: glorificación del himen. ¿Hay más? Sí; no todos los hombres hallan placer sádico en la desvirginización de una mujer, no todos se exponen al ridículo de la novia vestida de blanco lirio (la flor más sensual que existe, pues llama a los insectos a que la fecunden), la novia con los azahares, expuesta a la curiosidad del populacho erótico. ¿Hay más? Sí; Mauclair dice: "Llega un día, a menudo bastante después de haber nacido un hijo, en que la sensación se revela por una sorpresa fulminante; solo entonces la mujer deja de prestarse, solo desde entonces *se da*. Ese goce y no la pérdida del himen es la verdadera desvirginización".

(*Iniciales. Revista de los Espíritus Libres* [Barcelona, España], año 6, núm. 6. Junio de 1934, pp. 13-14.)

HEBE O JUVENTAS
La Única Obrera del Olimpo

Para mi buena amiga Rosario Muñoz de Morrison

Y no es esposa del obrero Hefestos. Hija de Zeus y Hera, fue su hermana de padre y madre.

A lo que parece, la bella y joven Hebe, sin defecto físico alguno, servía a los dioses el delicioso néctar. Hay que ver. Una diosa y princesa por añadidura haciendo trabajos serviles.

La contradicción se explica. Era costumbre patriarcal griega que las jóvenes solteras sirvieran a los hombres de la familia en los palacios reales. Esto es evidente en toda la *Ilíada*.

Una vez más queda probado que los hombres crearon a los dioses con todas las virtudes y todos los defectos humanos.

Más tarde, cuando las costumbres simples de los patriarcas se hacen más complejas, en el periodo Homérico, ya Hebe no está relegada a la posición inferior de sirvienta.

Cuentan los mitos griegos que, por su casamiento con Hércules, Hebe dejó de llenar las copas del néctar. Pero también es noticia que Hebe contrajo matrimonio con Ganimedes, un mortal a quien Júpiter concedió la inmortalidad, atraído por su indescriptible belleza quien, desde ese momento, sustituyó a Hebe en el oficio de copera y escanciadora.

Dando paso la sociedad patriarcal por imperativo sociológico a otra más avanzada, donde comienzan a alzar la cabeza los privilegios de casta y de clase, Hebe o Juventas deja de ser criada. Es por esto que se trae a Ganimedes al Olimpo. Como mortal convertido en inmortal, vale decir, inferior, está en orden que sirva a los dioses. Como diosa, Hebe se sale de lo vulgar y por lo tanto del trabajo enfadoso y entrenador del obrero.

Barruntando las diferencias sociales que han culminado en la sujeción del trabajador por las fuerzas vivas de los amos del capital de los útiles del trabajo, los escritores que sucedieron a Homero no pudieron ver con buenos ojos a una mujer de alta alcurnia y divina sirviendo de copera. Por eso la enchufaron con Ganimedes. Siendo cosa hecha ya la diferenciación del trabajo entre los mortales, se hizo menester traer a uno de ellos al Olimpo, para inaugurar allí también el proceso sociológico que en la tierra se operaba.

Y, como en los tiempos patriarcales o de patriarcado, la mujer tenía a su cargo las más fuertes tareas, prueba de la marcha de los acontecimientos en escala ascendente es el hecho de rescatar a una mujer del servicio doméstico limitador y poner a un hombre en su lugar. Es decir, la mujer gana un punto en su emancipación.

(*Artes y Letras* [Nueva York], año II, núm. 14.
Agosto de 1934, pp. 4, 6.)

PENÉLOPE, LA INNOVADORA

Penélope, la griega de acrisolado pudor, la que esperó veinte años a que su esposo Odiseo regresara de la guerra de Troya, fue una innovadora.

En los orígenes matriarcales de la Grecia, la mujer, al casarse, quedaba entre sus familiares o, lo que es igual, su marido venía a vivir con la familia de la esposa. Esto porque la mujer tenía tal importancia económica y social, comparada con el hombre, y era este tan inferior en todo sentido, que no valía la pena dejar pasar fuera de la familia materna elemento de tanta valía como una mujer.

Por el contrario, Penélope, la innovadora, fue a vivir con Odiseo.

Esto indica bien a las claras que el matriarcado se desmoronaba poco a poco y que el patriarcado tomaba más auge cada vez.

Clotilde Betances Jaeger
En Nueva York, noviembre, 1934

(*Artes y Letras* [Nueva York], año III, núm. 19.
Enero de 1935, p. 7.)

[EN TIEMPOS MATRIARCALES . . .]

En tiempos matriarcales la madre edificó y creó el hogar. Es decir, lo hizo todo. Hoy, con esa herencia de siglos, la madre puede ser omnipotente. No lo es porque la agricultura se le fue de las manos.

Deméter, la gran madre, fue también diosa de la agricultura.

Por su vuelta al agro, los hijos de la mujer puertorriqueña no tendrán hambre y la patria se rehabilitará.

¡Salve, madre!

(*Artes y Letras* [Nueva York], año III, núm. 23.
Mayo de 1935, p. 9.)

HIJOS SIN PADRES

Ser hijos sin padres en la Grecia mitológica y en la Roma histórica no significó desdoro, sino gran honor.

En los tiempos matriarcales, la madre daba su nombre a los hijos. Por ella heredaban y de ella les venían además cuido, alimento, abrigo y techo.

En aquellos tiempos, sentíase por la mujer respeto tal que el hombre se apoyaba en ella para todo. Este respeto no se basaba en concesiones vacías ni en lirismos, pues si a la mujer se tenía en alta estimación era porque verdaderamente se la merecía. Era la mujer de entonces, no la creadora de hogares solamente, sino que también los fabricaba.

Durante aquellos orígenes matriarcales surgió el feminismo. En él se basa la mujer de hoy para pedir lo que siempre ha sido suyo.

Pero . . . hablaba de hijos sin padres. ¿Y esto? Muy sencillo. La madre constaba en toda ocasión para los tiempos de matriarcado, pero el padre jamás, a no ser en textos más modernos. Si se conoce la madre de Aquiles, el de su padre pasa desapercibido. Lo mismo sucede con Proserpina, la hija de la gran madre Ceres y también Jasón, el atrevido argonauta. En las traducciones de la *Odisea* de Leconte de Lisle aparecen todos los héroes y heroínas con padres y madres, pero es lo cierto que los textos originales nunca dan el nombre de los padres.

Es casi una anomalía saber que Odiseo, Telémaco y Penélope tienen padre. Esto, en el caso de Penélope, se explica fácilmente pues ella fue contraria a los postulados del matriarcado, viniendo a vivir con la familia de su marido, en vez de su marido ir a vivir con su familia, como era uso establecido en el matriarcado. Con Penélope alza la cabeza la patria potestad, o sea, el sistema patriarcal donde el padre, y no la madre, es el pivote y donde comienza la familia según su constitución de hoy, es decir, el padre, con la esposa y los hijos.

En el caso de Orestes, Esquilo recurre a los tiempos de transición, pero da el golpe de muerte al matriarcado.

(*Artes y Letras* [Nueva York], año IV, núm. 32.
Febrero de 1936, p. 4.)

II
"Mentes de mujer"
Retratos de mujeres hispanoamericanas y
españolas (con alguna excepción)

MARGARITA XIRGU

Notable trágica catalana es mujer de bellísimos sentimientos.
Lo atestigua así su encuentro con Eleonora Duse

Margarita Xirgu pertenece al país industrial *par excellence* español. Cataluña, la vigorosa, el nervio de España, tuvo la dicha de verla nacer. Ella está bien orgullosa de ser catalana, ¿cómo no?

En Cataluña nunca se pone el sol.

Una interviú es siempre cansada. El interrogatorio es embarazoso. El artista no puede olvidar que está bajo la lente tal vez limpia y que, a la vez, está a merced de un redactor que reaccionará Dios sabe cómo. Por lo tanto, el primer momento de un caso como este aparece *dificile*. Pero poco a poco, se rompe el hielo y allá va. La reserva se derrite y comienza el *repartee* ameno, jugoso, lleno de donaire y gracia, si es una Margarita Xirgu la que habla.

El interrogatorio de rigor duró unos segundos. Margarita se deja llevar por sus visiones internas y habla bien y sin afectación. Después de expresarme el vivo interés que sentía al ser interviuvada por una persona del *Heraldo*, me manifestó que deseaba decirme algo nuevo que no había dicho a nadie, pero como yo estaba curiosa, tuve por lo tanto que hacerle unas cuantas preguntas.

La trágica no es de familia de artistas. Nadie de su familia ha sentido el divino arte en sus venas, ella sola, desde pequeña, trabajando como aficionada en veladas y sociedades terminó por llegar hasta donde su genio ha querido. Su debut lo hizo en Barcelona. Trabajó en todos los teatros de Cataluña, yéndose después a Buenos Aires, Chile y Uruguay, volviendo a España para trabajar en Madrid en mayo del 1914.

Cuando le pregunté qué quería decir en el lenguaje convencional del teatro "Crear un personaje", me contestó que no había tal. "El artista dramático está muy atado, muy inhibido. El pintor toma de la naturaleza lo que quiere, el poeta, igual, el compositor es libre, mientras que el artista dramático tiene que interpretar, esta es su ciencia".

Cuando inquirí acerca de sus éxitos en alguna obra especial, se expresó así: "El actor dramático tiene la suerte de interpretar un personaje más o menos bien, y en eso consiste su éxito. Por supuesto, se hacen esfuerzos inauditos para adentrarse en la psicología del autor e interpretarlo como a él le gustaría ser interpretado; el deseo ferviente de todo artista dramático es hacer todos sus personajes lo mejor de lo mejor, comprenderlos, hacerse uno con ellos, olvidar [su] personalidad y ser ante todo el personaje que representa; uno no sabe si lo logra, pero se lucha por vencer".

A mis preguntas sobre sus estudios, me contestó que nunca ha hecho estudios especiales, que su don es innato. Es claro, nunca le han faltado los amigos inteligentes para darle consejos buenos, malos o indiferentes. Allá un doctor le daba puntos de vista sobre su arte aceptable desde el punto de vista de la ciencia, acá un ingeniero se permitía darle sus luces, más allá un crítico teatral, de modo que ha tenido suerte en recibir, sin haber estudiado en ningún conservatorio. Ella estudia mucho, su vida es muy quieta, pues dedica al estudio todo el tiempo que le sobra del teatro.

Sobre todo, cuando alguna vez me encuentro tropiezos y desencantos, vuelvo la vista al pasado y enseguida hallo de nuevo mi equilibrio perdido. El drama antiguo me fascina y lo estudio con predilección. Esquilo y Sófocles viven en mí, como viven las grandes trágicas.

Y . . . pregunté si estudiaba grandes trágicas para imitarlas, me contestó que no; es Margarita un espíritu griego, no puede hacer una imitación servil por más que trate; su personalidad, su temperamento son estrictamente suyos, y no puede de ningún modo imitar.

Hablamos de Eleonora Duse. ¡Qué interesante estuvo Margarita Xirgu al llegar a este instante de nuestra conversación!

"Cómo he admirado a esta mujer". Hace poco, antes de morir, la vi en la Habana. Yo dije "si no consigo ver a la Duse aunque sea por un instante me moriré". Pero Eleonora a nadie en absoluto recibía.

Entonces Margarita supo que la Duse sentía gran pasión por las rosas blancas. Le envió un ramo precioso. Y Duse con la misma gen mujer por tanto tiempo admirada y amada desde lejos. Pero antes de verla en su casa, la vio en uno de los amplios corredores del teatro habanero. Margarita no pudo poner dique a su emoción y un torrente de lágrimas se escapó de sus ojos. Cuando Eleonora sintió que alguien lloraba se acercó a Margarita e inquirió la causa de su llanto. Margarita, trémula de emoción, nada pudo contestar y solo en un arranque digno de Clitemnestra, arrodillada, besó las manos de la insigne actriz. La Duse entonces acarició la cabeza que le rendía tal homenaje y le aconsejó que no se dejara llevar de la emoción pues era fatal para el arte dramático.

~ ~ ~

Y esto nos llevó a la falacia del arte dramático. Una actriz que se deja llevar de la tempestad de sus emociones, se quedará exhausta bien pronto. Toda actriz joven que no ha aprendido a dominarse se deja llevar, pero una que ya ha dominado bien el sentimiento es ya de una perfección acabada. La actriz de genio ha hecho de sus emociones lo que quiere, ha triunfado sobre su corazón, haciendo de la razón su norma.

Me olvidaba, dice, que Duse le regaló a Xirgu un retrato de ella con esto escrito al borde "Augurio, Vida y Arte". Parece que Duse presentía que su vida se acababa. Ella, mujer de visión, no dejó de ver que ella descendía y que Xirgu llena de vida y juventud estaba destinada a grandes triunfos.

Margarita Xirgu es una mujer joven, de tipo español purísimo, inteligente y, sobre todo, muy simpática. Dedica toda su vida a su arte y a su hogar. No es artista de unas horas, sino siempre. Lleva una vida muy quieta, para así tener toda su energía lista para su obra.

(*Heraldo de Puerto Rico* [San Juan, Puerto Rico],
11 de junio de 1924, p. 5.)

LA MUJER PUERTORRIQUEÑA

Marta Robert de Romeu

———————

Nunca podrá decirse que la mujer de Puerto Rico se ha quedado rezagada en el movimiento mundial de las actividades femeninas.

Esas nobles mujeres de cuerpos de diosas, de ojos de mirar lánguido en los días felices de fuego en la tormenta y apacibles en la bonanza, de almas exquisitas, llenas de dulzura y de luz alquitaradas por el dolor, están siempre dispuestas a cooperar con el hombre, a librar sus batallas en justa lid, a equiparar sus fuerzas mentales, sus actividades físicas, a soportar los tráfagos del vivir diario y las zozobras del ambiente político, con el hombre.

Hay amagos de tormenta en el mundo entero. En las orillas del Tiberíades se extermina al hebreo porque el odio mortal, inmemorial entre dos razas, no ha podido extinguirlo siquiera la piedad religiosa con sus manos suaves derramando a torrentes el bálsamo de la paz y la fraternidad.

Continuo hervidero es la Serbia. Lucha racial, perenne, sin tregua.

Las naciones que dicen hallarse a la cabeza del mundo están en dimes y diretes por los dineros de guerra; se discute la paridad de armamentos guerreros entre Albión y los Estados Unidos sin poder llegar a un acuerdo, olvidándose que el equipo de guerra no [lo] forman solo cruceros, aeroplanos, submarinos, cañones y ejércitos; olvidando que la paz hay que crearla porque no viene del cielo como paloma mensajera con la rama de olivo en el pico.

Toda la América fermenta. Hay vida; un cúmulo de energías se potencializa por un ardor magno de creación. El momento histórico es todo pasión, bello en verdad, no se puede escapar a su hechizo de Lorelei, porque con voz fascinante canta una canción que tiene de los epinicios del triunfo y de los ritornelos de una marcha fúnebre.

La mujer al lado del hombre va. No es solo en la ruda tarea. Brazos blancos y torneados, mentes alertas de acuciosa espontaneidad, mentes de mujer están ahí, dispuestas a trabajar, a hacer propaganda, a sufrir los consiguientes sinsabores de los viajes, a lidiar en fin resueltas a todo.

Ahí está Marta Robert de Romeu. Todavía añoro aquellos días en que íbamos a las aulas. Marta era bello capullo brillante, promesa de espléndida flor, de la mujer mujer que es hoy. Su alma entonces, como ahora, estaba abierta a todo sentimiento bello. Yo, que había sido compañera de su hermana Malén en los días serenos de nuestros estudios en el Colegio Presbiteriano, me prendé de Marta, al cambiar de escuela para seguir estudios superiores. Marta se graduaba con honores de la Alta Escuela, cuando yo, tímida y apocada, tomaba exámenes de octavo grado. Marta acogióme con magnanimidad y cariño. Yo la amé entrañablemente. ¡Qué dos buenos amigos eran Marta y Solano, su compañero de hoy! ¡Cuánta sinceridad en el alma de esos seres de elite!

Pasaron los días felices de una infancia sin tristeza ni cuidados, llena de encantos, con copia de sueños. Los paseos al campo eran nuestra mayor locura, nuestro más codiciado asueto.

La vida nos separó, pero no pudo distanciar nuestros corazones que se unieron al calor de la sangre nueva.

Hoy es Marta esposa, amante, madre privilegiada de una niña hermosísima, experta doctora en medicina y, sobre todo, mujer activa en los destinos de Puerto Rico.

Varios años ha que la mujer puertorriqueña tiene el apoyo decidido de Marta en la contienda gigantesca que sostiene para recobrar sus derechos violados. Allí está a su lado siempre tesorera, lista a lanzarse en la pelea, sea física, sea de almas o de mentes.

El cielo político de Puerto Rico está nublado; amenaza tormenta. Se agitan en oleaje mareante los espíritus; una corriente magnética de poderoso acicate contagia todos los ánimos; el descontento con el *statu quo* augura cambios de resultados desconocidos. La actividad latente, tanto tiempo guardada por la mujer, como atesora el volcán su lava antes de arrojarla sobre los pueblos incautos que se asientan en sus laderas fertilizadas, ha adquirido tales proporciones que se extravasa. Tiene la fuerza del aluvión y el coraje del corcel de carrera.

Marta no se queda atrás jamás porque ella va siempre a la cabeza. En comisión integrada por los señores Harry F. Besosa, Etienne Totti y el senador Rafael Martínez Nadal, se halla en los Estados Unidos batallando por el Partido Republicano Puro de Puerto Rico.

La Liga Puertorriqueña e Hispana ha ofrecido a la comisión, integrada por tan nobles elementos de Puerto Rico, un banquete en la ciudad del Hudson, no pudiendo sustraerse al poderoso estímulo de aquellos que vibran como anemocordios que se quejan de añoranzas porque las manos ducales que los tocaban han dejado de ser.

Saludos a Marta y a Solano, los amigos buenos de la infancia. Loor a la mujer y sobre todo a Marta, exquisita mujer puertorriqueña. Votos por el éxito de su misión.

(*Gráfico* [Nueva York], 26 de octubre de 1929, p. 17.
En "Charlas femeninas")

LA MUJER CUBANA

Ofelia Rodríguez Acosta

Debemos ponernos el alba y los pontificiales para celebrar los ritos sagrados ante una mujer cubana y su obra.

No sé quién dijo, y poco importa no acordarnos, que la idea se propaga; egregia nace aquí y da fruto más allá; las candeladas con que los griegos avisaban un hecho fausto, hoy se veían aquí, horas después en otras regiones hasta que se hacía cargo todo el país. Así Clitemnestra supo la llegada de Agamenón.

Hoy llega a la ciudad del Hudson el nombre de Ofelia Rodríguez Acosta, nombre consagrado ya por los laureles y los epinicios del triunfo.

De la eucaristía del talento pocos son los que pueden gozar. El de Ofelia Rodríguez Acosta pletórico se derrama con carcajadas saludables. Esta moza cubana, elegante y bella, acusa una independencia de ideas, tal señorío de pensar que cautiva.

Su libro, *El triunfo de la débil presa,* tiene distintivo moderno, fruto sacramental de individualidad irreductible.

Al aplicar el escalpelo crítico a una obra hay que acuciar ante todo el método artístico empleado por el autor o autora, para ver si el *motif* y el *denouement* están sujetos a las leyes naturales de la experiencia humana.

En la obra de Ofelia Rodríguez Acosta se pintan con seguro pulso y precisión los puntos más salientes de la vida humana dibujando, con verdad que no yerra, la evolución de un carácter de acero bajo la presión de la vida brutal. Como obra de arte, el argumento de *El triunfo de la débil presa* sigue, sin tropiezos ni vacilaciones, derecho a su finalidad. Posee sólida lógica porque una mujer como Fabiola y un hombre como Ricardo no pueden actuar de otra manera. El hilo de la trama no se pierde ni por un instante y, cuando llega el punto álgido, no lo subimos tremantes y fatigosos porque estábamos ya preparados desde las primeras escenas del libro.

Para poder juzgar lo que antecede, sin latidos acelerados del pulso ni cuitas, el argumento sigue:

Fabiola y Ricardo pertenecen a una generación nueva. La tiranía de las costumbres no los tiene atados de pies y manos. Piensan por sí y actúan como individuos y no como títeres.

Fabiola, casada con un hombre mayor, mucho mayor que ella, sin habérselo siquiera pedido cuenta de sus inclinaciones a la edad de catorce, es esposa sin haber alcanzado la pubertad.

"Cuerpo impúber, pasaba casi sin transición de la infancia a la doncellez y de esta a la maternidad. Este crimen fisiológico que forzaba un seno todavía en desarrollo al doloroso proceso de la fecundidad era consumado por una y otra generación impunemente".

Hija Fabiola de un marroquín, "que iba al confesionario a abdicar en un apóstata del sexto mandamiento de su dignidad de hombre, la obligaba a ella a engullir el cuerpo de Cristo en una oblea de pan, que luego iba a seguir el mismo proceso digestivo de los demás alimentos que ingiriera en el día", y de una madre buena, pero "con esa bondad inculta que hace el mal, por desvirtuación de concepto, le rezaba desde que nació la misma exasperante letanía: 'qué dirán los demás'".

Así Fabiola, con un padre que vivía a los pies del confesor y una madre débil e ignorante, que solo se preocupaba del que dirán, se formó "aquella voluntad que la hizo dominar todo su ser, todo el mundo de sus emociones, como si le dijera a su sangre: tú, a las venas; a sus nervios: vosotros quedaos sin vibrar; a su corazón: tente quieto, si no te daré de latigazos hasta que, cansado de llorar, pierdas el sentido. Nació con esa voluntad tan poderosa a cuya voz todo en ella obedecía".

Ricardo, aristocrático, artista, "de espíritu amplio y múltiple, no dejaba escapar ningún goce, ningún dolor de la vida". Tenía "la rara adivinación del alma de las cosas".

Fabiola, esposa de un hombre de prejuicios a la antigua, aherrojado por los convencionalismos, sosteniendo como norma de vida un sistema violento y torcido de hábitos sociales heredados y opresivos, veía con claridad. No se le escapaba que la ceremonia religiosa, que tan bien separa Spinoza de la ley divina del amor, ni dicha ni bienestar le había traído. Vio que la ceremonia religiosa no conducía a la felicidad. También se dio cuenta con clarividencia de sibila que el amor libre de toda ceremonia legal, sin las riendas tirantes del ceremonial social y religioso, es la base única del matrimonio racional.

Tuvo una hija que su esposo le quitó cuando, al influjo de sus ideas dictadas por una sana razón y una mente clara, amó al que no era su esposo.

Dorina, la esposa de Ricardo, fue la hija de Fabiola, a quien ella jamás vio después que su esposo se la llevó. Junto al lecho mortuorio de la madre de Ricardo, jura Fabiola amor por segunda vez, sin saberlo, al esposo de su hija muerta. Por la ley divina del amor, sin intercesión alguna de sacerdote o escribano municipal, vivieron Fabiola y Ricardo juntos y felices. Supieron fortuitamente que Dorina era la hija perdida de Fabiola. Por un momento nada más, la crueldad de la vida los sumió en negra desesperación hasta que, como el persa antiguo, se dijeron: "el mal consiste en decaer el ánimo, en abandonarse, en perder la dignidad y la esperanza".

Hasta aquí el argumento originalísimo de *El triunfo de la débil presa*.

(Continuará.)

(*Gráfico* [Nueva York], 23 de noviembre de 1929, p. 17.
En "Charlas femeninas")

LA MUJER CUBANA

Ofelia Rodríguez Acosta

(Segunda parte)

————

Ahora, ¿qué diremos sobre la moralidad de este libro? ¿Está su espíritu basado en la más pura ética? ¿Inculca e inspira vivir la vida con enhiestos propósitos? Sí, puesto que predica sublimes verdades morales. La situación extraordinaria de Fabiola, aunque no única, contrae su aplicación directamente a nuestra era. Su lectura nos lleva por todos los antros de la miseria humana e individual; aunque describe la vida brutalmente, enmaridando el cielo con el infierno, su prédica es saludable y sus valores, puros.

Con destreza sin igual, expone la autora las deletéreas miasmas de un podrido sistema social:

"¿Constituye algún menoscabo al respecto social que una mujer 'viva su vida' según sus ideas, sin escándalos ni alardes, pero con franqueza y lealtad? No; y, sin embargo, una mujer de sentido moral más complejo o, si se quiere, menos vulgar, no puede vivir aquí (ni en ningún país latinizado) sin que su reputación sufra lo indecible".

Ofelia ha aforado bien hondo en el mar de las acciones humanas y del pensamiento humano revelando los motivos que actuaron a sus personajes, descorriendo el velo de la vida con valor y civismo alentadores.

Ofelia Rodríguez Acosta dice lo que ya hemos dicho tantas veces y que repetimos en "La moral de la mujer en el magisterio", "La mujer nueva" y "El espíritu de hoy".

"¿Por qué", dice ella, "los padres no muestran a los hijos el regio desnudo de la vida? ¿Por qué no acompañarles como un maestro, aun en el vicio mismo? Ponerles la verdad desnuda, asquearles valientemente el alma".

Dice Henry Frank: "El que peca contra su propia conciencia tiene que sufrir". Contra este terrible dolor y su séquito, los remordimientos, nos aconseja velar Ofelia por los labios de Fabiola. Contra este magno dolor, por falta de una autonomía heterodoxa, nos ruega Ofelia vivir alerta.

No hay impudicia en la obra de Ofelia ni tampoco blanduras contra los eunucos sociales. No cabe parsimonia en su filípica contra el *statu quo*. Subversivas son todas las costumbres que tienden a matar la individualidad y el carácter. Ofelia Rodríguez Acosta muestra el verdadero paracielo santo. Es la présaga de tiempos mejores; su pujanza noble se aventará por los cuatro costados de la tierra, acelerando la emancipación de la mujer y del hombre que trabado está todavía por necios convencionalismos.

Ofelia Rodríguez Acosta es una pintora al temple. Pone en relieve los males de la época; no hace zalemas ni ante el hijo del sol; pedernalina, no da baños de pies ni escatima la verdad. Pega con convicción, manteniéndose siempre a la altura de sus principios. "Yo tengo el valor de mis actos; anularlos sería rectificar mis convicciones y confesar que son erróneas".

Como Bernard Shaw, a Ofelia Rodríguez Acosta no le importa el qué dirán ni un comino. "Dicen", se expresa Shaw, "¿qué dicen? Dejadlos decir".

El libro de Ofelia Rodríguez Acosta, *El triunfo de la débil presa*, es de colorido local de ley. Tiene lugar la historia toda en Cuba. La Habana con sus ruidos atronadores, sus costumbres, sus edificios, está ahí. Solo hay que cantar:

> "A la Habana me voy,
>   tan a la mano nos la pone".

De un realismo acendrado, de gran mérito, por lo profundo de sus observaciones de las cosas y de las almas, de colorido subido de tierruca, al libro no le falta nada. "Una mendiga de labio colgante, de ojos lagañosos, implora la caridad pública".

Dije en otro lugar que Ofelia Rodríguez Acosta es una pintora de tamaño grande. Cuando Fabiola se desnuda ante Ricardo, la autora nos pinta un cuadro completo de la heroína, empezando por los pies hasta llegar a la cabeza. Es un estudio completo y sutilísimo de las formas de una mujer y de alto relieve artístico.

En su propio corazón ve Ofelia a su heroína; es de su carne, carne y de su sangre, sangre. Esas flores de tinta negra con que tan espontáneamente se expresa revela todo su corazón, abierto a los cuatro vientos. El cuerpo desnudo de Fabiola es la vida pintada con valor. Ofelia no tan solo ha hablado de la vida o maldecido de la vida, sino que la ha pintado. Eso es arte, pintar la vida. De modo que *El triunfo de la débil presa* tiene, además de todos sus otros méritos, el de ser una obra de arte. Acusar la vida, delatar la vida, pintar su asquerosidad con denuedo, eso es arte, y Ofelia, una gran artista.

Allá en una isla del Mar Caribe, grande en su modestia, denodada se ha dado a luchar con la vida. *El triunfo de la débil presa* es el triunfo de Ofelia. ¡Mujer y artista consagrada! ¡Adelante, Ofelia, mujer cubana! La euritmia de su obra es fulgente. Hay en ella del pincel de Fidias, de la pluma de Petrarca y de Leopardi, hay de las desnudeces de Botticelli y de los paisajes de Millet. De la voz de su propio corazón ha salido la vehemente queja; con los ojos de su propio corazón ha visto el cuadro humano; las manos de su propio corazón lo han pintado.

Ofelia es la mujer que describe el insigne Alejandro Tapia en su *Sataniada*:

> "Y en tanto Eva como madre gime
> regando triste con su llanto el suelo,
> por ver si de su mal fiero redime
> al mísero mortal . . .".

(*Gráfico* [Nueva York], 30 de noviembre de 1929, p. 17.
En "Charlas femeninas")

LA MUJER ESPAÑOLA

Concha Espina

La suerte de Dulce Nombre

———

Cuando en los azares de la guerra se destruyen objetos de arte, monumentos que atestiguan la vida ingente material de un genio y las vidas que se agitaron en su órbita; cuando un genio como Nietzsche muere con la mente anublada y un Samuel Taylor Coleridge se abandona a los sueños peligrosos de hachís después de haber dado al mundo la luminosidad que irradiaba de sus espíritus refinados, nos anega la pena. Pero ¡qué profundo es el dolor de estudiar día tras día, años tras año en las facciones de nuestros amigos y seres queridos, en sus acciones, el calvario de su corazón, la muerte de sus esperanzas!

¡Dulce Nombre! ¡Qué patética su historia! Vivirá con Ofelia, la dulce hoja de rosa de corazón cristalino y con Antígona, la caritativa hija de Edipo en la historia literaria.

Dulce Nombre canta cuando la visión la enfoca; es feliz y está contenta. Canta con "voz juvenil, voz ardiente y pastosa de mujer que aduna su encanto con la endecha cristalina del río, las vibraciones armoniosas del aire y el suspiro de las hojas holladas en el sendero".

Dulce Nombre, hermosa como una mañana de abril tropical, tiene la suspicacia que no le falta a ninguna mujer. Sin el cuidadoso mimo de una madre, la niñez de Dulce Nombre fue melancólica; la pobre huérfana meditaba inquieta en su porvenir algunas veces. Sus ojos flavos tenían iluminaciones raras; parecían ver sus sueños que ocultaba siempre a las miradas de los demás con las "pestañas densas y oscuras".

No sabe Dulce Nombre lo bella que es. Tiene su busto flexible, la "pura morbidez de la estatua".

Un contacto rudo con la vida aguijonea la mente de Dulce Nombre. Un cántabro que se ha hecho rico en Cuba vuelve a la patria. Enamorádose ha de ella. Dulce Nombre lo sabe por ese instinto que en vano se empeñan en llamar el sexto sentido femenino. Al saber que otro la quiere, que no sea su Manuel Jesús, tiembla su amor en el nido caliente de su corazón y no sabe por qué siente con más intensidad la canción nemorosa de las hojas en los árboles vecinos, la cháchara del río sobre los cascajos blancos y pulidos y hasta el fatídico tic-tac del reloj. Todos sus sentidos se agudizan. Todos los perfumes del mundo acarician su nariz ávida: la menta, el espliego, la madreselva, el jazmín, le envían la sinfonía magna de sus musicales aromas.

Ya "la mirada primaveral" de la niña escudriña a natura con interés. Sabe que en el aire tiembla una revelación que no desea oír y desea conocer a la par.

Su padre es el mensajero. El indiano la ama y la quiere desposar, a pesar de no ignorar que está "aquerenciada con Manuel Jesús".

Dulce Nombre, "la chiquilla de Martín" que "se lleva los corazones", con un solo novio, como Ofelia, "fino y guapo, que sabía humanidades y latín, componía rimas y la quería con exquisito amor", es abandonada súbitamente por Manuel Jesús que se marcha pronto a La Habana. Ni siquiera viene a la última cita. Enamorada con toda la ternura y toda la fuerza que reside en la juventud, grande fue el choque mental que recibió cuando la madre de Manuel Jesús afirmó que se marchaba así, sin ton ni son, del pueblo.

Se había dado a Manuel Jesús y a nadie más podría amar. A las cosas le pide consuelo; siente un dolor indefinido, una pavura que no se explica. No encuentra refugio en los sitios predilectos de su niñez; se siente sola; su pena sorda es casi bella porque la belleza vive en la niña, que no lo sabe.

Escucha a su padre que la quiere casar con otro que no es Manuel Jesús, el escogido para calentar el nido. Con mucha pesadumbre y amargor profundo, sobria, pero con la certeza del alma montañesa, se rebela a darse a otro con brío sin rival. El padre que ella creyó querer, no la quiere mucho. Solo le queda Manuel Jesús, que también le falta en la hora negra.

El dinero todo lo puede. Compra hasta a la mujer. Martín, que decía no vender a su hija, acabó por transigir con tal de hacer el molino del ansar suyo, todo suyo, la ilusión de su vida. Manuel Jesús decide irse a América por no ver a Dulce Nombre un día "enfermiza y trabajada", como su propia madre y su hermana Clotilde.

Recibió la fatal noticia de los labios de Encarnación, la madre de Manuel Jesús, de que se iba. "Se le doblaron las piernas a la cuitada y se le hundieron los ojos; sintió mucho frío y algo que le apretaba las sienes. Creyendo desmayarse, se hizo la fuerte". ¡Qué conmovedor realismo el de la autora!, cuando nos dice a propósito de la torturada Dulce Nombre:

"Pestañeó muy de prisa; irguió el cuerpo sostenido en el muro, se pasó la mano por la frente y permaneció derecha; el esfuerzo de su voluntad la obligó a sonreír". Así como una mujer espartana, escucha la novia su sentencia de abandono. Triste, triste se queda la niña; tristeza que no puede aforar, tan profunda es; tristeza sin lágrimas, ni reproches, la tristeza del estoico. Muda, se bebe la copa de acíbar; tan niña y ya azotada por el ábrego del mundo.

No sospecha de su amado, no lo reprocha, no lo culpa. Dulce Nombre es la cristalización eflorescente del amor. Ella no tenía que hacer coacción alguna al ritmo de su amor, que era síncrono con el latido de la noche grávida de ser y con el genésico desgaje de los mundos.

Soñadora, inquisitiva, rebelde a esta cosa nueva que se le presentaba, el dolor, bajó al "huerto breve y humilde con su colonia de rosales" a esperar a Manuel Jesús. A una diáspora semejaba la niña adolorida. La esperanza moría en los brazos de las horas. Manuel Jesús no llegaba. Llora ante la noche de azabache la efébica moza. No comprende todavía lo que le pasa; la juventud es tan confiada; el fracaso no le es familiar. Aumenta el dolor de la tierra con el suyo juvenil, pero no se amilana porque el enigma no se abre ante su vista. Este amor es su mundo y el de Manuel Jesús que aquella noche también libra su batalla campal. Se imagina a Dulce Nombre: "esclava de las mieses, lavandera, leñadora, con la hermosura perdida, los hijos desnudos, el cansancio en el alma, el tedio al pan de maíz".

Este cuadro que de ella se pinta tan real lo decide a irse con el dinero de Malgor, el indiano que prometía delicadezas eternas para Dulce Nombre, que sería su más preciada joya.

La voluntad de acero de Malgor hizo que Manuel Jesús viera "sus hermanitos libres de la esclavitud, la madre enferma tendría descanso y remedio, el hogar arruinado alcanzaría restauración y aquel monte durísimo para los brazos del estudiante, aquella mies esquiva y rebelde, se cambiarían". La visita de Malgor "fuera de su casa, por no tener dentro adecuado lugar", había sido decisiva.

(Continuará.)

(*Gráfico* [Nueva York], 14 de diciembre de 1929, p. 17.
En "Charlas femeninas")

LA MUJER ESPAÑOLA

Concha Espina

(Continuación)

—————

Vio a sus hermanitos "mal vestidos, enseñando las carnes cenceñas bajo el deterioro de las ropas, los pies descalzos", vio a su hermana Clotilde jadeante, bajo el peso enorme de un haz de leña; por no ver nunca a Dulce Nombre trabajar así, claudicó también: "Me embarco sin ver a Dulce Nombre: lo juro . . . por ella".

Tan recónditas y arcanas, las leyes del amor pasman. Dulce Nombre amó más a Manuel Jesús. Su padre, su padrino y Manuel Jesús, todos la echaron en brazos de Malgor. Impotente se rindió al destino. Tres mentes se juzgaron aptas para disponer de una mujer a su antojo. Con una vaca hubiesen hecho lo mismo. Y sigue el mundo su curso y cubre la noche las conciencias con su amoroso manto y brilla el sol sobre justos e injustos. Una doncella sola, como cordero que llevan al matadero, a una ceremonia nupcial que nada significa, puesto que el corazón no está allí. Se consuma el sacrificio a satisfacción de todos, menos de la pobre víctima. Nadie tiene remordimientos. Un corazón manando sangre, digno en su secreta pena, no interesa a nadie.

El padre la vende; el padrino la abandona por celos; el pretendiente la compra por avaricia. ¿Es que tiene el hombre el derecho de pisotear los corazones como se hollan las hojas otoñales? ¿En dónde están la razón y la justicia que permiten un crimen semejante? Y se asombran si la hija le es infiel al marido esos padres mercaderes. Y abren los ojos tamaños esos maridos cuyo honor es ultrajado, cuando traen con la ceremonia religiosa bienes materiales a la mujer cuyo corazón han crucificado en aras de su egoísmo.

Se consumó el sacrificio. La niña fue vendida. Fue esposa sin amar a su marido; fue madre y no conoció a su hija; fue hija amante y dejó de amar a su padre cuando supo que había comerciado con ella.

Dieciséis años estuvo Dulce Nombre esperando a Manuel Jesús. El mundo todo está más vivo para ella ahora que el dolor la ha hermanado con las cosas. Se da cuenta del perpetuo génesis de la naturaleza y de los dolores del parto.

Vive así Dulce Nombre atada al yugo matrimonial, su corazón siempre con el otro. La disciplina dura a que se ha sometido, de ser una buena esposa, no disciplina su corazón; la esperanza allí vive perpetua; se rebela, pero no puede menos que sentir cierta gratitud al marido que, hecho presa del remordimiento, la trata con mimo sumo, como a las joyas con que hizo el dinero con que compró la hombría de Martín y el amor de Manuel Jesús.

Malgor se consume de celos y del dolor de no ser amado. Una angina de pecho lo aniquila. Añora la juventud ida y pide amor a la niña yerta para él, ardida en deseos por el otro cuyo recuerdo está en carne viva, ahora que sabe que su padre la vendió. Tan sensitiva es hoy, Dulce Nombre, al dolor, que no puede pisar el trébol, ni coger una rosa de su tallo, ni siquiera quejarse a nadie. De su padre solo se acuerda para pensar que "ser su hija se reduce a la casualidad".

Es por esto que la madre siempre debe constar: "el padre", como bien dice la atildada escritora cubana Ofelia Rodríguez Acosta, "si consta, consta mal".

Esquiva la mujer abandonada a todos. Afronta su vida con un señorío de verdad, aunque la mordedura de la pasión está latente.

Espera la incauta su liberación porque los médicos anuncian la temprana muerte de Malgor que, burlando a todos, vive impiedoso. No viola la fidelidad que ha jurado al hombre que es su marido sentenciado por la conciencia. Cuando nace la chiquilla de un horrible casamiento de duda y despecho, marchan las cosas un tantico mejor. Su padrino Nicolás, otro enamorado de la luna, lleva a la pequeña a la fuente bautismal, llamándola Dulce Nombre de María.

Ni la maternidad ha podido cambiar aquel corazón tan fiel al primer amor, a aquella Julieta, desconocida aldeana de un pueblecito de las costas cantábricas, a aquella Desdémona a quien tratan de detener el corazón para que no ame, dejándole la vida para sentir el dolor de un corazón que vive amando sin pábulo para arder. Quiere a Manuel Jesús siempre. En el bautismo de su hija habla con su padrino así:

—Pensé, decía el padrino, que te convenía. No es un viejo; está en la plenitud de los años; es agradable, excelente, rico…

—Yo le contesté que quería al otro.

—¿Y ahora?

—¡Ahora, también!

—Este, aludió con aparente censura, —es tu marido.

—¿Qué más da? Yo no lo elegí. El molinero es mi padre y lo he dejado de querer.

—¿A tu padre?

—Me vendió.

Toda una tragedia expresa Dulce Nombre en estas palabras de tan tremenda sencillez, pero de fuerte aplomo. No guarda rencor, no odia. Se ha vuelto una extraña a los afectos filiales que la lógica aplastante de su corazón le ha dictado.

La sin ventura padecía con los males de su marido, pero no podía consolarlo.

(Continuará.)

(*Gráfico* [Nueva York], 21 de diciembre de 1929, p. 17.
En "Charlas femeninas")

LA MUJER ESPAÑOLA

Concha Espina

La suerte de Dulce Nombre

Segunda parte (Continuación)

—¡Cómo te duelen sus cuitas!, dice el padrino.

—Y me dolerán siempre. Desde que las supe estoy contenta porque sé que le puedo querer, que sigue siendo mi novio.

—¿Estás casada?

—¿Qué importa? Nos separasteis con engaños, pero no podéis separar nuestros corazones.

Soberbia estaba la muchacha en su acto de fe. No cabía doblez en su carácter. La habían casado contra su voluntad, pero con su amor redivivo en su pecho caliente nadie podía. Abrasada de amor, como los santos a la cruz, vivía la infeliz. La hermana y la madre de Manuel Jesús avivaban el fuego con sus noticias de que él la quería y vendría a hacerla feliz. La esperanza estaba siempre ahíta, la pena suspensa, la esperanza susurrando —llegará la liberación, la muerte de tu marido—. Humana, el corazón lacerado veía con alegría una muerte que le traería al amado. Año tras año y Malgor vivía. La esperanza se alejaba para volver. Rebelde, ocultaba su pasión que solo dejó ver a Encarnación, la madre de Manuel Jesús que, como mujer al fin, sin la fuerza de una Clitemnestra para el crimen ni el tesón de una Lady Macbeth vivía con el remordimiento en el alma. Con el roce de la vida y sus duelos, ella afirmaba su carácter que se volvía más recio cada día; con claridad de visión se cumplía a sí misma las promesas que se había hecho de silencio y lealtad al marido.

"En ocasiones, el amor le dolía solo como un mal exquisito que la dejaba aguardar sin grave pena, atento a la confianza el corazón juvenil".

El esposo se impacientaba, la vigilaba eternamente; el amor por él no llegaba.

De sopetón, se la acababa la paciencia; encontraba que Malgor vivía demasiado, la espera se hacía tediosa, interminable, insoportable; la cadena del matrimonio se volvía demasiado pesada.

Así estaban las cosas en aquel nexo de *convenance*. El marido asistía a aquella lucha. La felicidad no existía en aquel hogar. Con los cambios de estaciones se exacerbaba la inquietud de Dulce Nombre. Se volvía huraña; la casa se le caía encima; zahareña volaba al bosque; natura le daba nuevas energías para seguir la farsa. No encontraba consuelo en la casa de su padre, donde nunca había dejado de ir; allí estudiaba al molinero curiosamente:

—¡No le conozco —se decía—! ¡Es un extraño para mí! Porque él no simpatizaba con sus dólares, ni siquiera los presentía. La casó, salió del redil y se desentendió de ella. ¡Valiente paternidad! ¡Fácil paternidad! ¡Engreída paternidad la que así actúa!

En la primavera se recrudecía la desesperación de la espera. Cuando natura toda en sus galas de recién desposada sonreía alegre, el llamamiento imperioso del amor se agudizaba y se gozaba en la promesa que el amor le cumpliría. Volvía donde el marido sentenciado más valiente, más generosa.

La lucha de Dulce Nombre era todavía más penosa si se tiene en cuenta que, con una educación somera y tosca, no estaba dispuesta para una heroica lucha contra las pasiones. Tenía de la virtud un concepto lógico por instinto de honradez y rendía a la justicia un tributo de rigurosa lealtad, sin grandes concesiones a las leyes humanas. "La imaginación despierta contribuía a exacerbar las rebeliones innatas de la moza y la naturaleza, bravía y sentimental, la inducía a preferir entre todos los bienes posibles, el bien del amor; privada de él, más le quería".

Lógica irreductible; siempre queremos lo que menos podemos conseguir. Dulce Nombre es humana, de carne y hueso; reconoce su derecho a la felicidad y ha de batallar por recobrarlo. Así pues, según decía Malgor:

—Solo te ocupas de vivir y esperar.

Seguía su esposo mortificándola. Hasta de su "íntima esperanza" se atrevía a hablarle, hostigándola, azarándola. Aforando en su alma, el padrino, que está celoso del ausente, le pregunta si desea la muerte del esposo.

—No; quiero ser feliz. ¡Ya es hora! El derecho a su solo amor era defendido por Dulce Nombre con lealtad pasmosa. Casada, era todavía novia. Se avivaba más su amor con los reproches de Malgor. No era casera ni habilidosa madre. Era una extraña en la casa de su marido y la niña, al crecer, no fue más de ella.

La pasión la enloquecía algunas veces a tal punto que se iba a buscar a su padrino en la selva, recia e indómita como su amor.

La niña crecía más parecida a su madre cada día en el físico. Esperaba, como todas las niñas, al "príncipe de Golconda o de China". Sabía del noviazgo de su madre, pero jamás creyó que aquel amor estaba vivo en su madre.

En cambio, Dulce Nombre veía ya cercana la libertad; torturadas las almas de marido y mujer, se temían. El marido ve que la niña queda abandonada y la envía a la ciudad a un colegio. Dulce Nombre no la echa de menos. Piensa toda turbada que "un hijo de la sangre puede convertirse en un intruso cuando no le ha concebido también el corazón".

Así siguió Dulce Nombre, sin reír jamás y sin cantar, calentando en su pecho aquel amor, silenciosa, triste, su conciencia acusándola de haber esperado demasiado por lo suyo, su amor.

De pronto se da cuenta de que su padrino la ama. Y llega Manuel Jesús. Su llegada coincide con la muerte de Malgor. Manuel Jesús no quiere resignarse a la verdad. No quiere que tampoco se crea que viene a llevarse los despojos.

Ve a la chiquilla de Dulce Nombre y se le antoja tal por ser su antigua novia. La besa. La niña corre donde su madre a contar su primera experiencia amorosa. ¡El abnegado calvario ha sido tan largo! Manuel Jesús no comprende lo que pasa y se escapa de los brazos de la niña. Se ha consumado el vía crucis de Dulce Nombre. En la maternidad ha tenido su expiación. Se da cuenta de que "toda maternidad es dolor".

(Continuará.)

(*Gráfico* [Nueva York], 28 de diciembre de 1929, p. 17.
En "Charlas femeninas")

LA MUJER ESPAÑOLA

Concha Espina

La suerte de Dulce Nombre

Segunda parte (Continuación)

Su amor tiene que ser sacrificado a su hija. Pero como sin [él] la cuitada no puede vivir [piensa] atrozmente en el suicidio. [. . .] en su eterna canción la [invi . . .] la juventud y la gran [cor . . .] de salud que fluyen por su [cuerpo] la salvan[1].

Reacciona animosa; se acuerda de sus derechos humanos y se ve donde su padrino, al que no llama ya así "ni el último pliegue de su conciencia".

Dulce Nombre, enamorada siempre del amor, veía en Manuel Jesús la cristalización de ese amor. Se hace necesario el choque rudísimo y brutal para que abra los brazos al amor que tan cerca siempre tuvo.

❦ ❦ ❦

Esta novela de Concha Espina es un análisis profundo y comprensivo de la moralidad prevalente. Bien nos hace ver la base tan débil en que descansa nuestra sociedad; la tragedia de Dulce Nombre es la de tantas otras: su efectismo es mayor por cuanto se ha tomado de la vida de hoy.

Dulce Nombre se parece a Nina, la heroína de *Strange Interlude* de Eugene O'Neill en dos cosas: primera, en que dejan de amar a su padre cuando saben que ha sido parte en alejarlas de sus novios, y segunda, en la tenacidad con que se agarran a su amor.

---

[1]N. de la E.: La página está rasgada en el original y afecta al primer párrafo del texto.

También se asemeja Dulce Nombre a Nora en su recia dignidad y el derecho que se creía tener; cuando Helmer le dice a Nora:

—Eres ante todo esposa y madre.

Ella le contesta:

—Creo que soy primero un ser humano.

Y esto precisamente es lo que ha hecho Concha Espina, un ser simpáticamente humano en Dulce Nombre.

Dulce Nombre, Mariflor y Aurora fraternizan. Bajo la piel son hermanas. En el alma de estas mujeres penetra la autora con segura orientación. Ya hay atisbos en Dulce Nombre y Mariflor de Aurora. Las almas torturadas de Dulce Nombre y Mariflor engendrarán a Aurora, que las emancipará.

Dulce Nombre y Mariflor son dos víctimas de los prejuicios tiránicos, dos esclavizadas por la tiranía de la familia; este nudo gordiano lo corta Aurora sin vacilar.

Estos problemas sociales cantábricos son universales, por eso la obra de Concha Espina gusta.

Concha Espina da a beber agua viva, no el agua simbólica de la roca bíblica.

Conocíamos a Concha Espina por los vuelos aguileños de su espíritu fuerte en las *Mujeres del Quijote*, en *La niña de Luzmela*, en la heroína triste de *El cáliz rojo* y en la simpática y emocionante heroína del *Altar mayor*, en la cromática progresión de Mariflor a Aurora.

Concha Espina, yo te envío el clásico saludo de:

¡AVE, MUJER!

(*Gráfico* [New York], 4 de enero de 1930, p. 17.
En "Charlas femeninas")

MARIBLANCA SABAS ALOMÁ, LA MUJER APÓSTOL

Hasta nosotros llega, cariñosamente dedicado, *Feminismo*, el último libro de la genial escritora cubana, Mariblanca Sabas Alomá.

Es este libro una fuente de aguas vivas que debe servir de abrevadero a toda mujer consciente de sus derechos violados, deseosa de desuncirse del yugo de lo que ella acertadamente llama: "los cuatro tornillos de la inutilidad, de la imbecilidad, de la ignorancia y la vanidad".

Son mujeres como esta gentil hija de Cuba las que, lanza en ristre, desfacen los entuertos de la humanidad. ¡Qué programa descomunal se echó esta niña sobre sus hombros de Atlas! ¡Programa de una mujer de todo un año!

Con ardor de profetisa, con alaridos de visionaria, Safo lírica gritando al mundo que viviera, esta mujer no ha dejado podredumbre sin denunciar.

La libertad de amar, tema bendito, altamente vital, es debatido por la escritora franca y elocuentemente, pues moral que inhibe el amor, que pone leyes al amor es solo el manantial más deletéreo de inmortalidad. Es satisfacción legítima amar libremente, no "el libertinaje disfrazado de amor".

El sabio catalán, don Pompeyo Gener, dice que mientras el hombre respire puede obrar, mientras no se preocupe del qué dirán de sus actos, dirigido por su conciencia, llegará muy alto. La inteligente actividad de la valiente escritora cubana es omnipotente. Ella no se ha dejado arrastrar por la virtud penetrativa de los que la rodean. Es por eso que ha podido erigirse soberbia en el mejor adalid del hijo ilegítimo, de la mujer vejada, de la esposa tiranizada, de la empleada mal remunerada y peor tratada, de la madre soltera, de la esposa adúltera, de la obrera explotada . . . Todo esto, sin caer en la culpa de glorificar a la ramera, ni de justificar el crimen o proclamar la superioridad del pecado que mutila la naturaleza por la expiación y el arrepentimiento.

La obra de Mariblanca no es fiebre mística ni tampoco el canto arrobador de una Lorelei, no; es una revolución esencialmente humana, práctica y vital. Ella crea, da aumento de vida, siempre poniendo donde falta. Con el fuego sacro de su palabra enjundiosa, Mariblanca ha afirmado la vida sobre sólidas bases: la libertad de amar, de actuar y de pensar.

Se ha relacionado Mariblanca, en franca armonía e intimidad, con todos esos seres trabajados y cargados, sitibundos de justicia, para rescatarlos de su ceguera, arrancarles el antifaz de los convencionalismos e imbuirlos con el poder de alzarse para libertarse.

La obra del artista es mostrar la humanidad a sí misma para que se halle y se conozca; no hay obra de más valor que el *cognosce te ipsum*. Aquel que añade una jota al conocimiento de sí mismo es un creador y Mariblanca es la creadora, en esos artículos vibrantes y fogosos donde aparece una mente nueva.

Al arremeter con los ídolos, con la valentía del encanijado Quijote, sola, por único escudero su completa feminidad, es decir, alma templada en la fragua de un propósito enhiesto, acero toledano, ella ha creado al hombre nuevo.

Sanamente, pero con tesón, Mariblanca ha defendido a la madre soltera o casada que pone en peligro su vida para dar la vida, acusando al amante que niega al hijo de quien debía mostrarse ufano por temor a esa naturaleza que se adhiere al armiño del juez, a la púrpura del cardenal, a los harapos del bellaco y al vientre de la mujer, solo en ella siendo crimen. No echó Mariblanca en saco roto las necesidades de la hora, ni hizo gimnasia de moral en el caso de la madre soltera, cuando se trató de hacerla feliz para que el hijo naciese saludable; envió la moralidad al infierno, moralidad de libertinos y no hizo zalemas ante el sacro aro de matrimonio.

Reformadora e iconoclasta, Mariblanca ha destronado creencias y demolido fetiches. Mientras el mundo sigue tomándole medida a los hechos y a las cosas con la vara de ayer, Mariblanca, como experto sastre, toma de nuevo la medida a una humanidad que se conforma sin crecer. Ella le ha tomado medida a la virtud de hoy, encontrándola incompleta, a la respetabilidad y a la decencia, hallándolas hueras.

Mariblanca sabe que mentes y caracteres se forman con la verdad y la ha servido a grandes dosis contra la gazmoñería social, el vilipendio de lo no convencional de acuerdo con podridas normas, contra las indefensas esclavas del matrimonio, declarándose partidaria contundente de una declaración de independencia de parte de la esposa agobiada por un marido déspota y bruto, aconsejándola que rompa las cadenas y que se vean ante su propia conciencia en genuflexión, miserable, vencida por su mente flaca por el desuso y envenenada por falsos prejuicios.

Feminismo, nombre primero del libro de Mariblanca, está muy bien dado. Feminismo, como pocos lo entienden, puede ser una teoría, un culto o una práctica de todas aquellas personas que sustentan la firme creencia de que la sociedad como está constituida, con sus leyes, sus convencionalismos y condiciones, entraña serio obstáculo al libre desarrollo de la mujer y quieren hacer desaparecer las inhibiciones y restricciones que tienden a alejarla de las relaciones y condiciones políticas, sociales y económicas. También se llama feminismo a la propaganda inteligente y sistemática a fin de conseguir los cambios necesarios para este nuevo estado de cosas.

El libro de Mariblanca está ajustadísimo a su nombre pues, aun cuando es un conjunto de fragmentos sobre problemas de moral social y de psicología, la obra posee unidad de pensamiento.

Es el deber de todo escritor joven, Mariblanca así lo ha comprendido, de coadyuvar al progreso moral y luchar por un mundo donde la crueldad se lenifique, ya que no puede desaparecer por completo en una era en que por desgracia existe el terrible flagelo de la guerra, donde las infamias mundiales y las locuras colectivas, ya que no terminen, aminoren.

El estilo de Mariblanca es vigoroso y descollante, con un sabor todo de ella. Es atrevida en el concepto, expansiva en el pensamiento, elocuente y simpática en la figura, feliz en el epíteto. En un terreno uniforme como es el del feminismo, Mariblanca ha conseguido hacer germinar palabras que fulguran.

Muchas veces se deja llevar del sentimiento por la vehemencia exaltada de esa cruzada tan intensa contra toda injusticia, pero su intelectualidad se sobrepone definiéndose luego, adueñándose del campo, porque todo obstáculo a la expansión del yo, a su florecimiento, es para Mariblanca un dolor, un gran dolor moral.

La vida es un génesis perpetuo; estamos convencidos y somos de la misma opinión de la excelsa autora de *La vida manda*[1] que lo mejor de la obra de Mariblanca está por venir. La promesa es radiante, plena. ¡Ave, Mariblanca!

(*Gráfico* [Nueva York], 7 de junio de 1930, p. 6.)

---

[1]N. de la E.: Novela de la escritora y feminista cubana, Ofelia Rodríguez Acosta, publicada en Madrid en 1929.

ANNE LINDBERGH

No es incienso ni alabanza vacua, sino la verdad monda y lironda la que me impele a escribir unas líneas, dedicadas a la mujer de mi patria, sobre otra mujer.

Una pura sangre es esta mujer diminuta, tan grande en la adversidad, tan firme en el dolor, tan descomunal ante la vida.

Pero Anne Lindbergh, además de ser una mujer de corazón, es también mujer de acción. Aunque modestamente se ríe de los muchos pánicos que pasó, se entrevé, no obstante, el valor indómito de una mujer que cruza mares y vuela sobre enhiestos picos, donde no se ve un alma, donde caer es muerte cierta, para dar con su mano filial, mano alabastrina de mujer buena, empuje al avance de la civilización, en viaje científico donde ya opera el radio, ora toma notas sobre los sitios por donde se cierne el pájaro de acero.

En su libro recién publicado, *North to the Orient*, (*Hacia el Oriente por el Norte*), Anne Lindbergh prueba que no es solamente mucha madre, mucha mujer y mucha esposa, sino también escritora de veras. Figuras tan maternales como ella se reflejan en la obra. El paisaje hosco tiene su sitio en el panorama grato. De los peligros arrostrados no habla con desprecio, pero tampoco los exagera. Anne Lindbergh ignora que es una heroína, sea cual sea el ángulo por [el] que se la mire.

Son mujeres del calibre moral, espiritual y físico de Anne Lindbergh las que abren paso a la mujer integral, grandes en lo espiritual y moral. Son mujeres como esta las que deben imitarse y superarse porque, únicamente excediéndolas, deja la imitación de ser servil.

Pocas mujeres han recorrido su calvario. Anne Lindbergh conoce el camino de la cruz. Su maternidad fue crucificada como antaño el Cristo dulce del evangelista Juan. Nada de desmayos. Nada de gestos heroicos y pedantescos. En vez de todo eso, alto valor moral, virtud y entereza de la más pura cepa.

Pocas mujeres son la compañera para los tiempos buenos y malos, las venturas y las desdichas. Anne Lindbergh ha mirado el peligro cara a cara, ha sentido el enjunque del cuchillo del terror penetrar en sus carnes níveas, pero ha salido de estas pruebas con más vigor y salud mentales.

La mujer que sabe ser mujer es la sal de la tierra. Gazmoñear, chismografiar y holgar es de mujer cosa. La mujer mujer es pensamiento en acción. Es . . . La Que Vendrá.

(*Artes y Letras* [Nueva York], año IV, núm. 34.
Abril de 1936, p. 4.)

III
"Gente contra gente no alzará espada"
Crónicas políticas, antiimperialistas y abolicionistas

PUERTO RICO Y LA RESOLUCIÓN HOFSTADTER

La civilización y el progreso son antagónicos. La agresividad del siglo no es civilización. La civilización es esotérica. Esa flor de espiritualidad que es la civilización no medra junto a la materialidad.

Los pueblos de la América Española carecen de progreso. Bien está. No se levantan con el alba para dirigir los trenes subterráneos llenos de humanidad por el corazón de la urbe. El monstruo de hierro no ensordece con sus bufidos los castos y albos oídos de la aurora. No hay que dejar el lecho a prisa porque el radio se dejar oír imperativo y nervioso. Los tentáculos mil del progreso no compelen allí a correr, agitarse, pulular, sufrir y morir.

Hay serenidad en los países de Hispano-América porque falta el progreso. Allí no se vive en el teatro; se come en la casa; los hoteles mueren de soledad. El radio a nadie roba el descanso nocturnal. La sirena de los automóviles no hiende los aires hasta mortificar los oídos sensitivos a lo Schopenhauer, quien no podía soportar el chasquido del látigo del auriga sobre los lomos cansados de sus cuadrigas.

En los países españoles de América hay civilización porque el progreso no impera. Allí no se corre tras el dólar, pero se pugna con vehemencia por la idea, por el "veraz saber", que dice Leopardi.

Allí no se blasona porque no se cree en la grandeza del progreso. La civilización es avance. El progreso esclaviza a la libertad. La civilización da alas a la libertad del pensamiento.

≈ ≈ ≈

El 13 de enero, el senador Samuel H. Hofstadter, de la cámara alta legislativa de Albany, presentó una resolución conjunta con el fin de conseguir que a Puerto Rico se le otorgue el derecho de elegir su propio gobernador, que ahora es nombrado por el presidente de los Estados Unidos.

No es mi ánimo dar pláuditos al Senador Hofstadter ni a Puerto Rico. Este hombre, si verdaderamente siente la libertad, no podía permanecer inactivo ante la situación paradójica de la isla. Y Puerto Rico, por sentado, no ha hecho otra cosa que seguir su lucha por la libertad a través de los años.

El primer párrafo de la resolución a que hemos hecho mención tiene una oración que dice así:

"en el cual esta nación (los Estados Unidos) estableció una forma de civilización".

Hay que oponer objeción inmensa ante esta declaración. Cuando los Estados Unidos se posesionaron de la isla del cordero, existía allí una civilización cimentada por la cultura y apuntalada por la más alta estética. Un grupo de hombres y mujeres representativos daban entonces a la isla gloria y prez.

Entre ellos se hallaba y se halla doña Ana Roqué, mujer versada en todas las ciencias, antorcha luminosa que alumbraba aquellos días aciagos. La poetisa de la patria, Lola Rodríguez de Tió, muerta en La Habana, era entonces joven, pero ya en ella amagaban los ímpetus libertarios. Teresita Mangual de Cesteros con Trinita Sanz de Padilla, su hermana espiritual, quemaban y queman lámparas votivas a la musa puertorriqueña.

Entre los caballeros estaba entonces en la flor de la juventud, ahora venerable patriarca, el Dr. Cayetano Coll y Toste, descubridor del bacilo de la fiebre amarilla en Puerto Rico, historiador oficial de la isla en nuestros días, autor de *Leyendas puertorriqueñas* y poeta regional. Elías Levis, pintor, poeta y novelador contemporáneo, era parte integrante de este grupo de elite. Luis Muñoz Rivera, estadista de primera magnitud, poeta preclaro, fundador de *La Democracia* de Puerto Rico, que todavía existe, era el periodista por excelencia, sin miedo y sin tacha, admirado y temido. Fue el tercer representante de Puerto Rico en Washington. Hoy reposa con el Dr. José Celso Barbosa, médico insigne, estadista de grandes vuelos y valiente revolucionario, en el sueño de todos los olvidos.

El Dr. Emeterio Betances y Eugenio María de Hostos ya habían muerto en el destierro en esos días por su pujanza en pro de la libertad de la isla del poder español. Con Baldorioty de Castro forman un triunvirato de hombres perínclitos en sus ideas, de luz en sus actos. Basta con estos pocos nombres. Todos son bien conocidos y amados. Una lista de todos sería formidable.

La civilización de los pueblos no la representa toda su masa amorfa. Solo un puñado de hombres y mujeres ha dado siempre renombre a ciertas épocas brillantes que la historia denomina civilizadas.

Los Estados Unidos nunca pudieron dar a Puerto Rico "una forma de civilización" porque allí florecía la libertad, madre de toda civilización. José de Diego, el cantor de la rebeldía, además de potente internacionalista y jurisconsulto, era factor principalísimo en esta fase de la cultura regional.

Los países hispanos de América no corren tras Mammón. Se aferran a la idea. La idea es salvatriz. El pensamiento es siempre libre. El progreso lo encadena.

La civilización, es decir, la cultura, la forma un núcleo de almas en torno a un núcleo de idea, ambos por encima de los pueblos aislados en el torbellino de los intereses materiales que los rodean; orientando las conciencias a través de las vicisitudes, aislados y flamantes, como la estrella polar, marcando rumbo a las aves errátiles, a través de las soledades oceánicas.

Clotilde Betances Jaeger
New York, enero 27, 1929

(*Gráfico* [Nueva York], 3 de febrero de 1929, p. 15.
En "Charlas femeninas")

LINCOLN Y BETANCES

Dos emancipadores. El uno de la raza nórdica; el otro de la raza latina. Ambas mentes con un solo pensamiento, ambos corazones con el mismo ritmo.

Los hombres que al través del tiempo han llevado en alto la antorcha de la libertad son dignos de la historia. Tales hombres hacen la historia. Ellos y la libertad se aúnan. Esa flor esotérica que se llama libertad pliega sus pétalos cual rosa enferma en los pueblos esclavos, mas cual águila caudal extiende la recia envergadura de sus alas para volar sobre los pueblos libres.

¡Morirás olvidado, execrado, Sandino libertador, así mueren todos los héroes! ¡Qué cerca del corazón te tienen los hombres libres! ¡Saludo a Sandino! Su naufragio será su gloria; su muerte será su vida, el olvido su galardón. ¡Así los héroes!

El día 12 de febrero se celebra en los Estados Unidos de Norte América el natalicio 120 del Gran Emancipador Abraham Lincoln. Todavía hay almas que vibran simpáticas con la gran obra de aquel redentor de negros. Si Lincoln volviese a la vida se moriría de dolor. El dolor, la herencia de las almas grandes. El dolor que acecha en la sombra para herir aleve le mordería el corazón como muerde la lima en el hierro.

¿Es verdad que Lincoln libertó a los esclavos de los Estados Unidos? Hay que dar un mentís a tan falsa aseveración en nuestros días. El negro en los Estados Unidos es hoy tan esclavo como lo fue ayer. Una segregación inicua y suicida lo mantiene aparte. Todo por prejuicios de raza carentes de todo fundamento, basados en la ignorancia más crasa de la ciencia.

¿Qué tiene el negro que lo diferencia de los demás? Como los blancos muere, como los blancos nace. Viene al mundo con el dolor; lo lleva como el Salvador la cruz, durante el largo vía crucis que es su vida, hasta yacer en la tumba dejándolo de herencia a los suyos. ¿Escapa el blanco a estas calamidades? No. Pero vayamos más lejos. Según la ciencia, el negro tiene el baldón de un color sombrío. Nada más. Su plasma en nada disimila de la del blanco, de modo que en los anales científicos el blanco y el negro son iguales.

Es tiempo ya de que la ignorancia dé paso al estudio concienzudo de problemas que, resueltos en justicia y equidad, darán la libertad a millones de personas esclavizadas por falsos prejuicios que, a la luz de los descubrimientos científicos y de la razón sana e imparcial, se caen de su base.

Los Estados Unidos han vuelto la espalda a los ideales con que se cristalizaron en nación. Un pueblo que esclaviza no es libre. En los Estados Unidos existe la esclavitud. Simon Legree está redivivo. Esos marinos, esos barcos acañonados, surtos en la bahía de Nicaragua, acechan como el cóndor el momento de apresar en su pico torvo la libertad de Nicaragua. Los paniaguados de Washington en Nicaragua velan sin cesar la obra de Sandino para hincarle el diente hidrófobo. Sandino caerá en sus manos porque siempre la alevosía prospera a la sombra de la libertad. ¿Pero habéis visto que donde se extingue un hombre libre aparecen diez, como en los tiempos de la fundación de Tebas por Cadmo?

El hombre Lincoln fuelo de libertad; el libertador todo entero lo poseyó esa amada. La sangre de sus venas dio por un principio que en la tierra todos los hombres son iguales. ¡Qué infructuosa fue su muerte! ¡Qué inútil su sacrificio! El hombre que se llamó Lincoln, mártir de su idea, murió creyendo en el éxito de su obra, como murió también Cristóbal Colón en la certeza de haber encontrado el camino que conducía a la India; como Martín Lutero, persuadido de haber dado al mundo la libertad religiosa que hoy da un paso atrás en la Italia de la Europa caduca; como Cristo, con la esperanza de habernos dejado la paz. "Mi paz os dejo . . .". ¡Campos yermos de Francia, campiñas desoladas y asoladas de la Bélgica, guerras eternas de serbios y croatas, imperialismo agresivo de la soberbia de las naciones!

La obra de Lincoln ha rodado por los suelos. La ciencia será la emancipadora de la raza negra, raza de color azabache, raza humilde, hoy postergada como en un tiempo los judíos y los moros, como en otro tiempo los blancos. La ciencia resolverá el problema de los esclavos del siglo presente. Una raza universal se levantará del fiemo moderno como el ave Fénix de sus cenizas, como Vishnu en uno de sus altares.

Betances, el ínclito doctor Ramón Emeterio Betances, aquel osado de la islita del cordero, ese cordero que debe desaparecer del escudo porque es emblema de longanimidad y de humildad, y ningún país debe ser sufrido ni humilde; el cordero, animal torpe, inerme sin su pastor, se sale de ese escudo cuando en un pueblo se han dado hombres como el Dr. Betances.

No solo libertó a los negros de su condición abyecta de sujeción entonces, sino que son libres hoy día. Peleó también contra España por la libertad de la isla de Puerto Rico.

"No quiero", dijo, "colonia ni con España ni con Estados Unidos: deseo y quiero a mi patria libre y soberana porque sin la libertad no hay vida digna ni progreso positivo".

No es esto un ditirambo en defensa del patriotismo local. La patria grande, la que no reconoce fronteras porque todos los hombres son iguales y libres en esa patria del futuro.

En el destierro murió Betances, pobre incomprendido, solo. Después de su muerte, años después, pueblos varios se pelearon por los despojos que dejó el gusano.

"Verdugo de mano de raso,
emperador del imperio en el silencio".

Ni las cenizas de los héroes tienen paz. Ser grande es sinónimo de soledad. Las ovejas abandonan al águila porque las alturas les causan vértigo. Dijo no recuerdo quién:

"Las águilas van solas; los borregos, en manadas".

En esa soledad en que murió, extranjero en suelo extraño, olvidado de su patria, encontró el premio de los héroes. Sus cenizas, ¿es que son sus cenizas? De allá, de un cementerio anónimo de Francia, aunque se ha dicho que fue del cementerio "Père Lachaise", fueron removidas para traerlas a Puerto Rico. El genio peregrina hasta en la muerte. En Cabo Rojo, pueblecito que le vio nacer, se halla una urna en que, al decir, están sus restos mortales. El alma de la aldea, alma de incomprensión, ha necesitado los espolazes periódicos del patricio

Cayetano Coll y Toste para llevar a cabo la erección del monumento en que se guardarían para siempre esos huesos roídos del vermículo.

"Única flecha que traspasa la tumba".
¡Así los héroes! ¡Así los Libertadores!

(*Gráfico* [Nueva York], 24 de febrero de 1929, p. 11.
En "Charlas femeninas")

A PROPÓSITO DEL DR. THOMAS E. BENNER
Y LA UNIVERSIDAD DE PUERTO RICO

En el año 1924, la llamada Universidad de Puerto Rico llegó a su mayor edad, es decir, cumplióse entonces el vigésimo primer aniversario de su fundación.

Lo singular de esta institución era que, a pesar de haber adquirido sus derechos de primogenitura, a la edad dichosa de los veintiuno, había dejado de crecer y su desarrollo era raquítico y penoso.

Al llamarse la Universidad de las Antillas, se vanagloriaba inútilmente, pues solo tenía entonces la Escuela Normal, la de Leyes y dos o tres más, no todos en el campo de la universidad propio, sino diseminados entre Río Piedras y San Juan; esto porque, cuando el señor Juan B. Huyke fue nombrado Comisionado de Educación en tiempos del tan fatal para la isla "Riley" o Pancho Reyes, el Colegio de Leyes fue traído a San Juan por desacuerdo entre los estudiantes y el modo del Comisionado de ver ciertas cosas. En estos tiempos, la Universidad desafiaba a los que pretendían sondearla. Sus bravatas de honorabilidad descansaban sobre débiles bases que se tambaleaban inseguras. Su nombre de Universidad era una excusa irónica.

A su mayor edad, una universidad debe ser una institución, si no equilibrada del todo, en vías de estarlo. Su mirada debe dirigirse al futuro sin mirar nunca atrás. Esa edad lleva consigo los atributos de juventud, fuerza, sangre nueva; su perspectiva debe ser serena, atalayando los medios de la más sincera realización de sus ideales. Pero como esa edad es tan elástica, precisa ejercer vigorosa acción sobre las riendas. Para esto, es necesario poseer vigor que provenga de gran reposo mental, de resistencia física privilegiada, de espíritu jovial e intensa imparcialidad.

Tal era la situación de la Universidad de Puerto Rico al caducar el reinado de St. John, *dean* de la Universidad en aquel entonces.

Se encontraba la Universidad a los veintiuno como huérfano privado del cariño materno que de pronto se troca de muchacho en hombre. La reacción, inesperada y rápida como el relámpago, fue de deslumbramiento inquietante.

Había que ir con pies de plomo; la tarea era para un hombre de bríos, uno que amase la Universidad de todas veras; ese hombre debía estar dotado de visión, simpatía y amor… Había llegado el tiempo de fruición; privaba un cambio de táctica; llegaba la hora en que la Universidad de Puerto Rico lo fuese de hecho y de derecho; la verdadera sede de la cultura de América y del mundo, exponente de toda idea avanzada y de toda acción útil y grande.

En noviembre de 1924, el profesor Paul Hanus, fundador de la "Graduate School of Harvard", hizo una visita a Puerto Rico. Cuando supo el estado de la Universidad y la gran necesidad en que esta se hallaba de un presidente *comme il faut*, propuso al Doctor Thomas E. Benner. Más tarde, cuando una comisión de puertorriqueños vino a Washington en misión política, los señores Antonio Barceló, presidente del Senado de Puerto Rico, y el señor Guerra se entrevistaron con el doctor Benner, discutiendo el asunto de la Universidad de Puerto Rico e instando al doctor Benner a hacerse cargo de ella. Pocas semanas después, fue llamado con toda premura por la Junta de Síndicos de la Universidad de Puerto Rico a la Isla.

Siendo la autora, reportera, traductora, etc. del *Heraldo de Puerto Rico*, se vio con el doctor Benner en el Hotel Condado.

Recibí una grandísima impresión de alivio al posar mis ojos sobre el futuro presidente, pues no me cabía duda que ya el Honorable Barceló lo tenía nombrado *in mente*. Me chocó agradablemente su mandíbula inferior más que redonda, cuadrada, su mirada recta, su juventud, su fuerza y alta estatura.

Mi curiosidad era grande por saber los motivos que lo habían impelido a surcar los mares del Sud. Al contestarme, su sonrisa fue tan franca que me cautivó. Desde entonces fuimos buenos amigos. Tanto así, que hasta don Juan B. Huyke no lo ignoraba, pues a la llegada del doctor Benner a la Isla para quedarse como presidente de la Universidad, el Honorable Comisionado me hizo llamar para decirme que el doctor Benner había quedado tan contento con mi artículo sobre él que quería verme pues (lo creía así el Hon. Huyke) me iba a nombrar su secretaria privada.

La interviú resultó una *causerie* amena. Ya el hombre se había dado a estudiar el problema que le esperaba. Sus proyectos eran colosales. En su opinión, la Universidad de Puerto Rico sería el factor sumo en el desarrollo del panamericanismo, sin dejar de ser nunca la Universidad de Puerto Rico.

Bien le constaba al doctor Benner que nada le era posible sin cooperación ni determinación. El entusiasmo e interés de todas las organizaciones de la Isla, tales como la Cámara de Comercio, La Junta de Síndicos, el "Rotary Club", la prensa, el pueblo, etc., etc., eran necesarios a sus vastos planes.

Sabía muy bien que para el desarrollo de su empresa necesitaba tiempo, paciencia y cooperación, pues en un día no se podía llevar a cabo diligencia tan magna.

Para ir a Puerto Rico, el doctor Benner, que era *dean* de la escuela de verano del Instituto Politécnico de Alabama y también profesor de Educación en el mismo durante el año, lo dejó todo. Ese instituto era casi una universidad entonces, pues solo restaban ciertos detalles de menor importancia para que fuese aceptado por tal.

El entusiasmo por el doctor Benner a su llegada era inmenso. Se le construyó una casa exprofeso para él y su esposa en el campo de la Universidad, se le colmó de atenciones y de regalos, haciéndole esperar el milenio.

De la noche a la mañana lo han echado a espeta perros. Hoy que la Universidad es conocida en el extranjero, hoy que iban estudiantes de otros países a recibir el pan espiritual en sus aulas. (Debido a los esfuerzos del profesor Ramírez, habían venido algunos estudiantes de los Estados Unidos.) Hoy que la Universidad entra en su era de oro, lo echan. Cría cuervos.

(*Gráfico* [Nueva York], 28 de septiembre de 1929, p. 18.
En "Charlas femeninas")

LA UNIÓN CONSTITUYE LA FUERZA

La Europa caduca despierta. Quiere convertir sueños de poetas y visiones de profetas en realidades. Una Europa unida era el tema de bardos, de soñadores, de esos pobres diablos inexpertos, versados solo en la difícil facilidad de rimar. Los que predicaban una Europa Unida eran tachados de precipitados, rigoristas y hasta de fatalistas. Los vaticinios sublimes se tomaban a risa y las prefiguraciones de los poetas, exaltaciones novelescas.

Mas he aquí que Europa se avía. Adereza sus viejos hechizos, sus caducos atractivos para rejuvenecerse, inyectándose sangre nueva con la unión de sus pueblos nuevos y jóvenes. La predisposición a una unión europea tiene pródromos favorables. Esta conducta de los pueblos de Europa en los tiempos presentes no se anuncia sin ton ni son. Ya la unión europea no es presciencia solo de vates y visionarios locos, sino que corre de boca en boca entre los miembros de los cuerpos diplomáticos; los hombres de negocio ven que precisa, y con mucho, una unión llamada los Estados Unidos de Europa. Los economistas abren los ojos, pues el gastado edificio europeo puede apuntalarse con la unión europea.

Los odios menguados, el nacionalismo egoísta y estupendo de los pueblos, el orgullo de fronteras, han traído por consecuencia una desunión de todo ineficaz. Italia se encierra en su tradicional historia de cesarismo viviendo en el pasado, soñando revivir glorias muertas, adulterando la verdad en su afán de hurgar las cenizas de su pasado extinto, cenizas frías que ni siquiera son rescoldos.

Como el ave Fénix de sus cenizas, como Vishnu de sus avatares, España está recobrando su ser primero; lento es su camino, pero seguros sus tanteos. En el estertor de la agonía, ya decidió no expirar. España en la unión europea traerá vigor, curiosidad científica y resurrección milagrosa.

Será la Rusia joven, fuerte, saludable, enderezando sus bordoneos infantiles con seguridad, la que aportará la sangre vigorosa a la fenomenal transfusión.

Inglaterra traerá su experiencia, sus vastas colonias, con sus hormigueros pululantes, cúmulo de pasiones.

Los pueblos pequeños de Europa, que hoy luchan por su soberanía y que reciben menos atención que un estropajo, serán parte de un todo armonioso.

Francia, que ha estado a punto de irse a pique, surgirá como Venus.

Terminarán las fanfarronadas pueblerinas para dar paso a una supervivencia delicada y capaz. Se descontinuarán los remusgos, se aplacarán los recelos y se dará gol de muerte a la desconfianza, abriendo paso a la paz, no una paz hinchada como un matasiete, sino una paz diligente, activa, la paz que erige monumentos a la cultura y carreteras que acortan las distancias del alma nacional para que los corazones sean todos uno latiendo al unísono.

Briand es uno de los hombres más oportunos de esta época. Ha tenido la dicha de lanzar dos gritos de combate —la proscripción de la guerra y la Pan Europa.

¿Qué resultados tendrá una Europa Unida? Magnos. Presentar el pecho firme y enhiesto a las demás naciones del mundo; evitar medidas arancelarias tan arbitrarias como las que se discuten en Washington en estos días; hacer de Europa un todo económico para que las barreras comerciales caigan de inacción; acuñar los dineros en un solo sistema y tener un solo sistema también de regulaciones postales.

Ahora me pregunto, ¿dónde está la Hispano-América Unida? Se impone su incepción. Hay que incitar a la unión. El sueño gigantesco de Bolívar no es inaccesible. Aquel proceso incoado, llevado a cabo y perdido en el tiempo, debe llevarse a efecto ahora. Los torrentes de sangre derramados en las tierras vastas de la América Hispana deben incitarnos incesantemente a esa acariciada unión. El momento es propicio.

> "There is a tide in the affairs of men
> Which, taken at the flood, leads on to fortune . . ."

No deben caer en oídos sordos las palabras sabias del gran Shakespeare, ese buzo del corazón humano. Inspirarnos debemos en la idea de Bolívar que debió haber vivido ínsita en nuestra sangre. Un latino nos da la voz de acción y de aliento. Es nuestro derecho inalienable unirnos para salvarnos.

(Continuará.)

(*Gráfico* [Nueva York], 12 de octubre de 1929, p. 17.
En "Charlas femeninas")

LA UNIÓN CONSTITUYE LA FUERZA

(Conclusión)

———

Los Estados Unidos de Méjico y los Estados Unidos del Brasil deben fundirse con las naciones del resto de la América Hispana y los países del Caribe en un solo pueblo. Nuestra desunión es nuestra pérdida. Caeremos irremediablemente en las garras del "Tío Sam" y se perderán nuestras tradiciones, nuestra bella lengua y nuestra galante raza.

Si solamente atiende una América Hispana a los accidentes económicos, el aliciente es alentador. Si examina los principios de derecho internacional, una América Hispana Unida, vigorizada hasta el grado N, causará la muerte de las incursiones inquisitoriales de pueblos de mayor fuerza sobre los pueblos débiles e indefensos de la América Hispana y del Caribe. Una América indivisible rechazará la insidiosa intervención de marinos exóticos en Nicaragua. Una América inseparable porfiará contra el descaro desconocido de los cacicazgos y sus paniaguados. Una América indisoluble pondrá fin a las demasías canallescas de los embutidores de pueblos, de esos corsarios inordenados, de esos engendros de los pueblos hispanos que parecen todos nacidos de un vientre maldito con bascas y vómitos de ipecacuana, todos procreados por los Rosas, los Facundos, los Gómez.

La defensiva es nuestra política y la América Hispana Unida es la salvación.

¿Quién entrega a un extraño sus haberes, sus hijos, su mujer, su madre? Nadie. La América Hispana se entrega atada de pies y manos como cordero pascual. Las tierras fecundas, la selva magna, las salitreras de Chile, los pozos petroleros de Colombia, la caña de Cuba, todo eso estamos regalando al extranjero. Los brazos codiciosos se extienden con *amore* para agarrar. Nada quedará. Nada dejarán. El idioma morirá con la extinción o amalgama de una raza gloriosa en sus tradiciones y su historia étnica y política.

¡América Hispana, la unión constituye la fuerza! Esta es tu hora.

(*Gráfico* [Nueva York], 19 de octubre de 1929, p. 17.
En "Charlas femeninas")

HACIA ATRÁS

El caso de Puerto Rico en la historia actual es sorprendente, casi increíble, si las vías de comunicación tan aprovechadas hoy por el mundo entero no dieran fe de la situación anómala de un pueblo dentro de otro pueblo.

La soberanía nacional es la mira de todo pueblo. Hacia esa abstracción tan concreta tienden todos los pueblos de la tierra hoy. Ahí está la India, símbolo magno de fuerza espiritual. Ahí está el pueblo croata, Nicaragua y, ¡ah!, Haití. Puerto Rico es el único pueblo que se empeña en tener tutor cuando todas las naciones de hoy se emancipan.

El 27 de mayo de 1926, Woodrow Wilson dijo estas palabras:

"Toda nación tiene el derecho de escoger la soberanía que desee.

Los estados pequeños del mundo tienen el derecho de gozar del mismo respeto por su soberanía e integridad territorial que los pueblos poderosos, que no solo lo esperan, sino que lo piden con insistencia.

El mundo tiene el derecho de deshacerse de toda perturbación de la paz, originada en la agresión y desprecio de los derechos de gentes y de naciones".

La realidad triste de la trágica carta firmada por el Honorable ex-Presidente del Senado de Puerto Rico y el señor Tous Soto, abogado de corporaciones, hace dar a la libertad un salto atrás.

¡Qué bien viene el viejo decir: Dios los cría . . . ! No hace un año, estos dos hombres estaban en pugna abierta; hoy esos dos padres de la patria se unen para dar el paso más en falso que se pueda imaginar, asestándole a la soberanía de Puerto Rico el golpe de gracia.

En la Asamblea Magna Unionista, habida en Mayagüez en septiembre pasado, Tous Soto era "abogado de corporaciones", "monstruo de maldad que destrozó la carrera política de varios jóvenes de promesa, entre ellos Arjona Siaca", "traidor". Hoy los intereses creados de la mano, en franca comunión de ideas, se han quitado la careta.

No es que Puerto Rico no pueda gobernarse. Es que los hombres y las mujeres que pueden gobernarlo están preteridos por hombres que tienen ojos y no ven, oídos y no oyen; por hombres a quienes les falta la visión de un Hostos, la abnegación de Betances, la inteligencia fuerte y varonil de Muñoz Rivera.

Si todo pueblo tiene derecho a su soberanía, ¿no la tiene también Puerto Rico? ¿Dónde está la capacidad mental de esos padres de la patria? ¡Bah! ¡Son solamente políticos!

Puerto Rico, que ha llegado a la conciencia de sí mismo en hombres como Albizu Campos, retrasa la cristalización de su personalidad como pueblo libre porque olvida que las palabras de Woodrow Wilson le dan la pauta para obrar.

(*Gráfico* [Nueva York], 19 de julio de 1930, p. 6.)

[LA HUELGA DE WHITE PLAINS]

Una cívica y entusiasta colaboradora de esta sección, la señora Clotilde Betances Jaeger, de 69-01, 62nd St., Glendale, N.Y., que ya ha expuesto su criterio aquí sobre importantes problemas sociales, da en las siguientes líneas su voto humano, femenil y liberal a los hispanos obreros huelguistas de White Plains, en la forma siguiente:

> ¡Vuestra presencia, oh manos
> humildes que todo lo ejecutan,
> es la condición indispensable de la vida!

> Rafael Barrett

Trascendental es la huelga siempre porque es el único medio de emancipación del trabajador oprimido.

El derecho a la huelga es innegable. Solo el capitalista no lo reconoce porque los dioses ciegan a los que desean destruir. Se opone el rico a la huelga porque ve que son contados sus propios días de huelga. Así pues, comienza el atropello.

En White Plains, por ejemplo, las malas artes hacen de las suyas. Sin querer atender con torpeza estúpida a la voz del trabajador que pide lo suyo, porque monstruoso es trabajar sin percibir remuneración equitativa, se acude a la deportación por entrada ilegal en este país, a la encarcelación y a los golpes a traición. Se sabe de un caso en que un huelguista, ya en la prisión, inerme por su condición de preso, ha sido apaleado sin respeto a la justicia y a la humanidad de gentes.

La huelga de White Plains es un momento histórico para el trabajador, por lo tanto, esa huelga debe ganarse y ganarse puede si el trabajador, en su justa demanda de pago adecuado a los tiempos económicos que corren y a la cantidad de trabajo que dan sus brazos, se sostiene firme a pesar de los pesares.

La huelga mal organizada no resiste —en eso estriba su debilidad. Entonces, de este axioma se deriva el corolario siguiente: las huelgas son inteligentes o no lo son. Si inteligentes, lo arrollan todo; si torpes, son arrolladas.

La huelga de White Plains, tan simpática por la espontaneidad de su gesto libertario del feroz yugo económico, tiene el visto bueno de toda persona libre. Y hay que ganarla porque cada huelga triunfante es un paso más en la liberación del obrero. Hay que ganar esa huelga por medio de la más inconmovible solidaridad de todos los gremios que deben unirse para la acción.

No olvidar, trabajadores, que es vuestro brazo el que sostiene el edificio social. Retiradlos y se desploma incontinenti. No olvidar que en vuestra aparente debilidad sois fuertes porque vuestra mano

"es la mano que levanta,
pero es también la mano que destruye".

El único dios, el dios de hoy, es el trabajo. ¡Zus, obreros, trabajadores, hombres de veras, a ellos! Vuestra causa es santa. Pedís lo vuestro, no pedís favores; así pues, pedid con arrogancia puesto que queréis lo legítimo, lo cabal. No es por el hambre y la sed que habéis ido a la huelga, sino por una necesidad más alta: la de la idea.

Estáis abriendo en el vientre del capital profunda brecha, no lo olvidéis. Ese capital lo habéis acumulado vosotros, con los músculos de acero y el tenaz sube y baja de vuestro pico y vuestra pala, a sol y a sombra, en rudo invierno y bochornoso verano, contra viento y marea. Ese capital se aniquila con el paro de vuestros brazos. ¡Sabedlo bien y sosteneos reacios! Sin la cocinera, la humanidad ayuna. Sin el trabajador, se desquicia el capital. ¿Cuándo se darán cuenta los Midas de que no pueden alimentarse de su oro? ¡Pues hacédselo saber, mal que les pese y adelante, trabajador! ¡Gana la huelga para ti y los demás! Incluso el capitalista ciego que se aferra al becerro de oro, hoy tan escurridizo como anguila, os rogará entonces que deis de nuevo vueltas a la rueda del mundo porque su oro se ha desvalorizado con vuestra actitud brava y entera.

La moratoria no salvará al mundo, sino la huelga. ¡Ganadla, ganadla, hermanos! Habéis contraído magna responsabilidad con vuestro gesto de rebelde hombría y vencer tenéis.

(*La Prensa* [Nueva York], 30 de julio de 1931, p. 8.
En "De nuestros lectores")

ALREDEDOR DE UN GESTO

El delegado español

Cuéntame el joven nacionalista puertorriqueño, delegado por Puerto Rico al Congreso Estudiantil Ibero-Americano, reunido en mayo último en San José (Costa Rica), que el delegado español, joven de 23 a 24 años, de ideal anárquico, protestó en un baile de no sé cuál Embajada porque no se permitía la entrada al pueblo.

Puertas cerradas

Al representante por España bien constaba que su protesta caería en oídos sordos, pero él no podía hacerse cómplice de un acto en que las puertas permanecían cerradas al pueblo soberano.

Siempre pellizcó mi entendimiento el grupo de curiosos ante los Clubs y Casinos de la aristocracia en sus días de fiesta, baile y jaleo. Sentí a veces desprecio por ese pueblo que se colocaba ante las puertas de los lujosos centros aristocráticos a espiar los gestos, ademanes y actos de los concurrentes, para imitarlos luego, pantominándolos o remendándolos. Otras, pude a mi arbitrio decir a ese pueblo ávido cuantas son cinco, resistiendo llena de abatimiento, a la tentación, y decidiendo no meterme con quien, a decir verdad, necesitaba de esas migajas del poderoso o del rico, aunque fueran lanzadas despectivamente.

Alrededor de un gesto

Supongamos que se le toma la palabra al joven ácrata y que las puertas giran sobre sus goznes en ademán acogedor y generoso para dar paso a su majestad el pueblo. ¿Comprendería el pueblo embotado ya, a fuer del yugo oneroso que ha pesado tanto sobre su cerviz en el transcurso de los siglos, la idea liberal, justa y equitativa de este joven anarquista? No viene al caso que fuese comprendido o no por ahora, lo que sí importa muchísimo es el hecho de que el pueblo tiene amigos que no lo descuidan ni permiten que se olviden los principios de equidad, aun en los actos en que, al parecer, es la diversión el único fin.

Alguien objeta que el pueblo, puesto en coyuntura semejante, no sabría obrar. No me cabe duda que el pueblo, puesto de pronto en social equiparación con los aristócratas del pensamiento, de la sangre y del dinero, obraría urbanamente, preservaría espíritu observador y absolutamente neutral, como conviene a un recién admitido en ambiente extraño y antagónico.

Cuando pienso en la suerte del pueblo venezolano, aniquilado, desmedrado, descivilizado, roto; cuando a la mente viene la suerte ingrata del cubano, la esclavitud del puertorriqueño y las ignominias cometidas con una porción de pueblos que no son americanos, pero pueblos que deben ser libres y felices, sé que el anarquista español dio en el clavo.

Nunca podré estar de acuerdo con la conciencia de clases que preconiza el marxismo porque, a mi entender, una sola clase debe haber —la de todos. Es precisamente esa división de clases con sus fronteras bien definidas, la que causa ahora, ha causado y causará, como no se la ponga dique, la mayor parte de los dolores de la humanidad.

Buen ejemplo

Hasta la fecha, el pueblo ha copiado fielmente todos los hábitos malos de las altas esferas. Fuere ignorancia o lo que fuere, es la purísima verdad que de lo alto se ha prostituido lo bajo.

¿Por qué, pues, ya que los altos estratos sociales dan al pueblo sus vicios, sus enfermedades aristocráticas y sus penas, no le ofrecen también participación en sus placeres y momentos fugaces de dicha? Parece incomprensible, pero es no obstante una verdad con fuerza de verdad. El rico, el poderoso y el aristócrata se unen en falange de fuerza arrolladora para impedir la entrada del pueblo a esta parte de sus funciones.

Después que del palacio van a la choza cuanto vicio feo hay, cuanta mala enfermedad, cuanta miseria moral, estremece a los grandes pensar que puede este pueblo fuerte, trabajador y sano de por sí, pero inficionado con el virus de los de la parte angosta del estípite social, codearse con ellos. ¡Pasmo! Mantienen al pueblo a raya y ¡ay! del que se deslice.

Gesto humano e incomprendido

Como es de suponer, este gesto esencialmente humano, primordialmente anárquico, básicamente prometedor de un orden de cosas en que todos los labios sean rojos porque las privaciones no les han robado el color, en que en todos los hogares haya libros, en que todos gocen de la belleza y por extensión de todo don natural aunado a la civilización organizada, no fue comprendido.

—¡Qué gracioso!

—¡Qué nuevo Quijote!

—¡Qué loco!

Epítetos todos de consagración. Epítetos que en nada desdoraron el gesto sublime del anarquista loco o del anarquista cuerdo, puesto que todo se ve del color del cristal con que se mire. Los fariseos orgullosos quieren la separación de clases, los samaritanos, heréticos, su fusión.

(*Solidaridad Obrera. CNT - AIT. Semanario Órgano de la Confederación Regional Galaica* [La Coruña], año IV-época tercera, núm. 133. 29 de julio de 1933, p. 1.)

LIGA DE VENCEDORES

Tal debe llamarse el Tratado de Versalles: *Liga de Vencedores.* ¿Qué clase de vencedores? ¿Aquellos que plenos de generosidad y perdón ven en el enemigo caído un hermano o los que, hirviendo de arrogancia, remachan el clavo y dan al vencido en la boca del estómago?

Los aliados victoriosos, envanecidos por una guerra que no ganaron, pues las guerras, al fin y a la postre, ni se ganan o pierden, pretendieron después del armisticio sellar la paz perpetua o, mejor dicho, *su* dominio, pero únicamente lograron la zozobra, la inquietud y recelo de todas las naciones del mundo, perseguidas por el fantasma de Banquo, de una guerra futura, pues no se les ocultaba que el Tratado de Versalles fue redactado y firmado por hombres del 1914, dominados por grandes pasiones, rencores, odios y deseos de revancha.

En la Conferencia de la Paz se reunieron los diplomáticos hábiles y astutos, los políticos duchos e intransigentes. Allí se les ofreció la más favorable coyuntura para sus planes, basados en el subterfugio y el absurdo.

Por eso, ninguna de las partes del famoso Tratado ha tenido eficacia hasta la fecha. Antes de firmarse la paz, los vencedores disputaban entre sí sobre la repartición del botín: los ferrocarriles, los barcos pesqueros, el Sarre, la Alta Silesia, la armada, las colonias, fortunas privadas de Alemania. Puede decirse que al discutirse la paz, todos los aliados vencedores, todavía espantados por el sufrimiento y los horrores de la guerra, estaban animados de las mejores disposiciones que los intereses destruyeron durante el curso del procedimiento. Porque no cabe duda que, hasta en los más acalorados momentos de la vida, el espíritu de justicia y derecho deja oír su voz. Si no hubiese sido por Francesco Nitti, me condenan al tonto Káiser como culpable de la guerra, como si un solo hombre, pavo y ridículo, pudiese ser único instrumento de una guerra, asunto político que Guillermo de Hohenzollern nunca comprendió por faltarle la sesera que se le extravasaba, por ejemplo, a Abraham Lincoln.

El Tratado de Versalles, firmado en esa histórica ciudad francesa, el 28 de junio de 1910, cambió fundamentalmente el sistema político, territorial, económico y social de las potencias vencidas y de los dominios coloniales de Alemania. Consecuencia de ello, al modificarse la organización política y territorial del Viejo Continente, se creó el moderno derecho público, el que ahora se proclama contra Mussolini e Italia: derecho de la fuerza sobre los que nos someten, donde las víctimas son juez y parte, cosa desconocida en el derecho penal cristiano, pero corriente en el derecho romano.

Si se quiere paz entre naciones vencedoras y vencidas, el perdón es indispensable para restaurar la consiguiente armonía. El Tratado de Versalles es un documento de venganza. Una cláusula de amnistía es lo llamado y natural en todo tratado de paz entre naciones civilizadas y cultas. ¡Cómo dolería a Grocio y Alberico Gentili este Tratado tan opuesto a sus ideas! El Tratado de Versalles omitió esta tan esencial y humana medida. El Tratado estipuló, entre otras cosas, castigar al Emperador de Alemania, a sus soldados y oficiales, apresándolos, juzgándolos y condenándolos a morir ahorcados. No puede llevarse la inquina más lejos.

¡Bonito Tratado de Paz! Ejemplo histórico lleno de veneno. Tratado desnudo de toda compasión, padre de una Liga para la paz, paz irrisoria, que descansa sobre la fuerza de los vencedores, que empuja a Mussolini a una guerra injusta para Abisinia, para el pueblo italiano y el resto del mundo.

Francesco Nitti, Presidente del Consejo de Ministros de Italia, sobre quien el Fascismo echó grandes culpas, dijo:

"El Tratado de Versalles y los tratados que lo han seguido son malos porque no nos han traído ninguna solución y, además, porque, después de haber dañado y humillado inútilmente a los vencidos, contienen para los mismos vencedores los más grandes peligros y mantienen el desorden en Europa".

Palabras proféticas que se comprueban hoy en la guerra italo-etíope y se comprobaron ayer, cuatro años después de la Gran Guerra.

Los Bertas enmudecieron. La guerra siguió en sus trece, no obstante, guerra sorda, despiadada y sin cuartel, guerra de intereses que el Japón se empeñó en traer a la superficie en 1929 con su ataque sobre Manchuria, que Benito Mussolini, poco acostumbrado a dormirse en las pajas, imita a conciencia, creyéndose escudado tras el precedente sentado por el Japón.

Pero a Mussolini le está saliendo la criada respondona. No se le ocultaba al sagaz Duce que la paz de 1919 era deleznable. En esa confianza, empujado por el desarreglo de la vida internacional europea y la crisis aguda italiana, cruzó el vado.

Mas, como el Tratado de Versalles no es lo que creen las almas cándidas, Mussolini se ha encontrado con la horma de su zapato ante el desiderátum de la Gran Bretaña de castigarlo por poner en peligro una paz que nunca ha existido en Europa.

En 1920, *à propos* del Tratado de Versalles, von Papen afirmó que este no era de paz porque no tuvo en cuenta tres condiciones esenciales y vitales:

1. No cedió algo a las exigencias del vencido.
2. No quiso ver la necesidad de paz.
3. No se ocupó de la defensa y vida del vencido.

El diario *L'Humanité* de París dijo al otro día de promulgado el Tratado que era un aborto y una solución ridícula.

Eso es todo lo que es. Una cartilla de los deseos de los firmantes de una liga de vencedores.

CLOTILDE BETANCES
New York, 1936

(*Brazo y Cerebro. Periódico de Orientación Anarquista*
[La Coruña], núm. 20. 15 de marzo de 1936, pp. 1-2.)

EL PLAN HOARE-LAVAL

Cuando me pongo a pensar detenidamente en las mil y una calamidades que el Tratado de Versalles volcó sobre los alemanes y, por proyección, sobre la humanidad, no me extraña nada la actitud de la Sociedad de Naciones hoy, 10 de diciembre de 1935, cuando la astuta y avara Francia y la sagaz y pérfida Albión, para salvar sus pellejos, dan a Mussolini, porque no es de ellos, la mayor parte de Abisinia, sin detenerse a pensar en que etíopes e italianos son enemigos y que poner al ratón en la boca del gato es una iniquidad. La Liga de Naciones surgió al unísono con el Tratado de Versalles, de todo documento histórico, el más vil e inmoral.

Formaron la Liga todos los conquistadores. Si para 1919 desmembraron a Alemania, la pusieron en un estado de inferioridad entre naciones iguales, le impusieron tributos excesivos, le mataron su economía, su vida intelectual, artística, comercial y moral, con Etiopía hoy quieren hacer lo mismo, a pesar de que a Etiopía dicen que trabajan por ella, lo que Haile Selassie pone en tela de juicio.

Bien sabido es que Mussolini no puede civilizar a los etíopes cuando no puede hacerlo con Italia. La prueba está en que tiene a la prensa italiana abozalada y en las escuelas se aprenden solamente los métodos fascistas. Esto no es exageración. Doquier la prensa, es decir, la prensa libre, está amordazada, no puede haber civilización, porque esta es capacidad [espiritual] como la llama Kropotkin. Donde la niñez de un pueblo está esclavizada al nacer, poca civilización puede haber.

Es a un hombre de tan poco calibre mental, de tan baja estatura moral a quien las Potencias regalan ese bocado de cardenal que parece ser Etiopía, cuando tanto se lo pelean. ¿Por qué Inglaterra, si tanto quiere la paz, no da al Duce algunas de sus colonias, ya que, en verdad, él está muy apretado dentro de su Península? ¿Por qué Francia no se despoja de algunas de sus posesiones en bien de una nación europea, de un pueblo digno, de un vecino?

Sencilla es la razón. Estas dos naciones no quieren ni a Italia ni a Etiopía. Se adoran a sí mismas sobre todas las cosas. Inglaterra no puede ver con buenos ojos que Italia vaya a poner obstáculos entre ella y sus colonias del lejano Oriente. A Francia se le atraganta que en una de sus fronteras viva un pueblo poderoso. Ella necesita, para poder vivir en paz, vecinos triturados por la pobreza. Una Italia deshecha, enemiga menos.

Pero es el caso que también necesita la ayuda de Italia en caso de que a Alemania le dé por cobrarse las verdes y las maduras. Y que para eso se prepara Hitler, no cabe duda. De modo que Francia, entre la espada y la pared, recurre al mal antes que al bien: al despojo de un pueblo por agradar a otro, puesto que le puede servir contra Alemania. Por esa misma razón, Laval hace que se deje caer en los brazos de Inglaterra.

Toda esta comedia o perfidia débese a que el espíritu de la Liga no ha sido nunca sincero. Obra hoy como ayer: falsamente, siempre arrimando su sardina al fuego. A Etiopía que se la lleve el diablo. Con tal que las naciones asociadas no sufran merma, lo demás es tontería. Ya lo dijo Nitti: "La decadencia de Europa se acentúa con la caída de Austria alemana, Hungría y Alemania; la prosperidad mundial está severamente amenazada y cada día la civilización da un paso atrás". Palabras proféticas pronunciadas cuatro años después de la última guerra europea, que se cumplen hoy al pie de la letra.

A título de guardiana del orden, la Sociedad de Naciones se erige en autoridad. Sus actuaciones descabelladas demuestran la ausencia de todo sentimiento moral en los que llevan el timón de la Liga.

Bueno será que esa Liga de Naciones piratas se vaya por ojo. Esa Liga de Paz se hizo la vista gorda y permitió las más flagrantes injusticias contra Alemania, cada vez que Francia se servía los mejores bocados, el carbón alemán, la materia prima alemana y hasta la propiedad intelectual alemana. Esto, naturalmente, hablaba bien alto contra la poca inteligencia de las naciones victoriosas.

No estamos con nacionalismos de ninguna especie porque son la negación de toda inteligencia, pero tampoco creemos en el derecho de la fuerza para destruir la integridad de una nación. Ya que no se ha llegado a los buenos tiempos en que las naciones son de todos y de nadie, justo es que, persiguiendo normas humanas, bien por encima de leyes internacionales, cada pueblo respete a los demás.

A los trabajadores del mundo toca hacer derrumbar de sopetón a esa farsa que se llama la Sociedad de Naciones. No hay ninguna sociedad de naciones, sino una cueva de bandidos de guante blanco. De ahí surge el engaño de su propia gente y de los demás pueblos. El gobierno francés nunca confesó al pueblo francés que iba a acabar con el pueblo alemán. De otro modo, los resultados serían distintos. Ya se ve con qué insidia funciona la Liga o, mejor dicho, Inglaterra. Para salirse con la suya en las elecciones inglesas de hace dos semanas, los planes de traicionar a Etiopía quedaron en secreto. Hoy, ya engañado y cogido en la trampa, el electorado inglés no puede deshacer el gobierno de Baldwin que llevó a la victoria paralizado por sus canciones de sirena. Enseguida se despeja la incógnita. El gobierno inglés se quita la careta y el pueblo inglés se queda haciendo cruces. Votó por la Liga para que ella traiga paz permanente al mundo y he aquí que ese instrumento es de guerra. La decepción no puede ser mayor y el fraude menos fenomenal.

Al pueblo francés se le echó tierra en los ojos, ni más ni menos que al inglés. Las acechanzas de Laval dieron en el blanco y el pueblo se dejó coger en las astas del toro.

¿Cuándo llegará el momento en que los pueblos no se dejen amarrar con longanizas?

La desgracia de Etiopía se debe a su completa inermidad en un mundo de violencia y fuerza. Es natural que el pez grande se coma al chico en esta guerra de conquista. Las naciones europeas quieren a Benito Mussolini por lo que les conviene. No desean la guerra porque todas están pasando por la depresión económica. Inglaterra fue reina de los mares una vez, hoy lo es solo en teoría. Sin Italia, Inglaterra no tiene vía franca por el Mediterráneo. Su flota no es lo que fue, Inglaterra se defiende a hacha y machete, con uñas y dientes, a más y mejor. Francia hace ídem, por consiguiente. Por eso, se agarran hasta de un clavo caliente. Como después de ellas dos Rusia es pez de la misma camada, quedan los Estados Unidos, única nación que ve claramente los designios de la Liga. No los aplaude, pero no los condena. De modo que el mundo todo se halla metido dentro del puño de la Liga.

He aquí que, cuando la culpa toda cae sobre Albión, Francia se escurre como la anguila y queda bien con todos. Probado está que las dos naciones culpables de la Gran Guerra fueron Francia y Rusia. Pocos son los que conocen este asunto y siguen creyendo que fue Alemania la que hizo de Europa un campo de Agramante. Únicamente los estudiosos están al tanto de la perfidia de Francia contra Alemania después de la guerra.

Por lo que antecede, queda patente que la Liga no conseguirá la paz jamás porque ella no sabe de paz. Si no, los acontecimientos que lo digan. La Liga es de Francia e Inglaterra, dos naciones imperialistas.

Cuando Haile Selassie puso a Etiopía bajo la protección de la Liga, hizo presidente del pueblo de los ratones al gato.

El plan Hoare-Laval es prueba convincente de lo ya dicho. Por fortuna, gracias al miedo inglés de perder lo más por lo menos y de Francia a que Hitler se le tire encima, se conjuró el peligro de la desintegración abisinia y el plan famoso rodó por el suelo, con la reputación del gobierno de Stanley Baldwin entre las garras, la inminente caída de Laval y el desplazamiento de Hoare.

(*Brazo y Cerebro. Periódico de Orientación Anarquista* [La Coruña], núm. 21. 1 de abril de 1936, p. 4.)

ITALIA, LA GUERRA Y LA MUJER

Los cañones se aprestan a bramar y a barrer la vida de la faz de la tierra. Los ejércitos de Italia y Etiopía se preparan para la masacre.

Porque a un desorbitado y loco, antes bufón y cómico, se le ha puesto entre ceja y ceja imitar a los Césares romanos, el mundo se estremece de pavor, porque Belona, con su cara de jaspe y sus brazos guerreros, atiza la discordia entre pueblos.

No cabe duda que Haile Selassie y su pueblo son víctimas propiciatorias de Mussolini, único mandatario europeo que hizo tratado de amistad con el emperador de ébano.

Si la Liga de Naciones nada puede hacer es porque todas ellas están cortadas por la misma tijera.

Ni Inglaterra ni Francia tienen las manos limpias o la conciencia tranquila. Estados Unidos no pudieron detener al Japón contra la Manchuria, por igual razón.

Entonces . . . ¿Quién puede maniatar a ese beodo de gloria y ponerle la camisa de fuerza?

Es aquella cuyos pedazos del alma van a pelear guerras sin objeto ni razón. Es aquella que desgarra sus entrañas en el dolor de parir, que dedica la vida a sus hombres, la que puede decir a ese mísero demente:

—¡Depón tu actitud maquiavélica! Donde están la madre, la hermana, la esposa, la novia, los hombres no se matarán a tu antojo, tizón de Luzbel. Si para detener el fatídico *juggernaut* se necesita carne, nosotros daremos el cuerpo que formó vidas para que sigan existiendo los seres que gestamos.

"Porque llevas a la carnicería a los hijos de las madres, eres Orestes maldito, asesino de tu propia madre".

"¡Paz, paz, hombre siniestro! Las mujeres te ordenamos que ceses en tu empeño, vil soldado, aventurero y Judas, porque somos el amor redivivo y la paz hecha carne".

"¡Paz, paz, paz!".

Mujeres del mundo, dad un grito de horror y de protesta. Parad en seco la matanza universal que se avecina. ¡Zus!

(*Brazo y Cerebro. Periódico de Orientación Anarquista* [La Coruña], núm. 23. 1 de mayo de 1936, p. 2.)

NO ENTIERRAN CADÁVERES; ENTIERRAN SIMIENTE

¿La fórmula de un nuevo mundo? Buscadla en la simiente. Simientes son los cadáveres de españoles que, en una guerra de rapacidad nunca vista, dan a España sus vidas hasta más allá de la tumba, cumpliendo así un mandato biológico y una ley natural: devolver a natura sin deterioro lo que esta le prestara, su vida, su cuerpo, sus gases, sus carbonos, sus sales, sus tejidos. ¿La fórmula de un nuevo mundo? Ya lo dice Fernando Llovera (Homitio) en su obra *La Columna Uribarri*: "La sangre del pueblo que es semilla sobre la tierra de España".

El título de este estudio me lo ha dado Castelao en sus estampas llamadas *Galicia mártir*. La estampa se llama: "No entierran cadáveres; entierran simiente".

Sugestiva en verdad es la estampa. Cerca al observador un campesino de cara compungida, con zapatos gruesos de trabajador, camiseta que deja su cuello robusto al desnudo, sujeta por los brazos al hombre herido que va a enterrar y cuyas piernas inermes se arrastran. El muerto tiene heridas en la cabeza, en el cuello (heridas las más peligrosas), en el lado derecho e izquierdo, en cuyo lado el pantalón está empapado del líquido vital. Detrás y a la derecha, dos hombres, campesinos píos, cargan a otro herido en el pecho. Uno recoge sus piernas, otro los brazos de modo tal que va medio sentado. A lo lejos el camposanto con sus cruces . . . cruces que de todo tienen, menos de paz, amor y caridad.

La estampa de Castelao no es lirismo pictórico, sino verdad científica y revolucionaria. Con cada cadáver sepultado se abona la tierra española. Cada cadáver es una semilla que a su tiempo dará frutos, óptimos frutos de libertad. ¿Por qué, si los muertos, muertos están? ¡Ah! Esos seres inanimados pelearon por una idea, por ella dieron sus vidas. Y la idea nunca muere. Si no, que lo diga nuestro bien amado sabio, Alfonso L. Herrera, o nuestro más admirado pensador, Fr. Niccolai.

La gesta española es pugna entre la razón y la opresión. Esos cadáveres son los dientes que Cadmo sembrara y de los que surgieron ejércitos que se mataron unos a otros, quedando solo cinco, los cinco que, con Cadmo, fundaron a Tebas.

No todas las semillas son buenas, ni todas fructifican. La gran matriz de la tierra las seleccionará y brotarán cinco y de esas cinco, cinco mil hasta el infinito, para hacer de la Vieja España, la Nueva España.

Simiente son los que mueren porque la idea creatriz vivía en ellos y esta es imperecedera.

Cuando los tigres internacionales acosan a España, sus hijos y sus amigos revolucionarios allende los mares y las fronteras también han dado sus vidas en holocausto. Han sembrado también para el futuro glorioso.

España dará un ejemplo al mundo, sí, un ejemplo de sacrificio fructificador. Esa España madre, historia, no será bocado para las fauces hambrientas de Mussolini y de Hitler, cómplices con la alta finanza, los altos intereses creados, las altas clases, el detritus antianárquico y antisocial, compuesto de mujeres haraganas, sostenidas por amantes adinerados; de mujeres histéricas, neuróticas y religiosas; de hombres temerosos de la vida; de soldadotes como Franco, Mola, Queipo de Llano; de ricachos hipersexuados como Juan March; de políticos castrados como don Niceto; de curas regordetes y bestiales; de una clase media vendida a la alta clase que desprecia a la baja de donde surge; y de un estrato o submasa que sale de sus sótanos al toque mágico de río revuelto para medrar por medio del pequeño robo, de la mutilación de cadáveres y del estupro.

La España de los que amaron su oro sobre todas las cosas ha muerto. El pueblo acumulador de ese oro perece en las trincheras. Los bandidos internacionales no tendrán más españoles para llenarles las armas. Habrá españoles, sí, semilla.

Mientras tanto, la democracia es espejismo, ilusión, engaño. La revolución española es un dolor, una tragedia infinita, pero todo dolor tiene su fin y toda tragedia, su catarsis. Todos se coaligan contra ella porque van ciegos. Carecen del lazarillo que se llama Luz. En su ceguera arrastran al culpable y al inocente. ¡Es infinitamente triste! ¡Pobres naciones democráticas sin luz y sin ojos, como aquel infeliz Edipo! ¡España será su Antígona!

España es la simiente.

(*Al Margen. Publicación quincenal anarquista individualista* [Barcelona, España], año I, núm. 3. Segunda quincena de noviembre de 1937, p. 2.)

EL DERECHO DIVINO DE LOS BLANCOS

Grande fue Ramón Emeterio Betances como patriota, ilustre como médico, soberbio como pensador, egregio como revolucionario, pero enhiesto como abolicionista.

Rico en dones, es para nosotros su obra abolicionista la que le da más timbre y mayor gloria, pues se situó de un salto dentro de la moralidad absoluta, recorriendo el largo camino de la patria chica a la humanidad. Entre los Grocios, los Lesseps, los Hostos, los Alberdis, los Asís, los Brunos, los Ruiz Belvis, está Ramón Emeterio Betances porque, si a su patria mucho amó, a la humanidad se dio entero. Su obra social, de la que apenas se habla, es su mayor laurel. Nosotros vamos a ocuparnos de esta fase de su vida, para ponerla en el sitio que le corresponde: el más alto.

El mundo es de los blancos. Derecho divino parecen tener a él. El cáncer de la codicia se los recome. Olvídense del consejo bíblico que pide tesoros en el cielo, y, a guisa de llevar las bendiciones de la raza blanca, propagan entre los saludables negros la sífilis y el prejuicio racial.

A Puerto Rico trajeron los conquistadores la mancha que no limpia: el baldón de la esclavitud del hombre por el hombre. Del África inerme trajo el español al negro, a las playas pacíficas de Haití, a las de blancas arenas de Cuba, a la isla de follaje y verdura que era Borinquen. La matriz de la madre negra no peca de honra y parió... carne de esclavitud. Las minas desiertas y las tierras sin sembrar de los blancos eran innúmeras. En África, la materia prima humana era baratísima. En el extranjero, este material obtenía precios exagerados. Mansiones inglesas de lores tienen como base el tráfico de esclavos. En Massachusetts se amasaron regias fortunas con la carne negra. En Puerto Rico, ídem, por consiguiente. El negocio de carne esclava traía tan pingües beneficios que defender la esclavitud era lo llamado. Un hombre como Betances era un alocado, un visionario, un peligroso agitador anarquista. Por eso fueron numerosos los atentados a su vida, pues si él lograba salirse con su idea de manumisión, muchos esclavistas perderían los más por lo menos. Antes de que esto sucediese, las naciones traficantes de esclavos trataron de hallar excusas y justificación a su ignominioso negocio: proclamado ante el mundo que el blanco había salvado al negro, trasladándolo de la esclavitud africana a la americana, pues es mayor gloria para un negro ser esclavo de un blanco que de un negro. A toda esta pamplinaria apología, de una conducta social altamente inmoral, se añadió el derecho divino del blanco sobre el negro, ya que Dios decretó que el blanco llevara el agua del Jordán para emblanquecer el alma negra del negro pagano. Además, la vida selvática del negro dejaba poco que desear. Se hacía menester trasplantarlo a Virginia, al Brasil, a Cuba, a Haití, a Puerto Rico, ya que el tráfico negrero era el movimiento más humanitario que las edades vieron. Los negreros laboraban para *maiorem gloriam Dei* y su galardón recibirían en el cielo, además de las ganancias materiales que, por cierto, eran puro accidente e incidente. Ni para qué hay que contar entre los más fervientes servidores de Dios a aquella reina siniestra que se llamó Isabel de Inglaterra, a Sir John Hawkins, a Sir Francis Drake, etc., etc. Los españoles, rivales de los ingleses, eran grandes negreros, pero Inglaterra tenía señorío en los mares y España se vio muchas veces asaltada, su botín negro robado por la reina de Inglaterra y sus sagaces corsarios. No cabe duda que entre las naciones, como en la naturaleza, hay federalismo, cooperación y justicia poética.

África, sin defensa ni fuerza, trajo al tráfico negrero tres clases de beneficios: los armeros construían y fletaban barcos con el premeditado fin de llenarlos de negros que en América se cambiaban por especias: ron y otras cosas que, a su vez, se vendían en Europa. De este modo, la avaricia blanca se beneficiaba triplemente con cada viaje. Como es de suponer, el deseo de aumentar su oro se hacía insaciable. Para eso estaba el cofre sin fondo africano, que daba tesoros a granel. Aumentó en proporción el negocio y las ganancias fueron fabulosas. El pobre negro que caía en las redes blancas no escapaba. Un hierro candente le marcaba en el pecho la sociedad o individuo a quien pertenecía. Añádase a la esclavitud toda clase de contumelia y se tendrá un verdadero retrato de la situación. Increíble parece la brutalidad con que se trataba a estos desventurados seres durante la larga y penosa travesía. Los oficiales de a bordo saciaban sus apetitos sexuales en las hembras negras con su consentimiento o sin él. La enfermedad y la muerte rodeaban a estos barcos negros. Hombres y mujeres en asquerosa promiscuidad, como sardinas en lata, llenaban un barco. Todos desnudos, para evitar la infección que pudiera traer la ropa sucia, carecían de espacio para acomodarse, para acostarse y menos para permanecer de pie. Sin servicio sanitario y casi sin aire vivían estos desgraciados, pues solo asomaban a cubierta en días bonancibles porque, cuando el látigo del viento azotaba las espaldas del mar y el cielo fruncía enojado su entrecejo de Jove iracundo, los negros se quedaban entre sus excrementos, su aire viciado, su oscuridad, su poco pan y su agua escasa. Si alguna vez se incendió el barco que los portaba, la tripulación se salvaba, dejando a los infelices negros a que se achicharraran, ya que maniatados y encadenados no podían valerse.

Entre las enfermedades que hacían su agosto en los negros de a bordo estaban la viruela, la oftalmia y la disentería. Tan pronto se notaba la viruela en un pobre negro, iba a tener al mar. A veces, negros, tripulación y pasajeros blancos quedaban todos ciegos, todos trágicos. Edipos, sin su lazarillo Antígona, el barco de promesa, el barco de futuros beneficios, un melancólico derelicto de los mares. Si la disentería se cebaba en los negros, con echárselos a los tiburones el asunto quedaba concluido. ¿Que se rebelaban los negros? ¡Con qué furia y saña cruel se les aplastaba! Si lograban llegar a nuestra amena civilización, era para maldecir el día en que habían nacido.

A nombre de la humanidad, ¡qué sarcasmo!, y de la religión, digamos de los dividendos, para evitar eufemismos, se traficó con una raza por espacio de cuatro siglos.

Ramón Emeterio Betances, hombre de corazón, de razón, de visión, al tanto de lo que antecede, echó su cuarto a espaldas a favor de la raza postergada y despreciada. Puerto Rico era colonia donde un país malgastado, fanático y religioso conocía el disfrute de sus colonias, no por derecho jurídico, no teniéndose a la fuerza por tal, sino por una serie de absurdas, trágicas epopeyas que se iniciaron con la caza del primer esclavo. El blanco no posee el derecho natural de esclavizar a su prójimo: es una ley de hombres la que le confiere el permiso de explotación de un grupo social por otro. Tampoco existe el derecho de incautación de un Estado por otro. Hialinamente vio Betances todo esto. Por eso, su obra patria tenía consecuencialmente que cubrir dos problemas: la redención de la patria y la manumisión del esclavo porque, de otro modo, la misma quedaría incompleta e inacabada. Y otro Espartaco dio su vida por lograr un imposible.

La esclavitud es el hecho social más odioso que registran los anales de la humanidad. Aquellas almas descomunales que fueron Ramón Emeterio Betances, Segundo Ruiz Belvís, Harriet Beecher Stowe, Eugenio María de Hostos y Abraham Lincoln vieron en esa lacra social un peligro para toda la humanidad, pues no hay hombres libres donde exista un esclavo. Para acabar con tanto oprobio y vergüenza, sus vidas ofrecieron en holocausto a una causa, la más noble de toda la historia social. Estos hombres y mujeres luz diéronse cuenta que en la sociedad todos dan y nadie quita; pues ella depende de sus elementos, sean símiles o disímiles. Les constaba que la comunidad era común a todos, negros y blancos, y que la base de su cohesión estribaba en la localidad o área de acción. Para llenar su cometido en la sociedad, el hombre busca asociarse con otros hombres. Si la comunidad se rige por los preceptos de un código moral, este aclara suficientemente el sentido del bien y del mal. La religión prescribe reglas de conducta que no están reñidas con la moral integral. Pero si la religión invoca sanciones supersociales, la moral es puramente humana, y ella prescribe que en el ideal todos los hombres son iguales, con derecho a la vida buena, a la dicha y a la mesa nutricia.

Puerto Rico tenía que solucionar dos problemas ayer, como hoy. Primero, quebrar su vasallaje, y segundo, triturar el vasallaje negro. A Betances no se le escapaba este doble problema y con ambos se enfrentó. Si el hecho de la división del mundo por la raza blanca en colonias y estados era innegable, no menos cierto era la división entre oprimidos negros y opresores blancos. Se imponía en Puerto Rico el arrancar a la patria de sus remaches coloniales y al negro esclavo, de las garras afiladas del blanco atropellador. Para Betances, en el hacer estudio detenido de los hechos, no cabía vacilación. Vio la creación artificial de las razas, contempló la farsa de la mal llamada civilización europea, basada en la opresión, comprobó la inmoralidad de una moral de aniquilamiento de pueblos enteros, calibró el egoísmo del blanco y preparó sus corotos. Era ominoso el momento. Las cadenas del esclavo, de tan tensas, chirriaban. El látigo del blanco comenzaba a detenerse en el aire antes de pegar. El esclavo tenía amigos. El derecho divino de los blancos era una criba. La fuerza bruta se derretía de espanto ante el formidable avance de la moral indignada. El blanco colonial aullaba de rabia y despecho. Sus vehemencias por la expansión territorial se desmayaban como dama cuyo corsé está muy ceñido. Su codicia, intensificada por la abstención hipócrita, subía de grado y su lucro, ¡lástima grande!, temblaba de miedo.

África y América son dos veneros: el uno, de puro azabache humano; el otro, de frutos, metales preciosos y pródiga naturaleza. Tierra americana y hombres de ébano se complementan en la mente codiciosa del representante de la mal llamada cultura europea.

Es la hora de Betances y Ruiz Belvís. El movimiento social que les bulle en el cerebro es ingente. Su voz estentórea levanta multitudes y antagoniza ánimos. "Por toda la humanidad civilizada corría un viento de usura", dijo Guillermo Cabanellas, pero se equivocaba al decir "toda" pues en Puerto Rico un puñado de almas buenas y generosas no se lucraban del lucro general, sino que en particular jugaban su haber a la carta de Dios, ya que el mercader de esclavos la jugaba al diablo.

Como es de suponerse, Betances, el abolicionista, atacaba a la costumbre, establecida y sancionada por la fuerza, de cazar y exportar manadas de negros para el trabajo pesado de las colonias. Era esencialmente necesario que para la efectiva operación de resistencia a la fuerza esclavizante, Betances opusiera otra fuerza resistente de igual o mayor calibre. Había que destruir ciertos códigos que, si sirven de patrón, no son perfectos ideales de conducta, y crear una moralidad de hombres libres. Su código individual de moral excedió a los códigos sociales por su vitalidad, enjundia y detalle. Poco a poco, el código individual de liberación se transformó en una disciplina social de liberación. Así, la idea de Betances y Ruiz Belvís ganó adeptos. Su fuerza, no material como la del esclavista sino moral, dejó de ser fuerza para trocarse en prestigio, para oponer a la violencia de la fuerza los procedimientos de la moral, o sea, el derecho. Así, Betances traía para la isla de Puerto Rico la manumisión de sus esclavos y la separación de España, una sociedad progresista, muy por encima de la fuerza bruta. Llegando al derecho, la justicia social tenía que venir por sus pasitos.

En una comunidad, como en un cuerpo individual, llagas superficiales son indicio de enfermedad interior. No puede haber placidez social ni puede haber reposo cuando parte del grupo social está "cargado y trabajado". Si nobleza obliga y si verdaderamente el color confiere alguna chispa de divinidad al blanco, es para eliminar el mal social, pues si parte del conjunto social está enferma, todo el conjunto ha de contagiarse tarde o temprano. En el caso de Betances, contrario al caso de los traficantes de ébano humano, la humanidad excedía a la religión. H. G. Wells proclama a Abraham Lincoln uno entre los seis hombres más grandes de la historia humana. Betances, Ruiz Belvís y Hostos deben incluirse en esa lista, y serán nueve los nombres gloriosos. El odio de Betances hacia la esclavitud no surgió de los acontecimientos, sino de su propio ser. Era tan intensamente moral, tan intuitivamente ético, que no podía soportar la tremenda mancha que para él y la humanidad significaba la esclavitud. Y como se ha dicho de Lincoln puede repetirse de Betances: "Los demás sabían en parte, en parte comprendían y en parte amaban, pero él lo comprendía todo. Su generación pensó en quebrados, él en números enteros". Como sabio, como estadista y como santo, Betances dio a la sociedad puertorriqueña y de rechazo a la humanidad el regalo social y moral más cumplido.

A Betances no hostigaron los escrúpulos personales de un Hamlet, ni los sociales de una Antígona, porque su código, aunque en conflicto con la moralidad reinante, era el justo. Él concebía a la sociedad como una unidad, como una nación, como área cultural, con promesa de mayor civilización, siempre que un grupo postergado pudiera levantarse de la genuflexión social.

Todo individuo, después de la infancia, alberga un acervo de sentimientos hacia seres humanos y hacia cosas, sentimientos ora adquiridos o bien innatos. Como soberbio médico, Ramón Emeterio Betances no ignoraba la sugestión y su poderío tanto en el individuo como en el grupo, puesto que ella actúa en la índole receptiva e imitativa del hombre. Si al niño no se enseñara a tener al negro por inferior, jamás lo tendría por tal. Pero si los adultos comienzan su obra destructora de lo social, en el niño obra en seguida el prejuicio del color. Del mismo modo y por idéntica causa obra en el individuo y en la masa la sugestión contraria, es decir, el negro no es inferior, todos somos blancos bajo la piel, es la conducta que observamos la que nos hace blancos o negros, etc., etc. Así pues, sembró Betances la semilla que prendió y dio frutos en una manumisión de negros, comunicando su sentir de enhiesta actitud social al grupo social, proceso social que se llama emotivación social y luego el proceso educativo con respecto a las causas de diferencias raciales, tratando de echar por la borda el prejuicio, que muchos prefieren al verdadero conocimiento. Ramón Emeterio Betances se presenta ante el mundo de hoy, no solo como abolicionista de finas aguas, sino como logrado y cumplido sociólogo, pues estudió los procesos sociales, es decir, el modo de conducirse, de trabajar y funcionar del negro y diose cuenta de que su cooperación, democratización y educación eran estrictamente necesarias para que el grupo social llamado blanco pudiese avanzar hasta su máximo, ya que la esclavitud de una parte del grupo social significaba tremenda impedimenta. Él consideró y pesó en las balanzas de su mente aquellas cosas que la vida tiene preciosas y por las que vale la pena luchar: la vida, la dicha y la libertad.

Contraria al derecho natural del hombre era su esclavitud. Abuso del poder era el privilegio del amo sobre esclavos. El ansia de libertad es inmanente. Un pájaro muere en la cautividad. El negro era libre como el viento en sus patrios lares. Dicen los apologistas de esta institución que se confundió la misma con sus abusos, pero jamás pueden confundirse la justicia y la injusticia, la moral y la inmoralidad. Quéjanse los apologistas de que se toleraba entre los negros la concurrencia ilícita. ¿Y cómo no? En algunos países no se les concedía permiso para casarse. Y porque se les permitía adorar a sus propios dioses, se ponía el grito en el cielo, llamándoles idólatras. ¿No eran idólatras esos mismos hombres que defendían el mal social de la esclavitud? ¿No corren tras el oro todas las naciones civilizadas de entonces a esta parte? ¿Y el culto a los reyes y a los privilegiados de la fortuna, de la mente y del privilegio? Se acusa a los esclavos de codicia. ¿De quién aprendieron? Añádese que el esclavo negro es susceptible a la tuberculosis y a la sífilis. En su tierra no conocía esta plaga de blancos quienes, al comerciar sexualmente con las negras, las contagiaron y, al no nutrir adecuadamente a sus rebaños negros, al no proporcionarles abrigo higiénico, al hacerles trabajar excesivamente, los condenó a la tisis.

No pudo Betances, en su descomunal ubicuidad, dejar de notar que la humanidad jamás podría llegar hasta la dicha, la virtud y la libertad de que es capaz hasta no poner en práctica esta verdad: "Dios ha hecho de una sola sangre a todas las naciones de hombres para que vivan sobre la faz de la tierra". También puso en vigor Betances esa gran virtud social: la del amor universal, contra la fuerza, porque cada eslabón de la cadena humana es de igual necesidad al todo.

Inútil es decir que el esclavo fue manumitido, pero jamás liberado. El esclavo es hoy tan esclavo como ayer, la única diferencia estriba en que el esclavo no es únicamente negro, sino blanco, amarillo y rojo. Pero esto ya es harina de otro costal y merece estudio aparte.

Sin embargo, la obra de Betances y Ruiz Belvís no deja de tener grandeza e incalculables resultados, aun habiendo quedado inacabada. Pioneros ellos en el afán de liberación del hombre, su obra, sea su curva ascendente o descendente, está en pie, acogida por otros cerebros y empujada hacia adelante por otras manos. Mientras tanto, decimos con fervor: ¡Betances, *gaudeamus*!

Clotilde BETANCES JAEGER
New York, 1939

(*Puerto Rico Ilustrado* [San Juan, Puerto Rico], 30 de septiembre de 1939, pp. 4, 60-61.)

CUANDO ISRAEL ERA MUCHACHO

Por Clotilde Betances Jaeger
La jíbara borinqueña

II

No nos referimos aquí al judío que se ha extraviado por los caminos azarosos de la vida y de su Dios y la conducta que sus padres trataron de enseñarle ha olvidado.

Pero, a pesar de sus errores, Israel persigue y pone en práctica las palabras del Salmista en su descomunal Salmo de Obediencia a la ley del Altísimo, el 119: "*Cogitavi vias meas, et converti pedes meos in testimonia tua*". A propósito va esto en latín, para llevar a mi lector al versículo 59 de este Salmo 119 que se encuentra en el libro de aguas vivas, las Sagradas Escrituras.

Es el Decálogo o los Diez Mandamientos el corazón de la ley de Dios. En él se formuló por la voz de poderío y autenticismo de nuestro Señor la religión de rectitud y orden moral que Israel ha tratado de obedecer a pesar de los pesares, desde Moisés y David hasta los grandes profetas del siglo octavo, desde ahí hasta la Cautividad y la Restauración, más luego hasta Antíoco y la invasión de la cultura griega, los Macabeos y Daniel, hasta la conquista por Roma, hasta Juan el Bautista y Jesús el Cristo.

Rodeado Israel de pueblos idólatras, pérfidos y fornicadores, supersticiosos y dados a la hechicería y la necromancia, en dicha o dolor, en prosperidad o pobreza, acosado por las solicitudes de otras naciones que le pedían adorase a sus dioses y obrase así contra su Dios Fuerte y Poderoso, siguió en su misión de sembrar la rectitud eterna.

Sin Israel, el bien, la cultura moral y la rectitud se hubiesen perdido porque todas las naciones que rodeábanlo, de rectitud no sabían ni la a. Cierto que los persas odiaban la mentira, veneraban a la vejez, la niñez y la mujer, pero de sus dioses de madera, de oro y de plata no intuyeron esto sino del Gran Dios de Israel. Porque nada bueno tenemos que por Él no nos haya sido dado.

No es la rectitud lo único bueno de Israel, pero es lo más importante a nuestros ojos y por eso hacemos hincapié en esa virtud descomunal israelita.

A nuestras bendiciones más sinceras tiene [. . .]. Maltratar a un hebreo es maltratar a Dios mismo, así como lo es también hacerle mal a cualesquiera prójimos.

Comencemos hoy, en la Semana de Confraternidad, la era de amor en que Pablo inició a los Gentiles, a nosotros, todos los que no somos del Pueblo Escogido, porque también nos escogió Dios en segundo término.

Dice David en Crónicas 17:21: ¿Y qué gente hay en la tierra como tu pueblo, Israel?

Ninguna, decimos, ninguna. Ningún pueblo ha tomado El Decálogo tan en serio, ni le ha dado la fuerza que Israel al Séptimo Mandamiento, añadiéndole mayor vigor en Proverbios, coronándolo con el Sermón de la Montaña, la ayuda que nos aconseja Cristo para cumplir con la ley de que, por fe en la sangre derramada de Jesucristo, seamos imperecederos. Para terminar, decimos que a Israel le fue dada por intuición o intercesión divina el secreto de Jesús: la rectitud.

No todo judío es recto, no todo cristiano. Por eso debemos "sobrellevar unos las cargas de los otros, ya que no somos como quiso Cristo, perfectos como el Padre que está en los cielos".

Es el amor la fuente de todo bien. El amor mata al odio. Acaba el amor con las guerras porque al amor a nuestros enemigos los matamos. Son las preces de cristianos y judíos las que están desmoronando a Hitler, no el odio de los gobiernos.

¡Gracias a Dios por Israel! ¡Llévalo pronto Santísimo Hacedor a la Palestina para que cese su enorme vía crucis! ¡Perdónale sus errores, Dios Eterno en quien creyeron Noé, Abraham, Job, José, Lot, Moisés, Sara, Miriam, y allega a las Diez Tribus perdidas a la tierra que les diste y que por sus pecados perdieron! Ellos todos no te han olvidado, Padre Amado y Respetado, puesto que a nosotros, los gentiles para quien mandaste a Jesús y luego a Pablo, han llegado tus preceptos morales y el deseo que Te anima de que seamos rectos.

¡Que en la Semana de Confraternidad, Señor, la semilla de hermandad por Israel sembrada, por Jesús fertilizada y por Pablo regada, eche flores y dé frutos!

(*Nueva York al Día* [Nueva York], año IX, núm. 9.
24 de marzo de 1945, p. 2. En "Aguas profundas")

NO ALZARÁ ESPADA GENTE CONTRA GENTE

Oasis en medio del fragor de la batalla son las Declaraciones de Dumbarton Oaks, El Pacto de Chapultepec y la Conferencia de San Francisco comenzada el 25 de abril del año en curso.

Que nada nuevo hay bajo el sol, nunca tan claro se ha visto. Estadísticas, militares y hombres de pensamiento se reunieron con el fin de confeccionarle a la paz el esqueleto que el tiempo y la experiencia llenarán de sangre y carne, porque imposible es a todas luces concertar la paz en medio de la guerra, cuando tantas nacionalidades tiran y halan, tiñen y destiñen, unas porque sí y otras porque no.

Entre las proposiciones de Dumbarton Oaks hay una que no es original de ningún hombre del presente, sino de Simón Bolívar quien, tras cavilación honda, llega en el 1810 a su famoso *uti possidetis*, por el que a "la mayoría de las naciones recién emancipadas asegura el respeto de su integridad territorial, conservando en derecho las mismas fronteras que dividían a las entidades coloniales", dice Alberto Ostria Gutiérrez. La adopción del *uti possidetis* equivale a condenar implícitamente la conquista de una nación por otra. Es a esta visión clara de Bolívar que la madre sudamericana debe su escaso conocimiento de los azares de la guerra.

Es Bolívar tan ubicuo que se anticipa en julio 15, 1826, en casi un siglo y cuarto, a la Cláusula Número 10 del Pacto de la Sociedad de las Naciones. Como observó Lapradelle, ello "significa la extensión al mundo entero de las doctrinas de Bolívar".

El afán bolivariano de unidad americana e integridad territorial quedó frustrado, pero no olvidado en la vasta mente del noble Emancipador. Parece que mano descomunal aplasta estos vehementes deseos, aquel Grito de Lares, otro ejemplo por la no preparación de los pueblos. Una sola luz poco puede brillar entre densas tinieblas, pero el tiempo, el gran elucidador y educador, se encarga de poner en vigor lo que era bueno y siguió siendo bueno.

Llora y aléjase la piedad cuando se acerca la guerra. Recibe la tierra de Dios heridas en el mismo corazón. Destrúyese con los árboles la belleza. Al canto de las aves tuércesele el pescuezo. Inédito permanece el aroma de la flor. Asómase la semilla dividida en dos hojitas de verde […], y el cañón la hace su presa. Destruye la guerra a las alimañas y a los animales útiles. Al hombre destroza con bombas inicuas. A la esposa deja viuda, a la madre sin prole, a la amante sin novio, a la hija sin padre, a una deja sin sustento material, a otra sin égida moral y a todas sin hombres.

Aunque Bolívar a la mujer no nombrara en estos procesos ciclópeo-político-sociológicos de su mente fabricadora del milagro, bien puede vanagloriarse de que para ella construyó ese Abraham sudamericano que, como aquel visionario bíblico, soñó en un mundo más allá de los años, mundo que la Conferencia de San Francisco entrevé no del todo, porque para llevar la lámpara radiosa del amor a las multitudes que son hombres y mujeres, hay que ser hombre y mujer sacrificiales. Hasta la camisa sacrificó aquella solitaria figura que, como dice Edgardo Ubaldo Genta en *La epopeya de Bolívar*, fue "la cumbre más sublime que dio a los siglos la grandeza humana". Y Genta es el cantor de todo lo descomunal, de la grandeza personificada en Bolívar. Fáltale al gran amigo Genta la Epopeya de Jesús, hijo de Dios, para completarse y llegar por la escala de la materia, en místico ascenso, hasta el cielo. Reconócese el mismo Bolívar antorcha colosal y, falto de la humildad de Cristo, exclama al escanciar la copa:

—¡Brindo por los dos hombres de más luz
de América del Sur:
San Martín y Bolívar, yo!

Pero, ciertamente, luz de sol era el hombre, pues a América y a la mujer americana ha evitado los dolores de la guerra, el desmoronamiento de las esperanzas, la destrucción de la casa y del hogar, la retrogradación de la cultura y de la economía. ¡Mujer americana, cuánto a Bolívar debes y cuán poco reconoces esa deuda que te ha permitido amamantar a los hijos a tus senos próvidos en paz, acariciar tus sueños de amor sin temor a las bombas de los barcos aéreos, vivir la vida a tus anchas, vida pobre u opulenta, pero vida!

Bolívar amó a la mujer como hijo, como esposo y como amante en escala real, modo *sui generis*. Amaba él la lucha al amor, no amor restringido de hombre a mujer, sino amor a la humanidad. Aparece su amor a doña Manuelita Sáenz a *prima facie*, como otro episodio prócer de hombre conquistador en todas las lides. De este modo condona Genta en versos excelsos a Bolívar:

¿Si voy encadenado por los mil rayos que infundo
no me perdonarías un egoísmo?
Quien ha robado la Libertad para salvar un mundo
roba el amor para salvarse él mismo.

De "cara a las estrellas" Bolívar cayó, en nuestra opinión, hasta el suelo de Manuelita, su enorme debilidad de hombre. Ninguna mujer de corazón cristiano puede admirar este hecho y perdonarlo, solo a la luz de las palabras del Manso Galileo: —"¡Perdónalo, Padre, porque no supo lo que hizo!". Las manchas de los grandes hombres y mujeres tómanse como proezas y como a tales se ensalzan. Pero esa página negra de Bolívar es suficiente para que Dios no lo tuviera entre sus hijos predilectos. Vislúmbrase ahí un sesgo siniestro del corazón humano y, como Lucifer, bello ángel, ambos fueron derrotados por las humanas pasiones. Manuelita y Simón cayeron ante Dios y una posteridad cristiana.

Pecó Bolívar contra los hombres y contra Dios. Fue tal vez por eso, para que se lavara en el Jordán de la dicha de América y por proyección de la mujer americana, que Dios le colocó en los sesos la doctrina del no reconocimiento de la conquista y el Pacto de la Sociedad de las Naciones que, como dice Telmo Manacorda en *Simón Bolívar*, "no ha sido sino la extensión al mundo entero de las doctrinas del Libertador… Predicó el ideal, la unión, la paz, la democracia, el evangelio de los pueblos. Soñó con el triunfo del bien sobre la tierra y amó con pasión la límpida gloria de la libertad", para que la mujer americana, insultada en Manuela, fuese protegida en su prole de ayer, de hoy y de mañana, puesto que en San Francisco tratóse de llevar a la práctica la "doctrina de América", que será doctrina del mundo, haciendo brillar con oros puros la ley, la universalidad del que cien veces gritó: "¡Una es América!", parte integrante del mundo que creara Dios.

Gente contra gente no alzará espada.

Nueva York, Julio de 1945

(*Unión. Revista Bolivariana* [Nueva York].
Julio de 1945, pp. 18-19.)

IV
"Dudar siempre, hasta hallar la verdad que nos hará libres"
Educación, ciencia y sociedad en tiempos modernos

CARTA ABIERTA PARA RENÉ MÉNDEZ CAPOTE DE SOLÍS

En la edición de *Carteles* del 18 de enero, leo su cuento "Asesino". Tanto me ha llamado la atención, que recojo el guante que lanza al señor Roig de Leuchsenring, aunque mi pluma imperita no es tan autorizada en esta materia como la del celebrado sociólogo cubano.

Es el caso que el hijo heterogéneo, si así puede llamarse al vástago de la unión sexual del hominicaco del tenducho de la esquina y la Maritornes, criado al azar, extrayendo el conocimiento de la vida fortuitamente, se encuentra, a la edad de catorce años, llevando el sanbenito infamante de asesino, lo que ha costado la razón de la madre.

No voy a repetir el manoseado *slogan* del propagandista, "educación". En este caso hay que olvidarse del rencor, de la malicia, de las locuras del hombre y avizorar con calma y claridad. Este problema es de economía social.

Es palmario que una cocinera, en un país latino, es una esclava por su posición en la esfera social, por la dependencia económica y por ignorancia. Lo único que una madre en situación tal puede y sabe dar es amor.

No entra en este artículo la discusión de posición en la sociedad ni tampoco la insapiencia de la mujer en cuestión. Es la condición económica la que hay que analizar.

Es proverbial que nunca el maestro que alimentó nuestras mentes ni el cocinero que dio pan a nuestros cuerpos fueron remunerados como Dios manda.

Bajo el punto de vista económico, esta mujer está imposibilitada de dar educación a su hijo porque ella nada tiene. No se quema los sesos, pero sí las entrañas a la vera del fogón. De la mañana a la noche y de la noche a la mañana afana por una mísera pitanza.

Supongamos que la cocinera de referencia tuviese la ocasión de hacerse económicamente independiente, es decir, que trabajara, pero sin angustias, que no entrara don Dinero por sus puertas a porrillo, pero sí en cantidad suficiente para asegurar el sustento, tener techo abrigado y resguardo contra las rachas económicas. Entonces, esta mujer, que ahora va mohína y amilanada a su tarea, se dirigiría enhiesta porque se sentiría libre de ahogos.

¿Cómo conseguir tanta dicha? He aquí el problema. Ha llegado la hora de que las amas de casa se den cuenta de que esas pobres fámulas son humanas y, como tal, sienten amores, odios, necesidades, dolor; que, al contraerse solamente al hogar de su labor, dejan el suyo yerto y solo.

Demos por sentado que la guisadora no tiene que ceñirse de continuo a sus deberes culinarios, que entre las diferentes comidas puede irse a casa para estar con los suyos; entonces empezaría la era de oro para las de su clase y condición. Dueña de sus actos por la noche, se agremia, inicia vida social, en fin, palpita. En virtud de su entrada en la unión ya gana más y, por lo tanto, su situación económica reviste otro aspecto. Pudiendo ahora velar por su familia, le dedica más horas. Los chicos salen de la calle y van a la escuela.

Con la independencia viene la curiosidad y, tras la curiosidad, la ambición. No para ella, pero sí para su familia. Tal vez estos hijos no se educarán por falta de esa chispa que se llama la "educabilidad", o sea, el don prodigioso de asimilar la educación, pero no diremos con Nietzsche que la educación es dada solo a los espíritus raros, fuertes y valientes, pero sí con Matthew Arnold, que ella da dulzura y luz.

(*Gráfico* [Nueva York], 24 de febrero de 1929, p. 16.
En "Foro popular")

EL ESPÍRITU DE HOY

La pseudociencia es el azote de nuestro siglo. Aquellos que se creen hombres de ciencia se aprovechan de ella para interpretarla del modo más conveniente para los fines de los intereses creados.

En los Estados Unidos, por ejemplo, la prensa se desvela por explicar a sus lectores las maravillas científicas. La mayor parte de estos lectores jamás se preocupan de abrevar en las verdaderas fuentes científicas y engullen con placer la pseudociencia, o sea, la ciencia adulterada.

No tan solo la prensa, sino ciertos escritores que se precian de celebridades científicas, sin haber jamás pisado los umbrales de un laboratorio, se cobijan bajo un grupo de prejuicios populares a los que dan visos científicos.

Por ejemplo, se hace comulgar al lector con la rueda de molino ya tan manoseada de que la raza nórdica es superior a todas las razas, raza soberbia que corre gran peligro debido a la invasión constante de la inmigración sudeuropea, como varios años atrás lo estaba por los amarillos.

En estos días, es la religión la que baila en boca de los pseudo-hombres científicos. El Concilio Federal de Iglesias de los Estados Unidos se ocupa actualmente de los divorcios y del *birth control*, sobre los que dará un informe más adelante, mientras tanto hombres y mujeres seguirán viviendo sus vidas, de acuerdo con sus cánones de moral.

Y, por último, los esfuerzos humanitarios de Margaret Sanger ter-giversados por la pseudociencia en peligro para la especie, si se popu-lariza el recurso de poner coto a la fuerza generatriz del hombre por causas vitalísimas para la raza misma, después que para el individuo. Conocimiento de tal trascendencia debe estar en manos de todas las mujeres y no en poder de los médicos, hoy únicos árbitros en el tan importante asunto de la concepción.

A tal estado han llegado las cosas que Unamuno se queja de que el hombre hoy sigue el partido del progreso sin dudar, sin sufrir, sin desesperar, sin hombría, confiado en sus prejuicios religiosos, esclavo de la ciencia y de la ignorancia, esclavo siempre.

La calamitosa pseudociencia ha hecho exclamar a Huxley que el único medio de aliviar el sufrimiento de la humanidad es la veracidad de pensamiento y de acción, es decir, la presentación al hombre del mundo con sus hediondas llagas.

Se tilda de materialista a aquella persona que marcha al frente, enhiesta la antorcha de la ciencia verdadera; se denomina inmoral a aquella persona que, con simple sinceridad, busca el porqué de las cosas para fundar la vida en vez de ceñirse a la tradición. La ciencia es necesaria para vivir bien, para aprender a hacer uso de nuestra razón y no dar fe ciega a cuanto aserto dogmático se haga por ahí, tal como el de Havelock Ellis, que juzga a la ciencia nada menos que aliento primaveral, purificador y generador.

La ciencia es necesaria, pero de nada sirve si la aceptamos sin vacilar, como acepta la tradición popular la existencia de Dios, el mal de ojo, la hechicería, la eficacia de las velas a las ánimas del purgatorio y los santos y la inmortalidad del alma.

Me diréis, ¿cómo reconoceremos a los verdaderos profetas de los falsos? Muy sencillo: si se nos habla de Darwin, por ejemplo, y de su obra *El origen de las especies*, ¿por qué creer a pie juntillas todo lo que se diga sobre este buen señor y su trabajo? Lo acertado es leer su obra, analizarla, criticarla, compararla. Más vale una opinión de nuestra pertenencia, por pobre y raquítica que ella sea, que una, al parecer fecunda e inteligente, de otra persona.

El dieciséis de enero del año en curso, Ernest Schelling, celebrado pianista, tocó en un concierto del People's Chorus de New York. Cuando terminó, el aplauso fue nutrido y prolongado. La amiga que se sentaba a mi lado no conocía siquiera una jota de música. Yo, que durante la ejecución del maestro traté con todas las fuerzas de mi alma de apresar una sola frase, de interpretar siquiera un poquito, no pude. "¿Por qué no aplaudes?", me dice mi amiga, "es maravilloso". En primer lugar, cuando verdaderamente se siente el hechizo y el arte, no se aplaude porque no se puede. "¿Cómo quieres que aplauda lo que no he comprendido?". "Pero es un pianista de muchísima fama". "Convenido, pero yo no lo sé. Tú aplaudes porque sabes que es un gran pianista y te unes al montón que lo ha comprendido tan poco como tú". Después, vi al pobre Schelling acorralado, y no exagero, pues estaba literalmente adherido a la pared. Tres o cuatro mujeres le daban incienso. "Ay, decía una, fue maravilloso. ¡Quién pudiera tocar como usted!". El infortunado no sabía qué decir y sus ojos indicaban que si la tierra se lo tragara en ese momento le haría un gran favor.

En su *Historia de la Biología,* Erik Nordenskiold dice, a propósito de Rogerio Bacon, el monje franciscano de la Edad Media que tantas luces dio al siglo con su rigor científico, que se hizo de muchos enemigos por sus ideas liberales, por lo que fue arrojado en una cárcel donde estuvo muchos años privado de seguir su obra.

La condesa Emilia Pardo Bazán, escritora española de nuestro siglo, fallecida hace tres o cuatro años, mujer a quien la crítica desea restar su gloria, cuando dice que tiene la mentalidad de un hombre (otro prejuicio popular ajeno a la ciencia), ha investigado profundamente la cuestión de que nos habla Nordenskiold. No se conformó la Pardo Bazán con creer, sino que se fue en busca de los documentos del siglo XIII, época en que vivió Bacon, registró mohosos códices, leyó documentos mugrientos ya por la pátina del tiempo, se valió de la opinión que formaron de su vida los hombres de su tiempo y, por último, leyó sus obras, antes de acatar y aceptar y creer. Así, ella dice:

> "La única queja que se encuentra en Bacon, anterior a la supuesta condena de Nicolás III, es la que exhala en el *Opus Tertium*, indicando a Clemente IV que hacía diez años que estaba privado de enseñar y que, al recibir su mandato, sintió un regocijo como el de Cicerón cuando fue llamado del destierro".

Se dice que Julio Verne ha sido el profeta, heraldo o nuncio de todas las invenciones modernas, pero Bacon, ya en el siglo XIII, las anunció todas.

Dice hablar por experiencia del artificio para volar que declara no haber visto, pero que conoce al sabio que lo inventó. Tal vez él mismo.

¿Cabe imaginar a este coloso del pensamiento, en la Edad Media, la edad del dogmatismo por excelencia, edad de errores, pero la edad también de Abelardo y Dante, Dunsio Escoto y Alberto Magno, que señalara en su *Opus Magnus* cuatro obstáculos enormes ante el progreso del conocimiento como: mucho sometimiento a la opinión humana, la autoridad de la costumbre, temor al vulgo y la ignorancia so capa de la sabiduría?

Es el caso que muchos lectores latinos han formado una concepción completamente errónea del genio colombiano Vargas Vila. A propósito, me viene a la mente una anécdota verídica.

Encontrándome en la biblioteca de la calle 115 Oeste, una jovenzuela acompañada de un amigo le dice: "quiero leer algo de Vargas Vila"; esto con malicia en la mirada y sonrisita socarrona. Conjeture el lector si es inteligente.

Y esto, ¿por qué? Simplemente, porque los que no saben leer, los que aceptan la autoridad de la costumbre, los que se llevan de lo que se dice, los acéfalos, lo consideran inmoral, ateo y muchas cosas más. Pero señor, ¿no se les ocurre que nadie ha probado la existencia de Dios y que es, por tanto, creer en él una ignorancia más? ¿No se les ocurre tampoco que cada cual tiene derecho a sus creencias? Su inmortalidad. ¿Por qué cree usted que Vargas Vila es inmoral?, le pregunté a un señor que se jacta de intelectual. Sucintamente me replicó: "IBIS". La ignorancia escudada con el manto de la sabiduría.

¿Por qué no se atesoran las obras de Vargas Vila en la biblioteca de toda persona que se precie de culta? Por temor al vulgo. Se pierde de vista su filosofía esotérica, tan verdadera y tan profunda, su trabajo patriótico, su labor literaria, su epopeya de libertad.

¿Por qué se unen todos en amor hacia Rubén Darío, José Enrique Rodó, Cervantes, Shakespeare? Porque todos los aman, todos los reverencian. Ni una sola voz se destaca del montón para dar una opinión disidente. Perdón. Una sí: la de Vargas Vila.

¿Por qué no gusta Almafuerte, poeta medular argentino? Su pseudónimo lo explica. Él mismo lo dice:

"De mi estirpe superior
yo no estaría tan cierto,
si no me viese cubierto
de tétricas imposturas".

Quedamos, pues, que debemos ser como Santo Tomás. Dudar siempre, hasta hallar la verdad que nos hará libres. La religión no lo ha dicho todo, ni la ciencia tampoco.

El espíritu que priva hoy es el del acatamiento y el servilismo.

"Hasta del retroceso ya blasonas
y que eso es progresar vas repitiendo".

(*Gráfico* [Nueva York], 17 de marzo de 1929, pp. 11, 15.
En "Charlas femeninas")

AL QUE LE CAIGA EL MANTO . . .

En todos los tiempos, el ruido ha hecho de las suyas. Almas sensitivas han sido flageladas sin misericordia por el eterno enemigo del retraimiento.

Schopenhauer se queja del vil chasquido del látigo del auriga en el silencio de la noche; Juvenal satiriza sin piedad el ruido de las ruedas de los grandes carromatos al moverse sobre las calles empedradas de Roma. Estos dos espíritus selectos, hombres de estudio, necesitaban el solaz del silencio para que el espíritu pudiera elevarse a las regiones de la fantasía en busca de la divina inspiración.

¡Ay de mí! Estos dos no han sufrido solos. Aquí en la ciudad del Hudson y en Brooklyn el ruido es desenfrenado, ruido que tiene varios orígenes. En primer lugar, está el radio, plaga infernal.

Prometeo robó el fuego del Olimpo para regalárselo al hombre, comenzando desde entonces su desdicha; con el abuso del fuego, la pseudociencia se cubre con el ropaje robado a la verdadera ciencia.

El delito de la época es la popularidad de todo. El radio en manos del pueblo ha dado resultados subversivos. El alma popular es inculta, grosera y alborotadora.

El sonido moderado, piano, melifluo, es música. Todo lo contrario es ruido.

Aquellas personas que tocan su radio hasta ensordecer se dan a conocer enseguida por su vulgaridad, su crudeza y desconocimiento de modales y cortesía.

La persona que toca un piano a todo pedal usa de las manos y no del intelecto. Desde el momento que se toca así, ya no hay arte.

Las peleas en alta voz entre las familias son también alboroto y falta de gusto, de arte, de chic, de saber vivir.

Es muy de mal gusto tocar cualquier instrumento, sea piano, pianola, radio, victrola o, ya bien, cantar en las altas horas de la noche, sin sordina; es además una grandísima falta de consideración a los vecinos que tienen que descansar o que se ganan el pan escribiendo, cuya inspiración se escapa por las ventanas con el barullo y desconcierto de las voces mal ajustadas, de los instrumentos chillones y de las peleas *ex tempore.*

Repito que la tosquedad es madre del ruido. Vulgar se apellida quien hace ruido, aunque se llame musical. Ignorancia de las reglas de urbanidad y buenas costumbres delata la comunidad, hogar o persona donde un radio da berridos o un humano rebuzna.

El radio es una máquina detestable, odiosa, tosca como el pueblo, sin modales como el pueblo que se empuja y maltrata en los trenes subterráneos, en los elevadores, en las calles. El radio de la tienda es un mal que no tiene lenitivo.

¡Fuera con esos aparatos plebeyos! Ni siquiera música se transmite por ellos. Anuncios baratos, mala propaganda, discursos abominables, sin médula, canciones desprovistas de todo arte y plenas de sentimentalismo falso, como Ramona, Chiquita y todo el montón de música popular americana.

Al estercolero con esas personas que no pueden vivir entre la gente bien porque delatan a la legua la ínfima clase social de que provienen, desde el momento en que su radio chilla, su victrola crascita, su esposa o sus hijas croan y su pianola grazna. Esos acéfalos gustan de oír el ruido de los animales a que se asemejan.

Al que le caiga el manto.

(*Gráfico* [Nueva York], 23 de marzo de 1929, p. 11.
En "Charlas femeninas")

[VERDADERO SENTIDO DE EDUCACIÓN— EL IDEAL DE PAZ . . .]

Una lectora muy culta, discreta y bien orientada, la señora Clotilde Betances de Jaeger, de 69-01 Sedgwick Street, Glendale, N.Y., envíanos una interesantísima comunicación que analiza, a la par que las opiniones publicadas por nuestros lectores, el fondo de problemas fundamentales para nuestra raza que están ahora debatiéndose ante el público, y que especialmente —por fortuna— parece interesar a las mujeres. Dice la señora de Jaeger:

Bellísimas cartas publica LA PRENSA en su sección de lectores, no cabe duda. Ninguna, empero, logra poner el dedo en la llaga. Se generaliza a tontas y locas, se apostrofa la guerra, se conmina la falta de educación en la mujer, pero de ahí no se pasa.

No soy panfletista; soy una sembradora. Bien vale una opinión propia, por entera que sea, a una de otro no importa cuál su enjundia; opinar con los demás es muy cómodo. Aplaudiendo a otros o censurando no se va a ninguna parte. Hay que construir.

La palabra "educación", por cierto, tan manoseada, se lleva y se trae, anda en boca de todo papagayo que la ha aprendido a repetir. ¿A cuántos, ¡ay! se le alcanza su gran valor intrínseco?

En primer lugar, ¿en qué consiste la educación? Simplemente, en el desarrollo armónico de nuestras facultades.

Quiérese decir que para estar bien educada una persona ha de desarrollar las facultades morales e intelectuales a la par que las físicas.

La máxima griega de mente sana en cuerpo sano es siempre faro luminoso al que deben dirigirse todos los ojos ávidos de luz.

No es educado aquel que escribe tres o cuatro poltronerías sin estilo ni modales, pero que, por la vehemencia de su pasión, aparece capacitado para emborronar cuartillas. No es educado aquel ser que tiene cuerpo raquítico, enfermizo y apolillado. Y, por último, no es educado el personaje que no une a su cuerpo fuerte y sano, a la mente vigorosa y fructífera, la más alta moralidad.

¿Qué es la moralidad? Es la vida vivida racionalmente, esto es, sin el acervo de hábitos sociales obligatorios legados por la tradición.

¿De qué sirven la educación física, intelectual y moral? Para vivir, vivir, vivir, que es lo único que vale la pena. Si la educación no prepara para la vida, se sale de ella; echarla a un lado es menester entonces.

La educación abre los portales del entendimiento a toda asechanza nefanda, a toda propaganda siniestra. La guerra nunca podrá ser porque no habrá tontos ardiendo en patriotismo, mientras los generales mueren en sus lechos. El capitalista verá que el llamado rebaño no se mama el dedo y que ha perdido el poder de azuzarle a guerrear. Nadie ignorará que el "principio de autoridad", fuente deletérea de tantos males como flagelan a la sociedad, está en vías de desaparecer.

No puede predicar la paz aquel que está en guerra eterna con su espíritu por defectos inarmónicos de educación. No puede predicar la paz el esclavo de sí mismo; solo predica la paz de su cadena.

Aquel que se ha emancipado de entelequias, aquel cuyo ánimo está liberado del fiemo social, aquel que como Spinoza no le teme a la vida ni a la muerte, ese está preparado para hablar de paz, ese está educado. Aquel que como Manfredo byroniano pliega sus alas y desciende alma adentro a las reconditeces de su yo humano, atalaya la vida e inquiere de la muerte su misterio, ese está educado para la vida, la vida de la paz. La paz no es de una hora, de un día, ni de un siglo. En vez de arsenales, escuelas; en lugar de barcos de guerra, gimnasios; por polvorines, fincas; hombres viriles, sanos, plenos de la alegría divina del vivir, en vez de seres mutilados; en vez de cárceles, parques de recreo; en lugar de prostíbulos, hogares dichosos; los hijos de todos, en vez de huérfanos.

¡Ah! ¡Qué bello el mundo cuando la paloma blanca de la educación extienda sus alas sobre la familia universal! Flore-

cerá entonces la paz como rosa de [. . .] abrirá la magnolia de
la humanidad y volcará de su seno níveo el perfume de vida.

Paz que tan lejos estás,
acércate que te palpe
el duro rostro de jaspe.
¿Vienes? ¿Tan pronto te vas?

(*La Prensa* [Nueva York], 27 de febrero de 1931, p. 6.
En "De nuestros lectores")

EL HOMBRE CRÔ-MAGNON

(De mi obra inédita *El poeta de la piedra.*)

El linaje del Hombre es tan antiguo, que sus antecesores se pierden en la noche de los tiempos. Al reino animal pertenece y a los animales se asemeja en su estructura física. Sorprendente es el hecho de que el hombre de hoy, *nuestro hombre,* lleve en sí la chispa vital que surgió de lo inorgánico en remotísimos tiempos.

Del protoplasma, origen de la vida, nada sabemos, aunque nos fascina y enciende la imaginación. El estudio y la experimentación alrededor y sobre él es intensa y copiosa. Las más atrevidas hipótesis se suscitan, sin que por eso podamos dar en la incógnita hasta ahora.

En el laboratorio tal vez no se puedan hallar los elementos del protoplasma, pero no puede decirse hasta hoy el cómo y porqué en Natura se inició este organismo de vida. La ciencia ha demostrado que la chispa vital ocurrió *una sola vez.* De ahí se formaron el hombre y la planta; el primer hombre y nosotros, la primera planta y todos los que con nosotros viven. Se ignora cómo sucedió esto, aunque se sabe que el hombre por la evolución lenta durante miríadas de años es el producto de tan magnífico proceso.

Según Linneo, años atrás, Hooton y Llull, hoy el hombre tiene su puesto entre los cuadrumanos, o sea, el grupo de mamíferos que incluye a los monos. Estos cuadrumanos se hallan hoy tanto en el Viejo Mundo como en el Nuevo. Aunque del mismo tronco ancestral, han evolucionado separadamente más o menos en línea paralela, desde el comienzo de la era de los mamíferos que duró dieciséis millones de años.

A los cuadrumanos del Viejo Mundo pertenece el hombre. Entre sus primeros parientes se hallan los monos con rabo y los sin rabo, como el macaco. Siguen luego el mandril, gorila, chimpancé y orangután. Se clasifican algunas veces estos familiares del hombre en *Simiidae,* y el hombre, en *Hominidae*, pero es más conveniente clasificar los simios entre los Hominidae para dejar sentada de una vez la relación entre el gorila y el hombre, olvidando por el momento toda *distinción espiritual*, puesto que entre el hombre y el mono no hay más diferencia que entre el caballo y el asno, siendo el grado de consanguinidad casi idéntico.

Es necesario comprender desde el principio que el hombre y el mono surgen de un antepasado común perdido, que la ciencia pugna por hallar, sin resultado feliz, hasta la fecha. Este antepasado común era bastante grande, vivía algo así como el gibón oriental, a pesar de que en su estructura está más lejos del hombre que ningún otro mono.

Antes, mucho antes del antepasado común, hubo otros todavía más primitivos hasta llegar a los lemures o medio-monos que se hallan hoy en Madagascar y fosilizados en las rocas de la Era Terciaria de los Estados Unidos de América del Norte.

Créese que los cuadrumanos son de un tallo insectívoro. Tal vez, en los tiempos triásicos, los mamíferos evolucionaran del reptil. Huxley no admite fase reptiliana en la evolución del mamífero, pero da varias razones para derivar al hombre de los anfibios. Antes de los anfibios vienen los peces. Su importancia evolutiva no puede pasar desapercibida. El pez, mientras vive en el agua, no deja de ser pez y, por lo tanto, limitado. ¿Cómo emergió de pez en anfibio, reptil, pájaro y mamífero? La ciencia atisba. La respuesta está aplazada.

Lástima grande que la Naturaleza no haya preservado entre los fósiles a nuestro antepasado común, puesto que en muchos casos se hallan ejemplares de los miembros menos progresistas de la raza. La última forma de la evolución de la unicélula y la colonia celular es el Hombre. Ha existido medio millón de años, evolucionando siempre hacia arriba, aunque lentísimamente, durante los últimos veinticinco mil años.

Bueno es establecer diferencias entre los antepasados estructurales y los actuales, los últimos siéndolo por la sangre, los primeros mostrando características de descendencia directa.

Por las dos razones que anteceden, la relación entre el hombre y los grandes monos ha establecido varias líneas de evidencia: el cerebro, los órganos internos, el esqueleto, la postura, las manos y los pies, estructura y musculatura, las palmas de las manos, la planta de los pies y los molares.

Es así como evolucionando lentamente en el curso del tiempo llegamos al CRÔ-MAGNON.

Según Linneo, todos los hombres que hoy existen pertenecen a la especie llamada *Homo Sapiens*, por su postura erecta, los brazos y piernas derechos y bien formados y la espina dorsal preparada para defender el bien colocado cráneo.

Del Asia llegó el hombre Crô-Magnon, bello espécimen de humanidad de los tiempos paleolíticos y el representante más antiguo de nuestra especie. Tanto tiempo ha que llegó, que los paleontólogos le calculan por lo menos quince mil años antes de toda historia. Si nos remontamos al Asia, la raza será todavía más antigua, puesto que la perfección del hombre Crô-Magnon indica un tipo de mucha y larga evolución por miles y miles de años.

Muchos especímenes de esta raza se han hallado en diversos sitios, pero como norma se toma el grupo encontrado en Crô-Magnon, villa Les Eyzies, Oeste de Francia, en 1868. Este grupo constaba de un anciano, una mujer, dos jóvenes y un niño. Pueden verse hoy en el Museo de Historia Natural de París. Aunque poseen algunas cualidades primitivas, tales como dientes salidizos, mandíbulas poderosas y rostro ancho, son, sin embargo, un soberbio tipo de humanidad.

Tenía el anciano 5 pies y 11 pulgadas de estatura; la mujer, 5 con 8. Eran derechos, tenían las piernas bien alargadas como para la caza. El cráneo capaz, la frente alta, las cejas arqueadas. Había falta de armonía entre el cráneo relativamente larguiangosto en proporción con las anchas mejillas. La barbilla, algo prominente, era angosta y puntiaguda, claramente asiática, aunque no mogólica.

También se ha hallado el hombre Crô-Magnon en Grimaldi o Baoussé-Roussé, en la frontera italiana, no lejos de Menton (Francia). Hay aquí una serie de cavernas, una llamada la Gruta de los Infantes por haberse hallado allí en 1874-5 dos esqueletos de niños, al parecer enterrados el mismo día. No muy lejos de ellos se encontró una mujer de mandíbula muy robusta y bien desarrollada barbilla. A veintitrés pies de profundidad se encontró un hombre cubierto de huesos de la hiena de las cavernas. A su lado había artefactos y útiles de cuarzo y yeso. El hombre era espléndido; medía 6 pies con 4 pulgadas, es decir, más alto que el Crô-Magnon anterior y su cráneo en un todo igual al del otro.

En la cueva Barma Grande se hallaron también otros tres. El hombre mide igual estatura que el anterior; la mujer, 5 pies con 4 pulgadas y media, y el chico, de unos quince años, un poco más alto que ella. Los tres son Crô-Magnon típicos. Todos llevaban collares de hueso y dientes.

Así, pues, la raza Crô-Magnon queda definitivamente establecida como variante del *Homo Sapiens,* merecedora del vínculo por sus cualidades físicas y mentales. Se le atribuye el arte paleolítico de las cavernas del Oeste de Francia y Norte de España.

Por el arte se conoce el grado de avance de un pueblo. Lo mismo sucede con el hombre prehistórico. El arte del hombre Crô-Magnon es el documento vivo de su poderío. Vivió esta raza veinticinco mil años atrás, mucho antes que Egipto y Grecia estuvieran en el mapa. Dio paso el Crô-Magnon al Neolítico, o sea, al antepasado directo del hombre moderno.

(*Estudios: Generación Consciente. Revista Ecléctica* [Valencia, España], año X, núm. 110. Octubre de 1932, pp. 36-37.)

COMO SÓCRATES

Para mi distinguida amiguita
ROSALÍA MORALES

Sabio y virtuoso. Qué más puede decirse de un hombre que aborreció la ambición, que desdeñó la gloria, que despreció el poder.

Hombre superiorísimo, no se dejó llevar de lo frangible. Íntegro, jamás le halagó la idea de creerse como Alejandro Magno, descendiente de dioses.

Hombre superiorísimo, soportó con más paciencia que la tan encomiada de Job, el genio sulfúrico e inaguantable de la arpía que tuvo por mujer. Jamás levantó la voz para recriminarla, llevando con longanimidad cristiana su pesadísima cruz, pues bien cruel debe ser tener por compañera una especie de áspid.

Hombre virtuosísimo, rechazó siempre honores y dignidades, porque implican soborno y el hombre virtuoso no tiene precio.

Virtuosísimo varón, en Sócrates no anidó la ingratitud. Jamás obró de mala fe hacia nadie. Siempre echó los hígados por los demás. La prueba está en que, siendo el maestro por excelencia de los atenienses, murió pobre, pues jamás recibió por su enseñanza emolumento alguno. Enseñar es amar. Sócrates amó mucho.

A duras penas puede compararse al virtuosísimo Sócrates con hombre alguno. Otros le habrán superado en temperamento, quizás, pero jamás en sabiduría y menos en virtud, pues en él se compendiaron todas las virtudes.

Mostró superior virtud y sabiduría en su defensa. Palabras líquidas, palabras hialinas, simples, sinceras y verdaderas fueron derechas al blanco. La verdad ante todo y siempre la verdad dijo. Inalterable y sereno estuvo ante sus jueces. No se descogotó defendiéndose, pero tampoco se quedó corto ante sus calumniadores. No acusó, sino que probó. No insultó, pero laudó. No se aprovechó de la ocasión para hacer gala de oratoria, sino que lisa y llanamente dio a los atenienses una lección de modestia, de valor cívico, de entereza moral y de equilibrio intelectual.

Hombre sapientísimo, enseñó a los atenienses a pensar . . . Como sabio, tocó todos los resortes del saber humano.

Bien haría la juventud estudiosa en tomar como modelo al sabio y virtuoso Sócrates, dechado de todas las cualidades bellas: esposo sin igual, maestro ideal, ciudadano honrado a carta cabal y patriota acendrado.

Juventud como Sócrates, juventud de esperanzas.

(*Artes y Letras* [Nueva York], año II, núm. 7.
Enero de 1934, pp. 1, 4.)

LA LETRA CON SANGRE . . . NO ENTRA

Para mis excelentes amigos,
María Luisa y Mischa

En tiempos de los Faraones, para la época de José, el régimen gubernamental era absolutamente despótico. Ni siquiera la infancia se libraba, pues sustituyó a la vida de libertad en los campos, junto a la madre y los familiares, la escuela llamada Casa del Castigo.

Como es de suponer, la misión del maestro no era otra que la de adiestrar súbditos dóciles, pero sin prerrogativas ni derechos, pues bien sabido es que el derecho surge con la necesidad de equiparación y equirrepartición conforme a las necesidades individuales. No sucedía así en Egipto, puesto que la regla fundamental del régimen faraónico era despojar al trabajador de su producto en beneficio del soberano y las clases dominantes.

Pues bien; el maestro egipcio recurría al palo con aterradora frecuencia. Así entraba la letra . . . con sangre. ¿Pero entraba? Pedagogía muy cómoda pero ilógica y antihumana. El maestro increpaba a su discípulo de este modo, según dice el gran sabio francés, Eliseo Reclús: —Tú eres para mí como un asno al que se apalea fuertemente cada día; tú eres para mí como un negro estúpido de los que se dan como tributo. Se hace anidar al buitre, se enseña a volar al gavilán. De ti haré un hombre, ¡oh, niño malo!

¡Valiente modo de enseñar! Pero en nuestros tiempos modernos, el primer paleontólogo francés, Boucher de Perthes, tuvo la mala suerte de caer en las garras de un maestro tan maestro como los egipcios.

¡Qué distinto el tratado de moral de un Eugenio María de Hostos! ¡Maestro ideal! Según Hostos y Sócrates, no se enseña, no se castiga, se guía. Guiar es la misión primordial de todo maestro.

Con golpes, represiones, duras amenazas y castigos corporales no se saca nada en absoluto. El maestro que pontifica, coacciona y dogmatiza no sabe ser maestro y el nombre de tal no le cuadra.

Con la educación esclavista, el imperio faraónico consumó su ruina. Su gran organismo agrícola, dando paso al parasitismo real, dio lugar al debilitamiento que trajo la caída de un pueblo alegre y trabajador y la tragedia de los soberanos.

Con la verdadera educación, la integral, esto es, educación de mente, alma y cuerpo, se forma una serie de hábitos que sirven de puntal a la vida. Sin ella, los pueblos decaen poco a poco y mueren. El pueblo nilótico, tan digno de mejor suerte, fue al desastre por no saber o no querer cuidar de sus niños, sus futuros ciudadanos.

Del pasado debe tomarse lo nuevo y desechar lo malo. Egipto nada legó al niño moderno en materia pedagógica.

Nuestros niños son ahora, primero y siempre. Solo así prende la moral individual y frutece en la gran moral de Hostos y Sócrates.

La letra penetra a fuer de cariño y comprensión, pero a golpes, jamás.

(*Artes y Letras* [Nueva York], año II, núm. 8.
Febrero de 1934, pp. 1, 4.)

PREJUICIO QUE RUEDA POR ESOS MUNDOS

Para Isabel Arizaga

Prejuicio que rueda por esos mundos es la edad. Se reúnen dos o tres y sale a relucir la edad de todo "títere". Detengámonos a escuchar:

¡Fulana! Es una vieja. Cuando yo no me sabía peinar, ella ya tenía novio.

Zutana me vio nacer.

Mengana puede ser mi madre.

Fulanita fue mi maestra.

Como si ser maestra implicara siempre la menor edad del discípulo. De mí sé decir que he tenido discípulos de cuarenta cuando yo contaba la mitad, discípulos que ya habían ejercido carreras en la vida y volvían a las aulas con el ánimo y la ambición de aprender más. Es lo cierto que un exdiscípulo mío nunca se haría eco de prejuicios o no sería mi exdiscípulo. Esa comidilla de que se alimentan las conversaciones de personas superficiales es de todos los días.

Cuando de la edad se trata, yo callo, porque el asunto no tiene para mí pizca de interés. Nadie sabría su edad si el tiempo no estuviese dividido en años, meses, semanas, días, horas, minutos, segundos e instantes. O, mejor dicho, los que se preocupan de sus años, son cronométricos, como los relojes. Y, como si algunos relojes nunca mancan, otros en cambio andan como la carabina de Ambrosio; los cronométricos son superficiales, pues hay otro modo de medir el tiempo y los años.

Quien renueva diariamente su pensar y lo baña en las fuentes del saber, quien mantiene clara y fuerte su mente, quien dilata sus horizontes intelectuales aleja el prejuicio, se deshace de obscuros atavismos heredados y crece en estatura cerebral, se supera a sí mismo, aunque la piel se arrugue, los labios se destiñan, los ojos pierdan su luz, los dientes su marfil, las mejillas su lisura de terciopelo y sus rosas, el cabello su lustre y su color.

Para los que viven en pequeño, la edad cronométrica es indispensable. Esos tienen a flor de labio la palabra "vieja", como si la vejez fuese un crimen. La senilidad y la decrepitud son [...] pero a todos ha de tocar con su varita de virtud, a menos que la [...] el hilo de la vida en edad temprana.

¿Qué es la edad? Quimérico medir de las horas. Todos tenemos una infancia, una edad media y otra a la que se apellida vejez. Shakespeare da al hombre siete edades. No le hace que me quede corta por cuatro. Mis tres abarcan la vida del hombre tan bien como sus siete. La cuestión estriba en que todos pasamos por la niñez, muchos llegamos a la edad media y pocos a la vejez, que a la senilidad y la decrepitud física llegan unos contados en estos días; aunque seniles y decrépitos, mentalmente están los que únicamente saben hablar de la edad. Tres fases de inviolabilidad férrea hay en la vida del hombre, tres fases inevitables.

Los que mueven la loca de la casa sin ton ni son, lo que se llenan la boca con el epíteto "viejo" en tono despectivo, burlón y hasta soez, son lo que a mi ver tratan de ocultar sus años y los que tienen la mentalidad no vieja, sino decadente y caduca.

¿Y qué otra prueba mayor de senilidad que la de hablar de los años que tienen Fulano, Zutano, Mengano y Fulanito? Los fatuos, los ignorantes y los tontos creen detener con la boca su propia desintegración.

Por eso siempre los oís alabándose de su juventud. ¡Infelices! De seguro que tienen el cerebro calvo, al igual que su cabeza y el pensar. [. . .] juzgar por sus conversaciones como la edad, perjuicio loco que rueda por estos mundos.

Toda juventud es insípida si la experiencia no la ha sazonado. En mi sentir, es triste juventud la que está amasada con estupidez. Juventud y estupidez son una pareja *comme il faut*. Jóvenes hay con setenta y viejos, ¡ay!, con veinte. Me quedo con los segundos. Ellos han lavado su cerebro y su mente en el manantial del saber progresivo.

(*Artes y Letras* [Nueva York], año II, núm. 12. Junio de 1934, pp. 3, 8.)

EL IDIOMA VIVE EN MÍ

Para Alberto M. Brambila

El idioma tiene vida porque vive en la humanidad. Tiene carne, huesos, nervios y sangre como yo. Claro está que, en el desarrollo de mi carne, de mis huesos y nervios, no entra lo consciente. Pero cuando hablo o cuando pienso, pues el pensamiento no es otra cosa que el hablar sin voz, lo hago a conciencia o conscientemente, lo que actúa o se refleja en otras personas y en la vida del todo; por más que yo no sepa hasta donde llega esa influencia, me consta que llega.

Quiere pues decir que lo personal y lo impersonal coinciden porque la misma vida los impele. Matando a la humanidad se mata el idioma. Muerto el idioma desaparece el yo humano. De modo que, sociológicamente hablando, echado por la borda el interés intenso en las personalidades, puesto que ninguna persona lleva su existencia separada de la unidad total, el hombre es nada sin las formas sociales.

El idioma vive en mí porque vive en todos y todos viven con él.

Clotilde Betances Jaeger
En Nueva York, octubre 1934

(*Artes y Letras* [Nueva York], año II, núm 17.
Noviembre de 1934, p. 4.)

EDUCO A MI HIJO

Los hijos de David, de Eli, de Samuel, de Lot, de Jacob no fueron lo que sus padres soñaron. ¿A qué se deberá esta maldad en hijos de padres temerosos de Dios?

Pues David pensó más en sí mismo que en sus hijos. El egoísmo de parte de los padres ha hecho la vida del niño una tragedia. En un mundo de adultos y para adultos, el niño y el joven han sido víctimas. El calor de la ira de Sara se olvidó de la niñez de Ismael, arrojándolo al desierto donde no murió por intervención providencial.

Los padres jugarán con sus hijos. De este modo se rejuvenecerán y aprenderán, porque los niños son excelentes maestros. Algunos ministros han recibido de ellos sermones para predicarlos luego: a sus hijos responderán cuando les pregunten, en vez de llamarlos majaderos, porque la curiosidad trae el conocimiento y esas al parecer majaderías son deseos arcanos de aprender.

El padre velará por la salud de sus hijos; se interesará en su adelanto en la escuela; no los dejará en la casa sin una razón fuerte, cuando deberían estar en la escuela; no les permitirá el desorden o el desaseo, la mentira o el mal genio. El padre financiará todas las escuelas de sus hijos, desde la pública, pasando por la Bíblica y la de la semana hasta la de vacaciones a la iglesia. Las notas se examinarán, así como los libros y el trabajo escolar. Si los padres nada saben de esto, exigirán que sus hijos estudien. Si no, los cuentos sanos serán la mejor lección en la casa.

Imiten los padres al Padre Celestial, si no saben qué más hacer. El Padre Celestial castiga porque ama y ama porque castiga. Por su mezcla de justicia y misericordia, tenemos la gracia.

El Padre exige obediencia por el ejemplo. Él es ejemplo de rectitud, de verdad, de industria, de paciencia. En los capítulos 25 hasta el 40 de Éxodo, se atestiguan el orden, la limpieza, la practicabilidad y el conocimiento del Padre para enseñar a su pueblo la vida diaria y comunal en el desierto.

Para el padre que tenga la educación de sus hijos cerca del corazón, está el modelo del Padre del cielo. Ahí está su palabra para aprender de Él y con Él. Ella da testimonio de Él.

Cristo fue el hijo modelo. Su obediencia llegó hasta el Calvario; su industria, hasta imitar a su Padre. "Mi Padre trabaja y yo trabajo".

Clotilde Betances Jaeger
Nueva York, junio de 1950

(*Ebenezer. Iglesia Discípulos de Cristo de Habla Española de Nueva York* [Nueva York], año VII, núm. 4-6. Abril-Junio de 1950, p. 1.)

V
"El arte que no vive no es arte"
Estudios críticos: literatura, cine, música, espectáculos

CANTANDO POR LA PAZ

Carta Publicada en el *Evening Post* de Enero 17, 1929
Traducción del inglés por Clotilde Betances Jaeger

Traducida para *Gráfico y La Prensa*

Sr. Editor:

EL PACTO KELLOGG crea nuevas fuentes de discusión sobre el tema de la PAZ. Tanto la palabra oral como la escrita son factores de la campaña educacional para crear el estado mental de aquellos que todavía no se dan cuenta de las ventajas de la paz sobre la guerra. ¿No cree Ud. que la influencia de la música, cantos de paz, dejarán en la mente popular huella indeleble?

En su primer concierto de la temporada, que se llevó a efecto en el "Town Hall", el sábado 26 de enero, el "People's Chorus of New York" cantó el tan famoso poema del excelso poeta americano, Greenleaf Whittier, y el tan conocido compositor británico, Geoffrey Shaw.

El Coro cantó las dos estrofas primeras y el público, a quien se obsequió con una copia de la música y letra, fue invitado a cantar la tercera.

Es muy bueno que el público se acostumbre a tomar parte en los entretenimientos que se dan para él. En vista de lo pertinente de este tema, esperamos que nos dé espacio en su revista, para así inducir al público a que venga a cooperar con nosotros, haciendo extensiva esta costumbre por el mundo entero.

L. Camilieri,
Conductor of "People's Chorus of New York Inc."

(*Gráfico* [Nueva York], 3 de febrero de 1929, p. 6.
En "Foro popular")

EL CULTO

Música de Geoffrey Shaw
Letra de John Greenleaf Whittier

Traducción del inglés por Clotilde Betances Jaeger

ABRAZA a tu hermano, hombre,
cerca de tu corazón,
la paz de Dios está donde
la piedad tiene mansión.
AMAR a tu hermano, hombre,
es la forma de adorar,
oración tiene por nombre;
cada sonrisa, un cantar.

SIGUE con pasos humildes
a Aquel cuya misión
fue dando ejemplos tangibles
del Bien de su corazón.
TODA la tierra así debe
del Padre ser vasto templo,
salmo de vida que llueve
de gratitud sabio ejemplo.

SE romperán las cadenas;
de la música guerrera
todo fragor cesará;
de toda ira las penas

el Amor pisoteará
plantando amante a su vera,
prístino árbol de PAZ.

Enero, 1929

(*Gráfico* [Nueva York], 3 de febrero de 1929, p. 15.
En "Charlas femeninas")

JUANA DE IBARBOUROU
Ecos lejanos

El yo sonoro, el yo vibrante. Esas regiones interiores, luminosas, como las cavernas plenas de pedrería de los cuentos fantásticos milunochescos, es el tono dominante.

En su poesía bella está aprisionada el alma de Dante, de Petrarca y de Jacopone da Todi.

La juventud aletea orifulgida en esos versos. Eterna juventud que no sabe del otoño glacial con sus troncos vetustos, amarillentos y desgajados; ni del invierno envuelto en su sudario níveo.

El ambiente es tropical. Noches argentadas en que el mundo sideral vierte el alma sonora del silencio sobre la tierra. Noches lunares en que el yo borda sueños y vuela sobre las alas de la quimera. El amor canta sobre la lluvia el himno universal de la tierra, la fecundación.

Las manos filiales que flordelisan esos versos seméjanse a las exangües de la Santa de Ávila en su gesto de adoración.

Un alma desnuda cruza por esas páginas, ¡alma de azucena! Impregnada es de revelación. Su emoción y su pasión descubre ante el mundo; un ser interior muestra los vuelos altivos de los albatros, las cimas vertiginosas de las almas. La idea atrevida se asienta en el picacho rugoso y enhiesto, subiendo al cielo en la caída de un cometa.

La fantasía lozana se desborda como un río caudaloso que no cabe en el lecho estrecho que le dio natura, y se extravasa buscando más espacio a su vastedad.

Ansia insaciada de amor es la nota imperante. De un gran amor hay el desasimiento; es un torrente de afectos, como el de Julieta, paloma blanca veronesa, como el de Amy Robsart, célebre rival de la reina virgen, como el del solitario a su amada, la mística Soledad.

El sacrificio es duotono con el desasimiento. La sangre ardiente de sus venas servirá de vino raro al amado.

Un estremecimiento místico como volar majestuoso de palomas níveas está prisionero en el ritmo. Raptura de sibila ante el agua quieta como un alma que eleva plegarias en la hora misteriosa del amanecer, en la muerte temprana de un niño. El silencio de ese pozo es amoroso;

con una estrella se besa esa licuosidad tan inquietante en su inmovilidad.

La higuera de gajos torcidos y de ramos grises da al yo revelador tema creativo. Natura vive en la mente; la llama quema en ese incensario; Dios está en esas ráfagas creadoras del poeta.

Sublime naturalidad la de esas páginas frescas, primaverales hermanas del agua. La belleza está en todo ese verso esotérico de tan grandes ideales.

La vida misma está ahí. Humano es el amor cuando termina en dolor. Humanos son los sueños rosados de las almas en primavera. Humano es el reír cuando amamos.

El idealismo más real se pasea por los tules de estos versos. Bordado está en las entretelas de un corazón como un pájaro de seda en un cuadro japonés.

Un susurro de quietismo, aledaño a las doctrinas budistas, un grito de ¡nirvana!, ¡nirvana!, el descanso, la muerte, hace música fúnebre entre los versos, como el suspiro de la tarde de hálito nemoroso canta entre el sauzal. En esos momentos la carne indomeñada como monstruo apocalíptico siente el cansancio del triunfo, el ajenjo de la copa. Los sueños pesan inaguantables entonces y el ansia loca de reposar bajo la piedra tumular tira los lebreles del deseo, clamando a gritos, "¡nepenthe!".

Como Diana, así la castidad de este metro. Al rocío no hollado de la mañana se asemeja. Envidia dádiva al perfume inviolado de la mejorana; la florecilla matinal añora en la tarde su albura y su virtud escapadas de su alma para entreverarse en el verso.

Oigamos a la poetisa:

> Como un ala negra tendí mis cabellos
> sobre tus rodillas.
> Cerrando los ojos su dolor aspiraste,
> diciéndome luego:
> —¿Duermes sobre piedras cubiertas de musgo?
> ¿Con ramas de sauce te atas las trenzas?
> ¿Tu almohada es de trébol? ¿Las tienes tan negras
> porque acaso en ellas exprimiste un zumo
> retinto y espeso de moras silvestres?

¡Qué fresca y extraña fragancia te envuelve!
Hueles a arroyuelos, a tierra y a selvas;
¿Qué perfume usas? Y, riendo, te dije:
—¡Ninguno, ninguno!
Te amo y soy joven, huelo a primavera.
Este olor que sientes es de carne firme,
de mejillas claras y de sangre nueva.
¡Te quiero y soy joven, por eso es que tengo
las mismas fragancias que la primavera![1]

(*Gráfico* [Nueva York], 11 de mayo de 1929, pp. 10, 15.
En "Charlas femeninas")

---

[1]N. de la E.: Estrofas del poema "Como la primavera", incluido en el libro *Raíz salvaje* (1922), de Juana de Ibarbourou.

EL LIBRO DE DON JOSÉ COLL Y CUCHÍ

El nacionalismo en Puerto Rico

———

El libro de don José Coll y Cuchí, *El nacionalismo en Puerto Rico*, es un fragmento histórico, es una leyenda preciosa de las luchas políticas recientes del Peñón.

El autor, con una serenidad de espíritu encantadora, cuenta hechos. No hay rencor, no hay servilismo, no hay patrocinio. Solo un gran acento apocalíptico de verdad. El autor, en la majestad grande de su fe, tiene semitonos de salmista y tonos de profeta.

Su libro de hecho reales abunda en imaginería atrevida y sutil. Es un libro que se lee con *amore* porque está bien pensado, bien escrito y es, sobre todo, sincero hasta la médula. No es una historia de odios ni bajas rencillas, es simplemente la historia fría, escueta, acusadora, justiciera. No es este libro tampoco una sinfonía de desacordes de oratorios mesiánicos, sino una sinfonía de dóotonos perfectamente combinados en sol mayor. Es un crepúsculo matutino que nace envuelto en gasas argentinas, con la calma olímpica de Zeus y el gesto conquistador de Alejandro. En el libro de don José Coll y Cuchí hay armonías de arpas, gemidos de violines y sonrisas de placer que terminan en rictus de desencanto. José Coll y Cuchí combate con ardor, como águila; el lodo de la borrasca no le ensucia.

El mensaje del libro es: "No puede haber términos medios". El autor, sentado sobre una roca a la hora en que muere la tarde asesinada por el sol después de un día de vértigo, en que violaron las leyes y se blasfemaron los altares de la justicia, ve levantarse ante sus ojos la isla de Puerto Rico, como otra Venus, pero también como otra Babilonia, borracha por el Dolor bestial, por la Desesperación e insolente por el Cansancio. Y ve el autor el sol de las libertades patrias hundirse en un abismo, ve a la Lucha brotar del corazón de un pueblo, la tarde azul plata cubrirse de manchas anaranjadas y rojas y la Noche extendiendo su manto de sombras sobre el terruño. ¡Noche es desde entonces allí donde reposa el cordero con la cruz!

El libro narra desde un principio, fielmente documentada, la historia de la Independencia en Puerto Rico. El doctor Ramón Emeterio

Betances, el Lincoln puertorriqueño, amante de la libertad, exclamó como Patrick Henry:

"No quiero colonia ni con España ni con Estados Unidos: deseo y quiero a mi patria libre y soberana, porque sin la libertad no hay vida digna ni progreso positivo".

Cuando las trece colonias luchaban en aparente locura contra Inglaterra, la madre patria, por conquistar su representación, Patrick Henry, con ojos donde brillaba fiera la vehemencia de sentir, en un momento de inspiración patriótica, hizo vibrar las paredes de un viejo caserón exclamando:

"¿Puede comprarse una existencia preciosa y una almibarada paz al precio de las cadenas del esclavo? Que me perdone Dios; ignoro qué rumbo tomarán otros, pero yo prefiero la libertad o la muerte".

Don José Coll y Cuchí se queja amargamente de las cadenas y llora las desdichas de esta Irlanda irredenta.

"Amemos", nos dice, "los grandes ideales y los grandes hombres y defendamos y glorifiquemos los nuestros".

Y, en la Noche orgullosa, silenciosa y sombría, ve al autor una visión dantesca: a Puerto Rico emanando perfumes mil, de azahar en flor, de saúco, mirto, azucena y rosa, sonriente y blanca como una vestal pura, contemplar con estremecimientos de cariño y orgullo la muerte de la dominación española; en un arranque de generosidad, le tiende la mano al norteamericano, con una lágrima y una sonrisa, y abre su alma a sus caricias, como la rosa al beso del sol . . . y se unen allá, en la Noche, la Isla y parte del Continente. Pero la sonrisa no dura mucho en los labios de la dama perfumada; desaparece el opiato, el silencio de la campiña teócrita se llena de voces; se empeña la lucha y expira lentamente la Esperanza.

Entonces Puerto Rico, sollozante y triste pero altanera, escucha al hombre sobre el Promontorio que dice algo —ese algo sale de ella—, ese algo que no es ensueño de Primavera, y ya un himno en crescendo con vuelos de tempestad, con vibraciones de las notas graves del "cello", con asperezas de penumbras en tiempo de tormenta:

"Queremos ser un pueblo soberano sin albergar en nuestro pecho sentimientos de hostilidad hacia los Estados Unidos. Con frecuencia se ha lanzado esa acusación que es indigna de nuestro espíritu elevado y deprimente para el prestigio de los mismos Estados Unidos. Nosotros amamos nuestro suelo, nuestra raza, nuestro idioma y nuestro derecho a la libertad absoluta. Este pueblo es leal, pero no con la lealtad que exigen los tiranos de todas partes y de todas las épocas. No somos leales al amo, somos leales al amigo. Si 'los Estados Unidos pretenden tener en esta Isla un montón de siervos, se equivocan. La raza que pobló este Peñón del Caribe atraviesa el planeta con su carga de faltas, pero iluminando la Historia con su bravura y con su genio'. Los Estados Unidos deben reconocer y proclamar nuestra soberanía; si lo hacen, demostrarán grandeza moral; mientras no lo hagan, estarán ofendiendo su historia y violando nuestro derecho".

(*Gráfico* [Nueva York], 25 de mayo de 1929, pp. 10, 15.)

CRÍTICA DE LIBROS

Idilios y sonetos de F. Pérez de Vega

———

"Solo el poeta puede anunciar y prometer
la venidera realidad divina".

El mundo niño se expresó en verso. Llegó a mayor edad y se olvidó de su cháchara infantil. El don divino quedó patrimonio de unos pocos. Esos, los poetas.

La claridad del pensamiento está en el poeta. El arte dimana de esa antorcha interior que es como un sol de fuego, rutilando sobre un campo de amapolas a la hora misteriosa en que muere la tarde. Esa claridad de los castillos interiores del poeta, del verdadero poeta, no la ven todos. Por eso, el poeta real es siempre un incomprendido. Ese estado de alma inherente al bardo, esas visiones luminosas de su alma, no las sabe ni las puede vivir sino él.

Hay en la psiquis del cantor una raptura suspendida en ensoñaciones, a semejanza de una hostia eucarística colgando entre las manos señoriales de una hermosa y sus coralinos labios perfumados de ámbar. Como dijo Alejandro Tapia y Rivera del poeta Jacinto de Salas y Quiroga:

"Ser perteneciente a un mundo de sueños, parecido al que habitaba en mi fantasía, pues podía disponer de hadas y silfos a su antojo".

Esos estados de alma, esas radiosas visiones que lleva el poeta en sí, se hacen dificultosas de expresión porque la palabra no es vehículo apto. De aquí muchas incoherencias, la falta de elasticidad y la opacidad. El lector ve, por medio de un espejo mal azogado, el cuadro que el visionario pinta, la música que quiere hacernos oír, la estatua que el arquitecto-poeta acaba de modelar.

José Martí, el cubano heroico robado a una página de Esquilo, que brilló en el cielo de Cuba como un sol tropical sobre el nido de las águilas, dijo:

"Solo el poeta puede anunciar y prometer la venidera realidad divina".

En la obra de F. Pérez de Vega, el poeta de Córdoba, *Idilios y sonetos*, se nota la inquietud de un alma triste, infatigable de sueños. Del divino jorobado Leopardi ha robado chispazos:

"De este siglo infeliz, que en ambiciones ruines y despóticas florece".
"Hoy, al volver al áspero camino, creí encontrar a la virtud ansiada y era ¡ay dolor! Ramera disfrazada".

El dolor vive en nosotros cuando desterramos ese nepenthe que se llama olvido. Como un cormorán nos roe las entrañas; nos gozamos en sentir su pico agudo ahondar en nuestra carne como el escalpelo del cirujano se adentra en nuestras vísceras; su graznar ríspido se vuelve sinfonía en nuestros oídos como el tronitar de las máquinas de guerra fue música en los oídos del prisionero de Santa Elena, el corso indomable, nunca vencido, épico en su destierro, heroico en su soledad, a pesar de hallarse rodeado de las euménides que le pedían cuentas de tantas víctimas sacrificadas en su afán de celebridad, que no de gloria inmortal.

El dolor es la herencia de la familia humana. Cuando creemos el dolor muerto, enterrado, como Herculano y Pompeya, bajo las cenizas del volcán aparece más ingente, como la ciudad inmortal ha surgido de su sudario cinéreo de siglos. El dolor aviva la meditación, da valentía al corazón, despierta el ánima dormida; el poeta se siente más cordial porque no ignora que su angustia, su excelsa pena, tiene un sabor de divinidad, de infinito. Dice, muy bien dicho, de Vega:

"Es el dolor quien mueve el pensamiento y aviva toda cosa".

Es el verso un ánfora de elasticidad sublime. Se dilata con nuestro dolor como la vastedad de la mar azul, sobre cuyas aguas en la calma se ciernen las gaviotas soñadoras; nuestra pasión la llena hasta que se extravasa burbujeante, como el dorado champaña se sale de la copa de cristal transparente. Nuestras lágrimas recogen en su seno mágico recipiente, como el de la madre tierra.

El poeta ofrenda flores secas por el dolor,

"ese dolor que es vida",

al soplo del amor que pasa por toda la Narración Idílica primera, como pasan los ensueños en el alma de la doncella enamorada. Las flores bellas contenedoras del color y los árboles tristes, los que crecen al borde de las tumbas privan en la Narración Idílica. Hay una premonición de tragedias a pesar del

"aroma de flor que rodea"

su verso. ¡Qué triste es perder un corazón donde hemos vivido!

"rota al amor y a la ventura rota".

En el soneto a Tórtola Valencia, se adentró hasta la médula de la eminente artista del movimiento, la estatua hecha carne, la carne hecha vida, cada movimiento un poema. En Estoicismo no nos deja olvidar de Vega cuán corta es la vida:

"El reloj pausadamente cuenta, apenas llegados,
la partida".

Sus rimas son serenas como vestales en adoración ante un dios místico, blancas como lises abiertos al beso del sol vesperal, castas como Diana paseando virtud por los espacios cerúleos en noches de sueños en que palpitan las vidas, se impregnan las flores y fecundiza la semilla en que Filomena da al aire las notas regias de su garganta lírica, que los ecos llevan lejos en alas del céfiro nemoroso.

El ritmo del verso de Vega es suave como una mejilla de raso, soñadora como el eco de una bayadera en reposo, lento como un largo de Handel, apacible como un prado de margaritas persas en su pureza matinal inviolada, como un lago dormido bajo los hielos blancos invernales.

Todo método de expresión vive si es bello, y el verso de Vega palpita.

Los lineamientos de sus sueños están ahí, en esas rimas; de su mente han brotado paisajes de vida vivida en el dolor. Hay un reflejo de horas amargas y un vago silencio de otras amarguras más intensas. Las palabras aprisionadas en el verso insinúan horas nostálgicas parecidas a esas noches de luna en los camposantos, cuando la sombra y el silencio forman armonías, la música del color. Ese milagro que vive en el poeta ha emergido de su corazón grande como Goliat tierno y fuerte como Samsón.

Los ojos grandes, negros y soñadores de Vega miran hacia adentro, hacia el misterio, hacia el fuego extraño que queman sus visiones. En su poesía está él, silencioso, evocador, un halo de tragedia sobre su cabeza de pelo negro lavado en ébano. Los ojos poseen copia de lo infinito. El poeta está ahí, en esos versos vividos, pero ¡ay!, dijo Alfonso Maseras en "Durmióse el Mar":

"¡Ah, si fuera acabada toda angustia
y amontonada toda la ceniza;
si para el día de mañana
no viniera el eterno comenzar!".

(*Gráfico* [Nueva York], 15 de junio de 1929, pp. 7, 15.)

ESTUDIO CRÍTICO DEL DRAMA *STRANGE INTERLUDE*

De Eugene O'Neill

Dedicado al preclaro hombre de letras Enrique José Varona

Este drama que se está representando en la ciudad de Nueva York desde hace un año, noche tras noche y día tras día, fue escrito por el dramaturgo americano Eugene O'Neill, autor de *Anna Christie*, *Dinamo* y muchos otros.

El todo es un esfuerzo de conciliación entre la creencia y la ciencia. El pensamiento del dramaturgo consiste en querer aunar al mundo con su idea. Tiene ansias de comunión universal que, en el carácter de su protagonista, Nina, se revelan en miles [de] contradicciones y angustias.

El conflicto de energías aprisionadas que quieren romper los vínculos dogmáticos es insoluble.

El frenesí jubiloso de Nina en su amor por su amante Darrell.

"Mi hijo quiere su padre".

"Ned, te amo, no puedo ocultarlo más, te amo, te amo!".

La locura de Darrell:

"¡Cristo . . . ! ¡Su piel . . . su desnudez! Aquellas tardes en sus brazos . . . qué me importa lo demás. ¡Al diablo con Sam!".

El amor platónico de Marsden hacia Nina:

"¡Odio a Nina! Ese Darrell aquí, en su casa. Yo siento sus deseos".

Un cúmulo de pasiones desatadas y fatídicas, generatriz de todas las tragedias. Charlie, Nina, el profesor, Darrell, a todos acibara la congoja; sus noches y sus días son horribles. Solo Sam es feliz en su inconsciencia.

Nina, en la casa de su padre, el profesor de New England, chapado a la antigua, adherido a la tradición clásica, encastillado en sus libros, es todavía la hija de familia. Se destaca del cuadro doméstico cuando decide marcharse del viejo caserón donde solo habitan las cenizas del pasado. Al irse, ignora todavía su propia esencia. Desde que aparece en escena por primera vez, todo en ella, como dice Cansinos Assens:

"Nos relaciona con el sexo, nos envuelve en alusiones eróticas, nos atosiga con sugestiones . . .".

Depravada Nina, es inocente. Sus reacciones son obscuras para ella misma. Ni aún el Dr. Darrell, médico principal del hospital donde ella va a ser enfermera, comprende sus aberraciones depravadas, su sadismo espiritual. Nina es la transfiguración literaria de la virgen que no se dio, y se siente despechada. Oigámosla:

(Continúa en el próximo número.)

(*Gráfico* [Nueva York], 6 de julio de 1929, p. 10.
En "Charlas femeninas")

De Eugene O'Neill

(Continuación)

———

"¿Qué le di? Es lo que no le di. La última noche antes de embarcar . . . yo en sus brazos hasta que me dolía todo el cuerpo . . . besos que dejaron mis labios entumecidos . . . yo bien lo sabía toda aquella noche . . . algo en mí sabía que él moriría, que jamás me volvería a besar . . . Teniendo la certeza de esto, mi mente cobarde me aseguraba que volvería a casarse conmigo, a hacerme feliz por siempre, y yo sentía sus hijos pegados a mis pechos, mirándome con ojos como los suyos".

"Pero Gordon no me poseyó. Soy todavía la virgen necia de Gordon. Gordon ya es cenizas. Yo perdí mi felicidad para siempre. Toda aquella noche yo bien sabía que él me codiciaba; yo sabía que el veto moral del honor lo cohibía, que le gritaba debes respetarla, espera hasta que puedas casarte".

"Gordon me deseaba. Yo deseaba a Gordon. Debí hacerlo tomarme. Yo sabía que él moriría y yo me quedaría sola, sin hijos . . . y rehusé la felicidad que me llamaba, rehusé . . . y no lo hice que me poseyera, y lo perdí para siempre . . . y ahora estoy sola preñada de odios".

Sus nupcias presentidas y esperadas con Gordon, fallidas por la intervención del profesor, la exaltaron como al potro indómito la carga desconocida sobre su dorso. La última entrevista con Gordon, antes de su partida para la guerra, la hizo entrever el misterio de la iniciación sexual; no habiendo tenido lugar el rito, Nina quedó enferma de deseos eróticos que, en las noches largas de insomnio, la acosaban como las fieras Euménides a Orestes.

El calor de su erotismo insaciado se vuelve contra su padre. Deja de amarlo, mejor dicho, lo odia porque tiene el presentimiento de que él es la causa de que su carne quedara insatisfecha, de que el beso sexual entre ella y Gordon no hubiese alcanzado sublime apoteosis. El misterio del sexo está ahí luchando en Nina por cristalizarse.

La horrible angustia con que condena a su padre se traduce en palabras delirantes, frases inconexas, galimatías que a Charlie parecen estupendas.

"Te perdono, papá. Pero ¿comprende que debo buscar el modo de darme a Gordon, que debo pagar esa deuda contraída para poderme perdonar a mí misma?".

En el hospital donde fue a trabajar, la locura sexual de Nina se revela en la continuidad con que se entrega a todos los soldados heridos, porque no se dio a Gordon. Esta aberración dura hasta que vuelve a su casa a raíz de la muerte de su padre, el profesor. De este regreso, surge su casamiento con Sam, producto inasimilable del colegio moderno, no por copia de educabilidad, sino por todo lo contrario. No obstante el matrimonio, Nina sigue enferma; se siente en estado de preñez y mejora.

El tercer acto es la clave de todo el drama. Un veto moral sirvió de riendas a la madre de Sam para no matarlo cuando lo llevaba en sus entrañas. Todas las tragedias vivió esta mujer. Ni la fe se salvó del naufragio de su vida.

Nina, predispuesta al sacrificio, cae en manos de esta madre desesperada que a toda costa debe salvar la razón de su hijo que, al parecer, es saludable y que ignora que por línea paterna su herencia es la locura. La madre de Sam aboga la causa de su hijo y de su nieto con maestría singular. Así, Clitemnestra tiene rasgos sublimes, maternales, especialmente cuando se desnuda el seno y lo enseña al hijo que va a darla muerte:

"Insensato", le dice, "contempla el seno que te dio la vida y perdona a tu madre".

Nina se rebela a matar al hijo de Sam y de ella, aunque esté poluto por la plaga ancestral. La madre derrota a la otra madre.

Nina se opera. Su vida queda vacía. Aquel ser a quien acababa de quitar la vida iba a ser su rescate. Todas sus orgías sexuales serían redimidas por los bracitos cálidos del bebé diminuto, que era su carne, "que vivía en ella y ella vivía en él".

Sam tenía que ser feliz. Su madre lo había decretado. A Sam le es esencial un hijo para probar su potencia engendradora y captarse el amor de Nina. El hijo no llega, Sam nunca supo que había engendrado. Se sentía derrotado por la vida. Nina lo despreciaba.

Charlie, su enamorado de siempre, el más normal de todos, pero vilmente cobarde ante la vida, es el personaje más dramático y a la vez el más ortodoxo. Ama a Nina; Nina no lo ama. Charlie no puede ser el padre del hijo de Sam.

Un conflicto espantoso se inicia en la mente de Nina. No ama a su esposo y ha prometido hacerlo feliz; lo ha jurado. Sam debe tener un hijo sin darle su paternidad. Otro hombre, sano y sin mácula, debe fecundizar a Nina para que Sam sea padre. El amor para nada debe intervenir. Debe ser una función puramente animal, un experimento cualquiera, como el que se hace con los cerdos y conejos. El acto no es criminoso, puesto que va en ello la felicidad y la razón de un hombre. No hay adulterio porque falta el amor. No hay crimen determinado porque el beso sexual tiene su justificación en la voluntad de las dos partes en hacer la felicidad de una tercera parte.

Nina sufre frecuentes afasias. No se decide a seguir el consejo dádola por su suegra, pero acaricia la idea constantemente. Necesita afianzar su decisión con el consejo de un tercero. Su voluntad después del infanticidio está floja y decaída.

Sam, creyendo sufrir de agenesia, se desespera . . . Nina no lo ha recibido en el lecho nupcial desde su aborto. Anda mohíno y malhumorado, creyendo que ella no lo ama, por su impotencia fertilizadora. Agobiado por tanta desazón, ni siquiera se atreve a cruzar palabras con Nina, que cavila, agoniosa, el modo de poner en práctica el consejo de la madre de Sam. Cree que agravia a Sam, dándole un hijo engendrado por otro hombre; acuciosa primero, su ánimo se relaja luego; lucha entre sentimientos opuestos. Sam es el factor inconsciente que encauza la acción dramática en el curso que su madre dictó. Desesperado por el estado de salud de Nina, que se muestra hacia él ya indiferente, ya hostil, ora amante, llama a Darrell, su amigo, médico del hospital donde Nina se había prodigado. Darrell "la había besado una vez". Sam ignora la verdad del estado de Nina.

(Continúa en el próximo número.)

(*Gráfico* [Nueva Yorl], 13 de julio de 1929, pp. 10, 15.
En "Charlas femeninas")

ESTUDIO CRÍTICO DEL DRAMA *STRANGE INTERLUDE*

De Eugene O'Neill

(Continuación)

———

El movimiento del drama en este punto es lento. Un adagio. Incoherentemente, a empujones. Nina cuenta a Darrell la historia siniestra de Sam. Poco a poco acelera el ritmo contando a Darrell el problema, el nudo gordiano que, al cortarse, ha de producir todas las catástrofes. Ella debe tener un hijo de otro hombre para que Sam sea padre. Darrell ve la admisibilidad de la situación de Nina, mientras no se le ocurre que él es el llamado a salvar a su amigo, fertilizando el vientre de su esposa. Estudia su amistad con Sam y se considera adulterino. Mas luego piensa:

"Estoy en el laboratorio . . . son cerdos . . . en interés de la ciencia, puedo ser en este experimento el cerdo sano y a la vez el observador secreto. He reflexionado y la esposa de Sam tiene razón. El hijo no puede ser de su esposa".

El niño de Sam nace. Sam, padre, es la mediocridad personificada, el tipo por excelencia del hombre de negocios americano, representativo del hombre de colegio que solo ha aprendido lo que le quisieron enseñar, sin jamás haberse apartado del camino trillado, sin atreverse a pensar por sí; en otras palabras, un ser fosilizado que come, duerme y es feliz porque otros han dado sus almas al diablo por él.

Desde que nació su hijo, engendrado por otro en su esposa, Sam comenzó a prosperar. ¡Tanta ceguera! Vivió feliz creyendo en Nina, venerando a su hijo Gordon, su bendición, admirando al doctor Darrell y siempre buen amigo de "Good old Charlie".

"Mis tres hombres", como dice Nina suspirando.

La retribución de Darrell y Nina empezó con su acercamiento sexual. Aprendieron a amarse, siguieron amándose, no concebían la vida el uno sin el otro. La madre de Sam no previó esta contingencia. De ahí la némesis, el punto débil que hizo de Darrell padre sin hijo, de Sam padre sin hijo, de Gordon, hijo sin padre, de Nina madre del hijo de dos padres.

El experimento de dos almas por salvar otra alma no resolvió nada. El dolor, ese viejo amigo de los seres sensitivos, se erigió en el perenne compañero de Nina y Darrell. Su complicidad era su castigo. Se amaban y se repelían. Darrell, padre sin hijo, sufrió hasta la abominación de sentir su rostro cruzado por la mano de su hijo Gordon, el hijo de Sam. La expiación de su experimento con seres humanos fue horrorosa. Nina, con esposo, adorador hijo y amante se encontró moralmente en la más espantosa soledad.

La felicidad, ¿dónde reside? ¿Puede irse contra todos los convencionalismos sin pagar un precio muy caro? O'Neill no da la solución del problema. Hamlet vacilante tenía razón.

New York, 1929.

(*Gráfico* [Nueva York], 20 de julio de 1929, p. 10.
En "Charlas femeninas")

SOBRE LAS *LEYENDAS PUERTORRIQUEÑAS* DEL DR. CAYETANO COLL Y TOSTE

La leyenda aureola da gloria a la realidad. De la transfiguración de la realidad nace el arte. Del arte, como de un conjuro mágico, surge la leyenda. El mito griego, bella mentira verdadera, es parte integrante del arte. La leyenda con su halo de misterio, su palidez de perla, sus veladas insinuaciones, su verdad sugerente, idealidad real y su estampa de estabilidad aguijonea la mente del pensador, sirve de acicate al espíritu observador, hace del mito de Jesús valor histórico, del novelesco Quijote, hombre de carne y hueso. El Cid, Rolando y el rey Artús están redivivos en la leyenda; Lohengrin ha dejado de ser símbolo para ser hombre; Bolívar se pierde ya en los tiempos legendarios, alzándose en vez del hombre la figura trascendental del héroe, del semidiós. Carlos II inspira más lástima que rencor; hasta la malvada Roma de los Césares tiene ahora un especial encanto prestado por el nimbo irisado de la leyenda. El fondo de verdad latente en toda leyenda hace de Alejandro, más que héroe histórico, una figura galante; en vez de guerrero cruel y sanguinario, un hombre grande con corazón de paloma. El hirsuto Grifón, después de los siglos de la leyenda que lo han glorificado, no tiene las manos sucias con uñas orladas de negro; casi podemos concebir el que Catalina, la activa aristócrata, se dignara recibirlo en sus salones sin mácula. Es por la leyenda que amamos a Antínoo como la personificación de la belleza y admiración, el tesón de Hipatia por conservar el culto de los dioses griegos en tiempos de transición cuando el péndulo se inclinaba en dirección opuesta.

Es la leyenda la que oculta bajo su hábito de mentirosa verdad la fiereza y el egoísmo del conquistador hispano, haciendo fulgurar con destellos magnos la soberbia bravura del indio, su odio al ibero que amenazaba sus tierras, sus mujeres, su oro, su libertad, su vida.

El héroe legendario se ve siempre tras un velo. Bajo los tules, una carne de mujer toma la lisura de los pétalos del lirio de Florencia. Salomé, semidesnuda, con siete velos tenues que eran una tentación, volvió loco de lujuria al viejo Herodes porque en los movimientos del baile presentía bajo aquellos velos semipúdicos la belleza escultural de la niña, sus senos impúberes que su temblorosa mano senil anhelaba acariciar; bajos los velos, la carne codiciada se hacía diáfana.

La primavera vive en la leyenda. La leyenda no tiene de la historia la vetustez; atrae más que la historia porque es una pasión, pasión que late como un corazón [que] acabado de arrancar del pecho se guarda amorosamente en una caja de marfil. El héroe legendario, semivisible como Moisés vio a Jehová en el monte, tras un velo de humo es todo pasión, todo vida.

En las leyendas de Puerto Rico trae su autor la leyenda histórica de los días de la conquista y del coloniaje hasta nuestros días. El valor espiritual de esas leyendas es innegable. Ejercen singular poderío sobre el espíritu.

¡Cuántas ensoñaciones traen a la mente las bellas y sugestivas leyendas tan magistralmente escritas por el doctor Coll y Toste! ¡Qué variada la gama de su colorido espiritual! La transcendencia estética y práctica de las leyendas ha hecho exclamar al ilustre hombre de letras cubanos, Enrique José Varona, en carta escrita a la autora en 4 de mayo de 1929:

"La obra del señor Coll tiene gran valor porque presenta en forma muy pintoresca y atractiva las leyendas de un pueblo que tiene un sello especial en nuestro mundo antillano. El literato puertorriqueño explota una cantera muy rica y sabe hacerlo. El suyo es un libro de valor permanente; como dije a usted antes, ojalá tuviera en Cuba imitadores".

Comienzan las leyendas en el año 1511. El amor es siempre el mismo. Viejo como las edades. Nuevo como la mañana. Guanina, bella joven india, sintió su pecho inflamado de amor por el caudillo español Cristóbal de Sotomayor. Contra la propia raza, contra los más altos valores va el amor, así dice Guanina a su amante:

"Os creyeron verdaderos guaitiaos, pero los hechos han venido a probar desgraciadamente que no sois tales confederados y amigos, sino que pretendéis ser amos. Además, algunos de los tuyos han abusado inconsideradamente de la bondad indígena. Y, finalmente, el rudo trabajo del laboreo de las minas, en compactas cuadrillas, buscando esas tentadoras piedrezuelas de oro que tanto apreciáis, los ha llevado a la desesperación que, como sabéis, muchos se quitan la vida por no lavar esas malditas arenas".

He aquí, en pocas líneas, el secreto del dominio del soldado conquistador sobre el indio. Oro, el metal amarillo, la codicia hizo de los infortunados indios esclavos en su propio suelo, incubándose así la tragedia que acabó con la flor y nata del bravo indio y de la juventud gallarda de España.

Guanina, la hermosa india de amarfilados dientes que parecía una "ringlera de perlas", fue enterrada con su amante, el aguerrido don Cristóbal, "al pie de una gigantesca ceiba". Ambos pagaron con la muerte su amor; un levantamiento indio contra el español en aquellos tiempos era temible. La matanza general que se sucedía ni distinguía castas, ni tenía caridad.

Esta leyenda fue premiada con medalla de oro en certamen celebrado en San Juan de Puerto Rico el 12 de agosto de 1908, con motivo del cuarto centenario de la colonización en la isla.

Otra india leal al español fue Caonaturey (Oro del Cielo). Era la amante del Capitán Salazar quien, al ser abrazado por Ponce de León por haber ganado la partida al indio insurrecto, en vez de exultar, lloraba:

"¿Lloras, Salazar? Le dijo el poblador de Caparra, a lo que contestó el intrépido Salazar: esta terrible emoción me la produce la pérdida de Caonaturey, que murió en mis brazos atravesada por una flecha y no pude salvar sus restos".

¡Grande amor que hace llorar a un hombre! ¡Cuando se va un ser en cuyo corazón vivimos, la muerte se hace odiosa; la soledad queda como único patrimonio, soledad densa, soledad implacable! Natura no es vaso de ungüento para las cicatrices; siempre cruel echa vidrio pulverizado en las heridas. ¡Quién mejor que Lear lo supo!

Las trágicas figuras de María Dolores y Rufino apretujan el corazón. Se los ama y con ellos se sufre.

Cofresí, el pintoresco y heroico bandido de los mares tropicales, tan temido del inglés, es tan conocido como el Cid. Pasa por esas páginas, gallardo, joven, loco de mar, avezado a la tormenta.

¡Qué tierna la historia de amor de Charles Moore y May Smith! Como los amantes veroneses, como Paolo y Francesca se terminó su idilio. En estas leyendas está el orgullo indomable del español, con su bravura y su terneza, la superstición religiosa, las creencias en lo sobrenatural, la injusticia del negrero, la codicia en El Grano de Oro, el desprendimiento en Los Restos de una Cadena de Oro. Don Francisco Bahamonde vino a gobernar a Puerto Rico con cédula de los reyes católicos castellanos. Un día le oímos decir:

"Señora, tomad los restos de esta cadena de oro, y no me lo agradezcáis al dároslos, que no lo hago por servirla, sino por tener, ¡voto a sanes!, el orgullo de decir que no me llevo nada de Puerto Rico".

Muy pocos hay que puedan decir lo mismo en nuestros días. ¡Cuánto exótico en la isla de Guaybana mete el brazo hasta el codo en el peculado!

Al desfilar por estas leyendas políticos, caudillos, héroes, sabios, piratas, escritores, poetas, no podemos menos que recordar *La Comedia Humana,* vista *Desde mi Belvedere,* con ojos de singular visión por el gran Verona, vistos por el doctor Coll y descritos en la leyenda con ingenio y maestría.

El estilo es líquido; fluye como riachuelo, sin obstáculos, como vida serena. Es un estilo independiente, firme, honrado. Él da vida a los personajes, bulle la sangre en los lances, vibra la juventud en las horas temerarias de amor; se une al rigor histórico la gracia novelesca. La desenvoltura y maestría con que forma sus personajes y fija sus caracteres tiene del historiador y del artista.

Bien están las *Leyendas puertorriqueñas* en manos de la juventud. La reconstrucción histórica iniciada por el doctor Coll y Toste tiene mucho mérito cultural porque proyecta luz sobre el pasado, pasado humano, pasado glorioso, pasado con sus pompas, con su soberbia, sus vanidades, su caída. El mundo de seres que pueblan las *Leyendas* es variado como la vida, dramático, sugestivo, revalorizado por su autor sobria pero felizmente. ¡Ojalá que [el] pueblo que inició su vida bajo tales auspicios logre un día realizar sus valores espirituales y su destino!

(*Gráfico* [Nueva York], 27 de julio de 1929, pp. 10, 15.
En "Charlas femeninas")

ESTUDIO CRÍTICO DE *LA PARTE DEL LEÓN*

Drama de Alejandro Tapia y Rivera

Dedicado a todos mis inolvidables discípulos de la Universidad de Puerto Rico, Alta Escuela Central de San Juan, Alta Escuela de Caguas, Escuelas de Continuación de Naguabo y Quebradillas, y la simpática Escuela de Continuación en Santurce, "Labra".

Antes de entrar de lleno en el drama que nos ocupa, diremos quién fue Alejandro Tapia y Rivera. Padre de las letras puertorriqueñas puede llamársele, sin que nadie le dispute el cetro; dice el doctor Cayetano Coll y Toste en el proemio de *Mis memorias* del mismo Tapia, que este vivió en "una época en que el medio ambiente era agrio al desenvolvimiento de las artes y las letras en nuestro país". Don José Sastraño Belaval R. del Valle y M. Zeno Gandía dijeron de Tapia a su muerte: "Es innegable que a Tapia corresponde la gloria de haber sido el iniciador de la literatura en Puerto Rico". Don José Julián Acosta: "Descanse en paz el espíritu del que siempre vivió consagrado a las labores de la inteligencia". Don Manuel Corchado le llama: "el primero de nuestros literatos".

Nació Alejandro Tapia y Rivera en la ciudad de San Juan Bautista de Puerto Rico, el 12 de noviembre de 1826, a las doce en punto del día de Santa Ana, por lo que él mismo cree que su "carácter azogado y archivivo se debió a la hora en que nací, por aquello de hallarse el sol en toda su fuerza".

Es asombrosa la información de Tapia; en su época eran muy contados los periódicos pues solo había en toda la Isla una "imprenta poco notable del gobierno". Se vio y se deseó para publicar sus obras. Para conseguir orientarse en el mundo de las letras, tuvo muchos contratiempos debido a la escasez de literatura. *Azucena*, semanario publicado por Tapia, asombra por su versatilidad. Allí hay una traducción del *Fausto* de Goethe; Julieta, la enamorada paloma veronesa; Ofelia, tierna novia enloquecida de amor por Hamlet idealista;

Volumnia, digna madre de Coriolano; Cordelia, vivo ejemplo de amor filial, se deslizan por esas páginas.

Allí se recomienda se devuelvan a la mujer sus derechos violados y robados; allí, en fin, se halla de todo, hasta la sal ática condimentando el arroz criollo.

Salta a la vista que, un hombre de ideas tan avanzadas (pues parece haber nacido y escrito hoy en vez de siglo atrás), espíritu de tan elevada mentalidad, nació y no se hizo. Dice él mismo en *Mis memorias*: a cuántas energías naturales no habrá arrojado en los abismos del vicio o del egoísmo desesperante la falta de estímulos para ser algo. Cuántos, que habiendo nacido para ser útiles, se han convertido en desdichas ignoradas o en entidades nocivas a la sociedad que los dejó sin cultura.

Alejandro Tapia y Rivera es un clásico puertorriqueño. En las escuelas de Puerto Rico deben hallarse sus libros sirviendo de texto. Ellos son fuente de verdadera cultura. Allí no repta la propaganda sutil y envenenada. En manos de la juventud puertorriqueña debe ponerse la obra de Tapia, en vez de ciertos libracos que se dan por ahí que solo minan la nacionalidad, haciendo de esa juventud masa híbrida, es decir, ni pescado ni gallina, ni americanos del norte, ni españoles, ni puertorriqueños.

La obra de Tapia es de vasto relieve mental; tiene la ética pura de la estrella y de la nieve. La estética de un alma que se saturó de ella desde su más tierna edad se desliza sonora en todas las páginas de sus libros. Sus trabajos se conocen en Alemania, en Méjico, en los Estados Unidos de Norte América, etcétera, pero son ignorados en la patria a que dedicó todas sus energías y por la que dio la vida. Según él dice en *Mis memorias*: "Nací todo vida y actividad; mi país es todo hielo y negligencia. Yo idolatro la luz, (luz, palabra usada aquí en más de una acepción) él parece bien hallado con sus obscuridades; yo anhelo el volar del rayo, el camino a paso de tortuga". Palabras escritas medio siglo ha, fatídicas; su verdad es de ahora.

Hoy la mujer puertorriqueña tiene el voto restringido, pero voto al fin. Alejandro Tapia y Rivera con Eugenio María de Hostos y muchos otros perínclitos puertorriqueños se moverán en sus tumbas porque los derechos violados de la mujer constituían la eterna pesadilla de aquellos Jeremías.

Ibsen, bajo los cielos grises del Norte, y Tapia, bajo el cendal azul de los trópicos, lidiaban la descomunal batalla por la mujer, tanto tiempo aprisionada en la túnica fatal de Deanira, sometida a los doce tráfagos de Alcides, víctima del derecho de pernada, expuesta como Lucrecia al envilecimiento, al abandono como Penélope, a la muerte como Desdémona, por antojos del amo y señor.

≋ ≋ ≋

Fue escrito el drama *La parte del león*, en el año 1878, en Puerto Rico. El Censor de Teatros, don Francisco Becker, permitió su representación en San Juan el año 1880, en 8 de abril.

Según Oswald Spengler, toda ética es la formulación de la contemplación del destino de un alma. Dedúcese de aquí que la protagonista del drama que nos ocupa, Hortensia[1], actualiza su alma de mujer, alma encantadora femenina. Hay que tener en consideración en la obra de Tapia que sus mujeres son muy mujeres; esto es,

"Dulces como miel de los panales,
Altivas como la palma en el desierto,
Tímidas como la cándida paloma,
Graves como del órgano el sonido",

que diría el dulce Gautier Benítez.

El curso sereno de una existencia sin tropiezos no es el destino, Dios, la providencia, el *fatum*. Otelo fue un gran soldado, feliz en su amor por la patricia Desdémona; la serenidad de su encantada existencia conyugal se quebrantó; Iago fue aquí la providencia. Antígona fue feliz doncella, vivió plácidamente hasta que enterró a su hermano en contra del mandato de Creón, su rey; esto selló su suerte, ser enmurallada viva. El destino fue implacable; Tiberio Graco fue devorado por la plebe que quiso salvar con sus famosas mejoras agrarias; el *fatum* fue su falta de demostración a la plebe del amor que por ella sentía.

---

[1] N. de la E.: El nombre de la protagonista de *La parte del león* es Carolina. En la tercera parte de este análisis, publicada el 24 de agosto de 1929, se incluye una nota final donde se indica y corrige esta errata.

Para comprender mejor el drama citaré su argumento, tomado de una carta crítica sobre él mismo, escrita a Tapia por don Carlos Peñaronda, peninsular de visita en Puerto Rico en aquella ocasión:

"Nada más positivo hoy: el hombre se reserva en el matrimonio, y la sociedad lo aprueba, la parte más ancha y cómoda. El mayor número de los maridos, triste es reconocerlo, está vaciado en el molde del Conde del drama que me ocupa; pero, ¡ay de la mujer si comete la menor imprudencia! ¡Ay de la Condesa que se atrevió a casarse, juzgando muerto a un antiguo amante, y comete la enorme falta de escribir a este, cuando sabe por él que existe con el piadoso fin de detener una mano próxima al suicidio! Las consecuencias son funestas: el amante convertirá en sustancia el compasivo contenido de aquella carta, y atravesará el Atlántico en busca de una palabra de amor; vencido por la virtud heroica de su antigua amada, no solo se contendrá en los límites de la prudencia, sino que hasta se desprenderá en obsequio a ella de aquel único testimonio de sus amores. Pero será sorprendido por el esposo al devolver la carta a la Condesa, y por ello es necesario que aquel tenga ya una sospecha, que se encarga de despertar una amante culpable y resentida: y aunque allí no hay sombras ni conato de adulterio, bastará la idea del ridículo en que ha de caer ante los ojos de la sociedad para que el Conde tome venganza; y esta venganza ha de ser la muerte de su pretendido contrario y el abandono de su inculpada esposa y de su inocente hijo que, una vez en la pendiente, el hombre resbala hasta el abismo; que así es, y no de otro modo, el corazón humano".

El *fatum*, destino común al hombre, se percibe en el drama con la súbita venida de Enrique. Para que el drama pueda seguir su curso tiene el destino que impulsar a Hortensia a escribir una carta al novio creído muerto, consolándolo de su soledad al haberla perdido. Esta carta exasperando su amor lo impele a embarcarse para acelerar la catástrofe que se acumula en torno a una mujer que pugna por hallar su alma. Para conocerse, depende de la personalidad de su marido, de sus creencias y convencionalismos. Zahareña se muestra la providencia, intratable, pues no valen las recriminaciones de don Justo, que en el drama constituye el elemento nuevo, las ideas vanguardistas que su sobrino no puede ni quiere pasar. Las ideas de don Justo son revolucionarias; su crítica de las costumbres dominantes es producto del pensamiento moderno, del estado de ánimo prevaleciente en los espíritus maduros y avizoradores.

(Continuará.)

(*Gráfico* [Nueva York], 10 de agosto de 1929, pp. 10, 15.)

ESTUDIO CRÍTICO DE LA PARTE DEL LEÓN

Drama de Alejandro Tapia y Rivera

(Continuación)

————

Dedicado a todos mis inolvidables discípulos de la
Universidad de Puerto Rico, Alta Escuela Central de
San Juan, Alta Escuela de Caguas, Escuelas de
Continuación de Naguabo y Quebradillas, y la simpática
Escuela de Continuación en Santurce, "Labra".

En el matrimonio no hay dos morales ni dos justicias. Tanto el marido como la mujer deben ser medidos con la misma medida; el pecado en la mujer no debe ser agigantado y en el hombre achicado. Es una injusticia enorme la de un marido que cree haber hecho bastante con asegurar el bienestar de su esposa. Amor, consideración y respeto, ¿no entran para nada en el matrimonio en cuanto al hombre respecta? Fernando, el esposo de Carolina, es el prototipo del marido corriente. La mujer debe guardar celosa el nombre de la familia, mientras ese mismo nombre se mancha de lodo por el marido. ¡Paradoja cruenta! ¡Burla atroz! "¡La tiranía de las costumbres!". Naturalmente, esas mismas costumbres, invocadas en aras del honor, traerán consigo la caída de Carolina. La sociedad aprobará la acción de Fernando. Pero no nos adelantemos.

Fernando tiene una querida, mujer que fue esposa honrada, pero que en sus amores prohibidos se había vuelto imprudente, decayendo moralmente a ojos vistas. Su política fue subversiva, pues donde quiso sembrar desconfianza dejó una gran duda. De la duda a la certeza solo hay un paso. La esposa se vio y previó. La catástrofe se hizo inminente porque la imprevisión de los amantes llegaba a su colmo. *Fatum*, Dios o lógica era el escudo de la disculpa de los acontecimientos tras los cuales ocultaban los amantes su temor de ser pesados en la balanza. Uno era el complemento del otro.

La esposa ultrajada tiene dos problemas ante sí: uno interior y otro exterior. Uno por retener la paz del hogar a toda costa, otro por libertarse moralmente. Dura ley, en verdad.

La esposa encontró placer en soportar su pena por amor al hijo y al hogar; como una heroína esquileana ve naufragar su hogar y se goza en la adversidad de su vida que es su catarsis. La tragedia de la esposa, tragedia de Nora, tragedia de la mujer nueva, se cristalizó en Carolina.

No cabe duda que Tapia estaba al corriente de las ideas de Nietzsche y de acuerdo con la revolución social de Wagner en su poesía del "Nibelung", con Brunhilde, la mujer libre; con Siegfried, el rebelde que repetía la ética social que lo trababa. La Judit de Hebbel, una mujer nueva por todos conceptos, se discutía por los años de 1859; el primer drama social, *María Magdalena*, era de esos tiempos. El periodo en que estos hombres escribieron era ético, es decir, se trataba de resolver el problema moral en todas sus fases, si es que se resuelve alguna vez. La ética es individual; ni Esquilo resolvió el problema de la moral de Clytemnestra, ni Shakespeare el de Lady Macbeth. ¿Lo han resuelto Ibsen y O'Neill? De ningún modo.

Prueba Tapia lo que resolvió probar que el marido en el matrimonio lleva la parte más ancha, es decir, la ley del embudo. Ahora bien, ¿es justo que la esposa inculpada quede sola y deshonrada y el hijo de los dos, sin padre? Tapia lo hace así porque la victoria de Carolina es moral y la derrota de Fernando, moral también. ¿Cómo probar la victoria de Carolina?

Solo una vanidad desmedida puede concebir que la naturaleza se haya formado adrede para regalo y penas. Hay vasta diferencia entre la tolerancia moral y el sentimentalismo moral. Según don Justo, toda persona tiene el derecho soberano de poseer la excelencia que armonice con su carácter. El que se cree superior, no por eso está dotado de poderes legislativos sobre los demás. Un esposo carece de derecho racional para dominar a su esposa y mucho menos maltratarla. Don Justo, hombre racional, vive en consonancia con el amor a su ego y a sus vecinos.

Tomando en cuenta el ideal griego de que la virtud es excelencia humana, Carolina es helena hasta la médula. Todos los cánones de la ética, por lo mismo que son humanos, comprenden muchas variaciones que no por eso les roban su validez. Según Espinoza, todo organismo persiste en vivir. Hortensia quería su vida, la vida racional, enjundiosa del ser pensante.

La virtud no es negación; la virtud no inhibe; la virtud no traba; la virtud es un conglomerado de cualidades humanas, poder humano, que le llama Espinoza. Carolina en su heroica determinación por preservar su hogar de la intrusa que le arrebata su marido, en el valor con que rechaza el amor de un hombre a quien ama todavía, compendia la fuerza humana, la virtud.

La virtud es poderío y Hortensia lo posee. Esa virtud triunfa sobre la sociedad por encima de la sociedad. Es menester la muerte de un hombre, el naufragio de un hogar, para que la virtud de Carolina se nos muestre avasalladora.

Fernando está educado en una escuela en que la ética dominante de la civilización cristiana no reconoce nexo posible entre la naturaleza y el modo racional de ser y obrar. Fernando ve la moralidad bajo el punto de vista heredado de sus abuelos, sistema de hábitos sociales obligatorios. Las leyes de ese sistema las aplica a su esposa, olvidando aplicárselas a la víbora que destruye su tálamo. Don Justo concebía la moral que marcha acorde con la naturaleza y el raciocinio; se daba perfecta cuenta de que el matrimonio de Fernando y Carolina le trajo a la última riquezas, bienestar material, pero felicidad, ninguna.

Hay una ley divina que se llama el amor. Donde se viola esa ley no hay matrimonio. El hogar de Carolina, fundado sobre arena, caerá si no se apuntala a tiempo. Desgraciadamente, Enrique, inocente aliado de la astuta Hortensia, ya completamente degradada por una pasión sin freno, contraria a toda razón natural, contribuye a minar un hogar que se tambalea porque su base descansa sobre zocos muy raquíticos.

El amor libre no tiene aquí justificación, ni pretende Tapia siquiera defenderlo al dar a los amantes una victoria ficticia. El amor criminal e ilegal de Fernando y Hortensia no les trae sino zozobras y angustias. Es palmario que en este drama falta la felicidad conyugal, porque ¿la hallaba Fernando en su amor impuro por Hortensia? ¿En dónde pues la razón? ¿Resolvió Fernando con el asesinato legal de Enrique el problema de su felicidad? No. El honor quedó limpio con el ridículo y bárbaro expediente que costó la vida a un hombre joven porque el marido debía "probar que si su mujer es liviana él está dispuesto a pecar de homicida", crimen que "pudo decidirlo todo menos dar la razón a quien la tiene". Un hombre que debía vivir el destino lo hace morir cerca a la mujer de sus amores, como Edipo fue a Colonos a acabar con su existencia maldita por haber compartido el lecho nupcial con su madre, Iocasta.

El amor de Fernando y Hortensia se basaba en la pasión bestial y prosaica y no en la sana razón. La infelicidad de todos fue la consecuencia de tanta ceguera egoísta. Se atan los cabos sueltos al aproximarse la catástrofe; Fernando conoce a Enrique, ve en sus manos una carta escrita por su esposa, nadie le puede quitar del magín donde su moralidad chapada a la antigua le ha puesto densa venda, que Carolina no es pura. Siendo Fernando de una naturaleza bastante sentimental, ve crimen donde solo ha habido descuido. La emoción se sobrepone a la razón. La emoción desenfrenada ya con los amores ilícitos se sobreexcita más con el acicate de la carta. En ese momento, Fernando es incapaz de seguir el curso que dicta la razón. Por eso Enrique, con más dominio sobre sus emociones, habituado a frenarse da la carta fatal a don Justo.

(Continuará.)

(*Gráfico* [Nueva York], 17 de agosto de 1929, pp. 10, 15.)

ESTUDIO CRÍTICO DE *LA PARTE DEL LEÓN*

Drama de Alejandro Tapia y Rivera

(Conclusión)

————

Dedicado a todos mis inolvidables discípulos de la
Universidad de Puerto Rico, Alta Escuela Central de San
Juan, Alta Escuela de Caguas, Escuelas de Continuación
de Naguabo y Quebradillas, y la simpática Escuela de
Continuación en Santurce, "Labra".

Don Justo conocía bien a su sobrino Fernando; tenía perfecta conciencia de que tanto las más puras manifestaciones de amor como la más bestial pasión surgen de una misma fuente emotiva; lucha por esclarecer ante Fernando la soberbia conducta de Carolina. Fernando estaba ciego, esclavizado por una pasión más fuerte que su débil razón, no se conocía, había perdido el poder cumulativo que es la virtud; tampoco conocía a los demás.

No hay que echar en olvido que Fernando no era solo juguete de sus emociones extraviadas; su creencia en la falta de Carolina residía en su propia naturaleza, es decir, emanaba de él. Esa mujer que la ley, la ceremonia religiosa había hecho suya no podía delinquir. Era lo convencional. No cabía en lo posible que Carolina fuera humana. Por lo tanto, antes de ser juzgada. Carolina estaba perdida.

Así, tuvo Carolina que pasar por la horrible pesadilla de ver a su antiguo novio asesinado ante sus ojos; como resultado de un cruel sistema social, perdió la honra, pero ganó en cambio la actualización de su alma, se transformó en agente racional e inteligente.

En resumen, Don justo, el factor racional, el vanguardista social que pugnó por estabilizar dos vidas divergentes a causa de sentimientos y creencias contrarias, triunfa con la victoria moral de Carolina, ante el mundo deshonrada, ante su conciencia un ser racional y no una cosa. En cambio, Fernando y Hortensia son instrumentos ciegos de Némesis para formar un alma, el alma de Carolina.

El problema profundo que plantea Tapia se resuelve en las almas algunas veces, pero nunca en la sociedad. Nina, en el *Strange Interlude* de Eugene O'Neill, no resuelve nada. La señora Alvin, en *Ghosts* de Ibsen, queda con la desesperación por compañera de sus días y sus noches. ¿Anna Karenina? . . . ¡ah!

La cultura avanzada puertorriqueña viró un recodo de su largo camino hacia la cumbre por este drama.

❧ ❧ ❧

A todos mis exdiscípulos aconsejo estudiar con ahínco la obra de Tapia. Siempre mis buenas admoniciones siguieron todos. Generosa Fernández, hoy a la cabeza del movimiento "Escucha" en Puerto Rico, criatura modesta más que la violeta a pesar de su bien merecido progreso, siempre me dice que debe a mis consejos el haberse orientado en la mejor dirección. Muchos de ellos han probado ya las amarguras del vivir y han dejado pedazos de sus almas en las zarzas del camino. Esas zozobras inherentes a toda vida se han atemperado con mis consejos. La obra de Tapia hará el resto.

Quiero dar un millón de gracias a los amigos de *Gráfico*, Alberto de Laisne, F. P. de Vega y Antonio González, quienes me iniciaron en el conocimiento de Tapia, regalándome *Mis memorias*. Esos amigos me rogaron criticase el libro con el objeto de dar a conocer la obra magna de Tapia en Puerto Rico.

También deseo darlas muy cumplidas al hijo del autor, Alejandro Tapia, que tuvo exquisita finura de invitarme con mi esposo a su artística morada a la vera del Hudson, donde me permitió leer trozos de *La sataniada*, epopeya grandiosa, obra maestra de Tapia, su padre, me regaló *La parte del león*, además de enseñarme documentos innúmeros pertenecientes a su digno padre, alma blanca como la garganta císnea.

He venido a conocer a hombre tan grande en la urbe neoyorquina, en mayo de 1929. Sea para mayor gloria de Alejandro Tapia y Rivera, el anhelo piadoso de su hijo Alejandro, que se emplea con ahínco en diseminar la obra de su ilustre padre, haciendo con ello un gran bien cultural.

Nota al lector: —Por error de mecanografía, el nombre de la protagonista Carolina aparece cambiado por el de Hortensia en la primera parte publicada.

(*Gráfico* [Nueva York], 24 de agosto de 1929, p. 19.)

EL CINEMATÓGRAFO HABLADO EN ESPAÑOL

La película presentada el 9 de abril por la Spanish American Movietonal Films es una serie de cuadros separados. Está muy bien filmada; los efectos fotográficos nada dejan que desear, así como tampoco los efectos de regionalismo que se obtuvieron donde se deseaban con Tomasita Núñez y sus acompañantes y la graciosa niña Reyva Reyes, quien bailó una rumba con toda la languidez acompañada de ardor de una verdadera cubana. En "Alma de Méjico", Reyva Reyes justificó su sangre mejicana en el baile que ejercitó con maestría.

Rodolfo Hoyos, magistral. Fue de todos el que más nos gustó. Su voz, de mucho colorido en los tonos, es clara, fresca y joven. Frasea admirablemente. Es naturalísimo, aristocrático y muy artístico. Parco en los ademanes, sus ojos y su rostro expresan mucho. El porte distinguido de este actor le da singular prestancia que encanta. Unido todo esto a su genialidad artística, Rodolfo Hoyos se ha apuntado un triunfo más.

Carmen Rodríguez, muy sentida en sus recitaciones, sobre todo en el "Gatito Jaspeado". Con un poco menos de amielamiento en la voz surtiría mayor efecto. Es maestra del gesto.

Alberto de Lima, exquisito.

Tomasita Núñez, de primera. Cantó con un sabor de la tierruca que apretujó nuestro corazón.

(*Gráfico* [Nueva York], 16 de noviembre de 1929, p. 8.)

HEDDA GABLER
En el Civic Repertory

Todos los recursos de la *mise en scène* se combinan en el Civic Repertory para la representación de *Hedda Gabler*.

Hizo Eva Le Gallienne una Hedda serena en su gran ironía, hermética en su gran envidia, dándole a la caracterización de la heroína ibseniana un matiz de excentricidad bastante distinguido.

Sus simplísimas y elegantes *toilettes* acentuaban el efecto escénico. Era su traje de mujer blanco, en la primera escena, con mangas anchas; una especie de peplo, sin serlo del todo, bastante amplio, dejando adivinar las líneas perfectas de su talle, haciéndola muy alta y casi indescifrable.

El traje negro en la última escena espiritualizó a la egoísta sin corazón Hedda, mujer extraña, de sentimientos encontrados. Convencional y respetable, Hedda se casa con Jorge Tesman, creyendo ver en él al autor triunfador. Se olvida de su primer novio en un santiamén. Cuando regresa de su viaje de bodas, desesperadamente cansada de Tesman, hastiada descomunalmente, halla que su exnovio se ha hecho famoso con un libro que acaba de publicar. Comienza a agonizar. Recurre a la hipocresía, a la perfidia, a la intriga. Envía a su exnovio a la muerte sin vacilaciones, quemando el manuscrito que ella no inspiró, matando la gloria en que ella no puede tomar parte.

La Hedda Gabler de Eva Le Gallienne bien puede ser más trágica y menos irónica. Los brazos largos terminados en dedos ahusados están en armonía con el gesto sumo; el cuerpo grácil, casi efébico y de rara elegancia se presta a modelar el movimiento desmesurado con ritmo síncrono de infinita belleza.

La musicalidad de la voz de las grandes trágicas falta a Eva Le Gallienne; tiene en cambio su voz un timbre de naturalidad encantadora.

Mucho nos gustaría verla en una Lady Macbeth, sanguínea, fuerte, la voluptuosidad del crimen en todo su ser, con el alma ardiendo, el cuerpo azotado por poderosa pasión.

El mutis previo a la destrucción del manuscrito retrató magistralmente la tentación con sus luchas intensas, llegando a la exaltación espantosa en que echó al fuego la obra de su exnovio porque la envidia le roía las entrañas, floreciendo en todo su ser las rosas rojas del crimen.

Jacob Ben-Ami, triunfante en el gesto, surtiría mayor efecto si echara a un lado la enunciación explosiva que lo artificializa. Demasiado viril o, lo que es lo mismo, débil en demasía, se había dejado cegar por Hedda, tan mujer en sus cambiantes matices.

Paul Leyssac, un casto de la maldad y complejidad humanas, ciego, despierta al borde del abismo, demasiado tarde. Hace su papel de marido tierno y cándido a perfección.

Alma Kruger, como siempre, llena casi el ideal. En la señorita Juliana Tesman es mansa, grande en su naturalidad, encantadoramente poética.

El drama en sí es un grito de descontento con la sociedad establecida. Una Hedda Gabler erigiéndose en salvaguardia de la moral inspira risa. Sublime hipocresía la de ella. Se da la muerte al verse casi en poder de la ley, cuando la respetabilidad se le escurre de las manos. No puede soportar la pérdida de su reputación que luego quedará en manos del vulgo. Judge Brack dice que matarse no está en orden, desconociendo casi por completo el temperamento femenino que, si no se deshace en lágrimas, se convierte en acción enloquecida.

El alma altiva de Hedda recibió cruel humillación al saber que su crimen era conocido. Todo lo vio rojo. El homicidio se le apareció como una liberación bienvenida. Su alma turbada, su conciencia tempestuosa, la empujaron en brazos de la muerte. Un miserere flotaba en los aires. Solo ella lo oía. No era posible la redención. Desamparada, triste, temerosa, desesperada, no halló consuelo en sus antiguas creencias. Los ídolos cayeron de sus bases. En el vía crucis de su soledad solo pensó en la pistola de su padre y se da la muerte.

Se lanzó al exterminio propio sin siquiera un átomo de arrepentimiento. La envolvió el deseo siniestro de un ambiente de voluptuosidad criminal y se fue derecha a la muerte.

(*Gráfico* [Nueva York], 15 de febrero de 1930, p. 6.)

NINA DE SILVA

En el Teatro Madison

El teatro Madison en Ridgewood, "Brooklyn", pertenece al "Keith Circuit". Es un sitio de recreo amenísimo de mucha importancia entre los muchos teatros de "Keith". Los actos de vaudeville que se presentan la mayor parte de las veces vienen fresquecitos de "Broadway".

El manager del cuadro español es André Hudiakoff, pintor ruso y pianista de calidad. Ha pintado un decorado que economiza las posibilidades terpsícoreas de Nina, formando admirable marco a su belleza, gracia y juventud. Hija del mediodía de España, andaluza hasta la médula, Hudiakoff la ha sabido rodear del color y la atmósfera de su tierra.

Nina baila desde que era una miajita. No puede concebir la vida sin el baile. Todo el mundo, según ella, debe bailar, puesto que todos se mueven y el baile es solo movimiento rítmico y gracioso a compás de la música.

André Hudiakoff la vio bailar un día y quedó prendado de la hechicería de sus bailes netamente españoles. Ardió en deseos de presentarla al público donde encontrara engarce ajustado la gentilísima prestancia de su arte ideando un decorado *ad hoc*, artístico de veras y singularmente atractivo. El primer telón ante el que Nina baila *Mirando a España*, del maestro Romero, tiene franjas encarnadas y amarillas, no en los colores estridentes del pabellón español, sino en mansos coloridos pastel de diafanidad suave. Un soberbio toro parece desleído en los colores, apenas esbozado de sugerencia esotérica.

El segundo telón es bellísimo. En cesto dorado reposan lánguidamente, en todo el esplendor de su belleza y color, rosas rojas, rosas amarillas enormes de tintes vivos y calientes, pero discretas. Baila la artista ante este decorado una zambra gitana. Llama mucha atención la indumentaria que luce. Amalia Fernández, modista de teatro, cosió el primor concebido por el director, señor Emilio Martínez. En la semioscuridad melada, las flores del traje que sincronizan en detalle con las del telón refulgen como los ojillos de las luciérnagas alígeras en las noches tibias de un mayo tropical. Se vuelven luminosas esas rocas hechas de radio. Se efectúa el milagro. Como por arte de encantamiento, las rosas adquieren vida propia; bailan aisladas, suspendidas como estrellas en el domo de los cielos en penumbra.

Tiene Nina de Silva toda su carrera ante sí y sin embargo parece estar ya consagrada con el divino laurel. Posee personalidad y vida. Aparece mejor cuando presta cierta patética expresión a su faz de líneas impecables y a los ojos color de miel hecha de flores sativas.

El baile *Mirando a España* tiene recursos inmensos. El bosquejo algo vago que ella muestra deja margen para mayor claridad de interpretación. A la zambra gitana un poco más de intensidad no le vendría mal. Nina de Silva, sensitiva e inteligente, de gestos fáciles y seguros, baila como la flor del cardo agitada tiernamente por la brisa leda de la tarde otoñal. Es alípede con las alas robadas al divino Mercurio, mensajero de los dioses.

Maneja las castañuelas con pericia, sacando de sus vientres armoniosos risas, llantos, suspiros. Inficiona los crótalos que difunden por el ambiente su mélica voz con toda la magia de su cuerpo ebrio del baile.

El coro, seguro en sus bailes. Ningún coro de baile español que hemos visto hasta la fecha nos ha gustado mejor. Se conoce que el ensayo se hace a conciencia y que las bailarinas se adentran en su papel. El movimiento rítmico de la mano, tan característico del baile flamenco, fue hecho con verdadera maestría. El juego gracioso de espalda y pecho, así como el taconeo, sin reproche.

(*Gráfico* [Nueva York], 22 de febrero de 1930, p. 6.)

ANITA Y CHARLES MADURO
En el Mecca Temple

Es espectáculo imponente cuando se levanta el espeso telón de terciopelo color de uva y aparece como a un conjuro mágico la orquesta de Henry Hadley.

Entre los muchos instrumentos, después de los de viento, hay un arpa, cuatro contrabajos, ocho cellos, veinticinco violines y la batería. El hombre de los platillos es maravilloso en su ovante manipular. El panderetero estaba ebrio con la música española de Charles Maduro, alzando su instrumento como gonfalón suntuoso de ejército guerrero.

Henry Hadley, delgado pero recio, tiende su mirada penetrante por el salón. Empuña entre sus dedos largos y firmes la varita mágica, esa batuta que saca música como Moisés agua viva de la roca escueta. Como un César, examina Henry Handley al auditorio, muy enhiesto, muy surcada la faz, vehemente el gesto.

En la obra de Maduro, "Scherzo espagnol", "Trianon" y "España" hablan los violines sonoramente, elocuentemente, bravamente. Los tambores sacan color de sus vientres combos. Es la música llama que lame acariciadora para luego quemar. El final del "Scherzo" tiene un grandioso revelo de instrumentos de percusión y como bofetadas de platillos. En el "Trianon" hay sugerencias de baile, Arabescas largas, espléndidas en la pose como las de Pávlova. Es casi un dúo entre violines y los cellos. Los violines enormes. En España, las voces de los instrumentos están trémulas de alegría, mucho colorido, tonos fuertes como el sol y el paisaje andaluz, nada de pastel, un cuadro, en suma, del Ticiano vehemente, apasionado del vivir, naturaleza despierta, alegría radiosa.

Anita, muy trágica en la sinfonía de Franck. Tiene mucho trabajo de adagio y de poses plásticas griegas. Expresivísimo juego de brazos. A mediados, la sintonía se vuelve un himno de regocijo, un *gaudeamus* que expresa Anita a perfección.

Aparece en el primer baile con un chitón griego, descalza, la cabeza libre de adornos. En el Minueto de Mozart se pone una guirnalda de flores y añade al chitón una especie de peplo corto. En el

"October Twilight" y "Bacanal" de Henry Hadley baila con el chitón más una "falla".

Tiene Anita el busto impecable de una polícroma tanagra de Gérôme y los muslos y piernas magistralmente delineados de una bañista de Boucher. En la redondez y madurez de líneas semeja una Venus Afrodita desde las caderas hasta las piernas que terminan en el tobillo.

Recibió Maduro una ovación estruendosa, nutrida, prolongada. Sus muchos amigos lo aplaudieron a rabiar. Anita fue obsequiada con muchas rosas. Rosas color de rubí, botones crema, rosas amarillas como cuentas enormes de ámbar.

Es una lástima que se dé a la prensa sitio tan lejos del escenario. No es posible criticar a conciencia un cuadro que se ve desde muy lejos. Se hace difícil ver la expresión de la faz y en un baile como el de Anita, cuando se escapa la expresión facial, se pierde casi todo el conjunto.

(*Gráfico* [Nueva York], 1 de marzo de 1930, p. 6.)

CHARLES MADURO

Entrevista exclusiva para *Gráfico*

Trágico, bien trágico, en verdad, es nacer para una cosa y hacer otra. Diverge la vida, divergen los sueños. En Maduro bulle el arte como la melodía en las cuerdas de una lira de marfil. Nació artista y se dedica a los negocios; nació bajo la égida de los dioses de la música y la pintura y está hoy activamente entregado a la Spanish Royal Mail Line de New York. Pero, como bien dice José Enrique Rodó, imperaba en Maduro "una solitaria idea dueña y absoluta señora del alma". Esa idea y esa señora son una: el arte.

Charles Maduro nació y se crio en Curazao. De su madre, artista de corazón, mamó la leche del arte del sonido. Desde muy joven comenzó a componer mostrando mucho talento y extraordinaria individualidad. Aguijoneado luego por el espolón despiadado del arte, abandonó la patria donde no había campo para sus actividades musicales y hace dos años vino a New York, donde el hechizo de componer seriamente como una encantadora Lorelei lo atrapó nuevamente para no dejarlo escapar.

Sazonado ya por los viajes, pleno del arte del viejo mundo, puso ya libremente en ejecución sus propias ideas. Así compuso obras menores que regalaba a sus amigos y que más luego fueron publicadas por Carl Fischer, Inc., G. Schirmer, Inc., etc. Éditions Salabert de París, la Columbia, la Víctor, la Brunswick, Dou Art y Ampico han hecho más de treinta discos de sus composiciones.

Muchas de las principales orquestas de los Estados Unidos tocan sus obras, entre ellas, la Manhattan Symphony Orchestra, dirigida tan magistralmente por Henry Hadley, la Rochester Philharmonic Orchestra bajo la competente batuta de Eugene Goossens y varias más. Todas las noches se pueden oír sus bellísimas obras en el radio.

Nina Koshetz, bellísima soprano dramática rusa, es una ardiente apasionada de la música de Maduro; Raquel Meller, la más graciosa y distinguida canzonetista que ha dado España, canta y baila sus composiciones con intensa delectación; Barbara Maurel y Tatiana Saizewitch también gustan inmensamente de la música de Maduro. Raquel

Meller cantará en la Salle Pleyel, de París, la "Canción de Cuna"; precisamente en estos días Doris Niles, la versátil bailarina que ha hecho las delicias del Capitol con sus bailes chinos y gitanos, de cuya inimitable interpretación emergen tierras lejanas e híbridas ante nuestra vista, baila con *amore* al ritmo seductor y sugerente de la música de Maduro.

Es este artista de una tan asombrosa versatilidad que no solo compone baladas, tangos, valses, marchas y canciones, sino que también se dedica a la música seria como minuetos, rapsodias y scherzos con éxito notable, según lo atestigua su triunfo de hace unos días en el Mecca Temple.

Maduro es un artista espontáneo, un convencido, un visionario de su yo cuando compone un imaginativo interior. Saca de su ego la refinada música de notas luminosas como abejas líricas armoniosas. Habla con voz insonora, como obedeciendo a un yo interior rítmico. Su forte es el ritmo y la armonía.

Es él de parecer que el crítico casi nunca se adentra en el alma de la composición que glosa.

El ambiente que rodea a un ser es su más clara expresión. Tiene Maduro en su dormitorio, a su cabecera, piadosamente, filialmente, fraternalmente, los retratos de toda su familia. La madre elegante, bella, opulenta de líneas, de frente lata e inteligente; el padre llama poderosamente la atención por su apostura y la gallarda expresión de los ojos. En medio del padre y la madre está un grupo de toda la familia.

Hay también cuadros pintados por él mismo que nada tienen que envidiar a los paisajistas franceses del siglo dieciocho. Raros y preciosos objetos de arte se ven por toda la casa; solo tres cosas faltan para hacer un edén de su mansión: un trozo de cielo tropical, un árbol y una mujer bella; pero tal vez pueda el genial compositor dar como Pigmalión vida a una de las mujeres que ha pintado.

No pudo habérsenos tratado con mayor gentileza, que agradecemos en lo que vale.

(*Gráfico* [Nueva York], 22 de marzo de 1930, p. 6.)

HANNAH LEFKOWITZ

Sus manos, dos palomas blancas que aletean felices. Soberbia de juventud, grácil como el junco, apareció Hannah, gentil damisela hebrea, ante su auditorio del Town Hall. Realzaba su tez color de miel la *toilette* exquisitamente simple de moaré dorado de mangas cortas, que dejaban entrever unos brazos como hechos a torno, con hoyuelos delicados en los codos. El traje larguísimo permitía adivinar dos piececitos como mariposas verdes, guardados amorosamente por la media de oro y el primoroso calzado de satén. Del *décolleté* modesto emergía una espalda bellísima. Las haldas opulentas tenían en la orilla un volante ancho con vivos verdes y era esto todo el adorno de un traje de gusto "chic".

El Preludio y Fuga de Bach en C Mayor fue una serie de notas líquidas que se seguían en procesión ordenada, los cromatismos admirablemente sombreados. Puso la artista cierta delicada frescura en la tan vieja música del Maestro.

En el "Capricello" de Scarlatti caían perlas musicales de los dedos de la maga. Alegre y juguetona, la música invitaba a bailar sobre el césped. Cada nota acentuada, bien fraseada con color y valor propios.

En el "Tambourin" de Rameau-Godowsky, la pandereta ha sido aristocratizada hasta tal punto que se hace difícil reconocerla con su plumaje prestado.

En las "Variaciones de un tema de Bach", la niña artista ejecutó la difícil música con claridad, precisión y sentimiento: semejaba una lluvia de música de rara melodía, como la música de un ritual cristiano en momentos de éxtasis. En este extraño ensimismamiento como que se sonoriza el alma, gime una oración, toma la música grandiosidad tempestuosa, se vuelve un epinicio que termina, ¡ah!, súbitamente. Vuelve la serenidad y entona el alma un himno de apacible contentura que en los tonos bajos del piano toma vuelos de lírica huracanada. La pianista borda hábilmente los diversos *moods*.

Expresó con Chopin el ensueño, la placidez de la tarde en calma, el corazón anclado ya. El "Estudio Opus 25" comienza tumultuoso; aquella alma que desconoció la paz expresa sus sufrimientos con notas melifluas —muestra el ansia de alcanzar eso tan difícil de obtener, la felicidad.

Schumann fue interpretado notablemente con la facilidad y delicadeza de estilo que él merece. La tonalidad de diáfana percepción era una poesía mélica que los dedos de la pianista cantaban con verbo melodioso.

En Debussy se oye el lento caer de la lluvia sobre las flores sitibundas del jardín. El tic tac melodioso es de lluvia mansa, lenta acelera el ritmo, crece en volumen sin nunca adquirir la fuerza de verdadero aguacero.

"Naila" de Dohnanyi, vals tan conocido siempre bello, no se deslustra con la popularidad; llega al alma del pueblo porque surgió de él aristocratizado, como está el pueblo lo reconoce.

Hannah Lefkowitz es un poema tallado en carne. Puso todo el ardor apasionado de un espíritu delicado en la interpretación de los maestros. Es la niña una poetisa sensitiva en donde vibra el color y donde la belleza canta.

(*Gráfico* [Nueva York], 29 de marzo de 1930, p. 6.)

MADURO EN EL TOWN HALL

Un torrente de música vertió Maduro sobre sus oyentes en su último concierto. Todas sus ensoñaciones plasmó en notas de singular musicalidad, como el perfume que se escapa de un ungüentario destapado. Las alas de sus visiones se extendieron por toda la sala en introito de ungimiento. La vibración musical cantaba en los violines hechos líricos, con un lirismo exaltado en la hora hipnótica. Maduro ha prestado oído a las brisas leves, a los vientos heroicos, al gemido del lago en la noche embalsamada por los hálitos enervantes de los saucos en flor; su alma de poeta de las notas se ha bañado en todas las tonalidades, en todos los cromatismos, en toda la rica gama de la música.

En la "Rapsodia española", su *motif* está compuesto de viejos folklores. Tiene la frase vitalidad, delicadeza y precisión. Hay pasos de jota, cambiante el tempo, con todo el matiz del carácter español, ya es mesurada marcha, ya vals de salón, bolero brillante, mazurka delectable. Los violines cálidos dan color subido al cuadro. Toda la tierra española con su pasión, sus toros, su semana santa, sus países del mediodía están retratados en ese *canvas* que bien puede ser un cuadro de Leonardo.

"Morena y sevillana", pieza enjundiosa, las castañuelas alegres, el tambor juguetón, derroche de genio, de música, de sentimiento.

En las canciones, interpretadas con sentimiento por la soprano rusa, Nina Koshetz, Maduro también se sobrepasó. "La melodía criolla", que ya conocíamos porque el autor tuvo la bondad de tocarla para nosotros, la encontramos todavía más sentida que la primera vez. Persigue la melodía como una obsesión al que la escucha. Es una miniatura de mucho valor.

En "Ricordi lontani" o en castellano, "Recuerdos del pasado", las pupilas del maestro ven pasar de nuevo la caravana de los recuerdos en las horas de la tarde expirante. Sus labios cantan al misterio del mar calmado y el mar responde en dúo con voz ronca de titán que el himeneo tendrá lugar algún día y la noche imperiosamente triste se cubrirá de estrellas.

"At Evening" es una canción de cuna. Canta la madre su canto de amor. Las estrellas como grandes antorchas ornamentan el cielo. La música tiene vaporosidades de nubes, gemidos del viento manso en el velamen de una barca que cruza el mar en la noche, en la paz de una noche en que Diana llena de luz argentada la tierra.

"A Dream". En esta canción, un soplo de alas parece oírse. La música se hace trágica como idilio que termina súbitamente. Una tórtola arrullaba el amor ido y la música tenía de su dulzura y de su tristeza.

Como conductor se nos reveló Maduro consumado; con movimientos suaves guio a los cuarenta miembros de la Manhattan Symphony Orchestra por los senderos melódicos. Secundado admirablemente, Maduro se anotó otro triunfo. Incrustó con todo el refinamiento de su espíritu la gran voluptuosidad de su música en la noche dorada.

Fue ovacionado otra vez como en su primera revelación al público neoyorquino. Ya es Maduro un consagrado en la Babel audaz, donde tan pocos triunfan, cayendo triturados bajo las ruedas del soberbio *juggernaut*; su lauro es uno más que puede ceñirse satisfecho. El esfuerzo ha sido una vez más apreciado; el talento se ha perfilado en relieve como flor viviente.

No queremos olvidar a Levenson, compañero de triunfos de Maduro, por la sencilla razón de que se obtienen los efectos de simplicidad solo por grandes esfuerzos. Tiene su música la cualidad espiritual de un gran éxtasis. Es una pasión quieta. Sus melodías poseen el embrujamiento del Levante. Son mansas como el camello del desierto, quietas como un árabe en oración. La música articulada. Habla el hombre interior con claridad serena, sin estridencias; Titania y Oberón bailan en las corolas de las flores al compás de su música festiva. Tiene el espíritu de hoy bajo maravilloso control, siendo toda ella de suave intelectualidad. Es la tendencia modernista del esfuerzo titánico para conseguir la difícil facilidad del arte verdadero.

(*Gráfico* [Nueva York], 5 de abril de 1930, p. 6.)

JUAN DE BEAUCAIRE

Imaginaos un hombre de distinguidísimo porte aristocrático, todo ritmo y armonía con el dinamismo del día, su arte para él una sinfonía enorme de ardor apasionado por la belleza, poeta del movimiento, de ojos nórdicos de azur, misteriosamente infinitos y escudriñadores, la frente angosta sombreada de pelo negrísimo como una tortura, la mirada de zafiro penetrante y ávida, en la boca una interrogación perenne, las formas viriles, la euritmia impecable, y tendréis a Juan de Beaucaire, intérprete enorme de los bailes de España.

Sus opiniones son como las de todo ser que hace uso del raciocinio, de verdadera convicción.

Siente gran admiración y no la oculta por La Argentinita como artista. No han sabido comprender en los Estados Unidos el alto valor de La Argentinita como bailarina española de primera magnitud.

Beaucaire ha bailado en Berlín, Londres, Egipto, en toda la América del Sud. En el 1907 estuvo con Ziegfeld en sus primeras "Follies", al lado de Anna Held, la tan famosa cantante francesa. Admira todavía, con admiración sin límites, el arte inimitable de María Montero, tan trágicamente fenecida hace dos años. La Montero, en su opinión, carecía de técnica, pero en la expresión era soberbia.

Ha bailado Beaucaire en el Century con las bailarinas de Gertrude Hoffman y con Elsie Janis. Ahora solo se dedica a exhibiciones privadas con un grupo de seis de sus más talentosas disciplinas y a enseñar; lo último le gusta con delirio.

Tiene Beaucaire un alto concepto del baile español. Para él es sin igual en cuanto a gracia y color; la música española es maravillosa, realzada por las castañuelas, el taconeo, la pandereta y la indumentaria.

—El "ballet" —dice él— es muy espiritual, pero el baile español le aventaja en tenuidad y refinamiento.

El baile español da líneas impecables, gestos reales. Su tecnicismo es de sencillez tal que da ocasión a la expresión casi inmediatamente.

Dice Beaucaire que las muchachas que más pronto aprenden el baile español y lo admiran son las americanas y, sobre todo, las que se dedican al trabajo.

La muchacha española y latina es indolente, se empeña en el camino más corto, no practica, lo espera todo del maestro sin poner de su parte.

Es bien triste que un español apasionado de su raza tenga que expresarse con tan elocuente verdad, que desgraciadamente es imposible desmentir.

Beaucaire empezó a estudiar desde la temprana edad de dos años, tomando desmedida afición al baile de sus antepasados a la edad de siete. Estudió con todos los profesores españoles que valían la pena. A Matías, el inimitable maestro de bailes gitanos, se lo llevó a vivir con él para así bailar a todas horas.

Considera su mayor triunfo cuando en los días felices de su estudiantazgo bailaba por el gusto de moverse, para el pueblo, que le tiraba dinero. —Esta, dice él, fue mi verdadera escuela. Bailar ante el Rey no tiene la seducción que la aclamación espontánea del pueblo, el verdadero creador del arte del baile. El pueblo lo adoraba. Los sombreros se agitaban al aire y el alma española se entreabría misteriosamente para dar paso a la aclamación genuina de olés y bravos.

Terminó el generoso Juan de Beaucarie con estas palabras que son el más alto elogio a su personalidad y desinterés, libre de todo celo profesional, palabras que son un mentís al público neoyorquino, una verdadera profesión de fe y un veto de la más acendrada justicia:

—Me deslumbro ante La Argentinita, porque es una gran artista.

(*Gráfico* [Nueva York], 12 de abril de 1930, p. 6.)

EVA LE GALLIENNE, ALMA KRUGER, EGON BRECHER EN *JOHN GABRIEL BORKMAN*

Este drama de Ibsen, escrito en 1894, es uno de sus rugidos más fieros, uno de sus atentados más vehementes de destrucción. Como todo hombre grande, Ibsen destruiría la tierra para crearla de nuevo a su gusto y antojo.

En *John Gabriel Borkman* juega el dramaturgo con los corazones como con dados. Las vísceras de rubí se lanzan y rebotan. A merced de la vida, el corazón de J. G. Borkman se quebranta; una mano fría de hierro se lo destruye. Lo mata el frío como a Annabel Lee porque, siendo de raza de mineros, al faltarle el calor de las entrañas próvidas de su madre tierra, se le enfría el corazón.

El triste corazón de Ella Rentheim ha interrogado a la vida año tras año la causa de su eterna doncellez y de su maternidad sofocada; no le queda ya corazón que dar.

Gunhild Borkman, adamantina, sin cejar ante el agravio que la vida le ha inferido, ha dejado petrificársele el corazón hasta el punto de permitir que por espacio de ocho años su esposo, J. G. Borkman, se pasee a lo largo de la Galería, en continuo vaivén desesperante. Como el vigía de Clitemnestra, J. G. Borkman no pega los ojos, no descansa. El patetismo de ocho años largos robados al vivir, a la lucha por la existencia de J. G. Borkman, es solo comparable a la incesante vigilia de once años del desdichado guarda esquileano de Agamenón.

Una madre quiere el corazón de su hijo para ser feliz, con la felicidad que le traerá su nombre redimido del estigma que ha echado sobre él su esposo, J. G. Borkman, apropiándose los fondos del banco, bien es verdad que con fines altamente humanitarios: el de hacer la dicha de miles.

Ella Rentheim necesita del corazón de su sobrino Erhart porque él es el hijo que ella no tuvo de J. G. Borkman, a quien amó en su juventud, de quien fue amada y por el que todavía llevaba los velos virginales.

J. G. Borkman, que nada esperaba de su esposa ni de su hijo, creyendo hacer suyo el corazón que no se rendía a la madre verdadera ni a la de crianza, para volver a la vida activa ensaya apoderárselo; también le fue esquivo. Aquel corazón de juventud pertenecía a la vida; nadie tenía derecho a él. Amor, solo amor lo atrapó triunfante, aunque no para siempre. Así lo comprendió la señora Wilton, joven y bella avara de amor.

No esperábamos jamás ver una Josephine Hutchinson tan jovial, al parecer somera, pero con un fondo de sentido común nada vulgar que la hizo ser generosa.

Eva Le Gallienne en Ella Rentheim estuvo a la altura de su fama como la primera actriz de los Estados Unidos. Su voz tiene las quejas sonoras del laúd tañido por manos enfermas; en ocasiones es un tintineo como de cascabeles argénteos, cuyo sonido reverbera en la quietud nocturna, cuando el alma de la noche reposa. Siempre meliflua la voz, aun en los momentos de huracanada vehemencia, se conserva fresca y bella. Cuando acusa a J. G. Borkman de ser el asesino de su alma, adquiere su voz tonos apocalípticos, gritos desencadenados de la gruta oscura donde yacieron. Pero… siempre una nota emana de su ser como el arrullo suave de paloma enamorada. Su rugido de desesperación en la hora negra, cuando muere J. G. Borkman, es una nota de cristalina musicalidad.

Se intensificó la belleza de la artista bajo el acicate de la pasión. Cuando descubrió que J. G. Borkman, en la hora de la tentación, salvó su fortuna privada del naufragio del banco porque la amaba, se transfiguró de dicha.

No obstante, cuando llega la hora de acusar, lo hace sin vacilaciones; su alma pálida por la enfermedad se llena de valor inaudito, su corazón anémico por el dolor no transa.

Es Ella Rentheim flor de atardecer, cuando aparece ante su hermana gemela, Gunhild Borkman, a desafiarle el corazón de su sobrino Erhart, el hijo de Gunhild y Borkman, a quien ella crio. No da cuartel; no lo recibe. Una, tierna como una queja, pero inflexible; la otra, dura como el diamante, inflexible a la par.

¡Qué golpe teatral tan efectivo, poner estas dos almas fuertes frente a frente! Solo un gran dramaturgo como Ibsen pone dos heroínas en su drama, las dos intensas, trágicas en la vehemencia de sus papeles.

La voz de Alma Kruger llora cuando pronuncia el nombre de su hijo a quien ella ha destinado el *role* de redentor. Vibra su cuerpo todo, mirando a Ella, su hermana, con quien se formó síncrona en las entrañas maternas, con ojos devoradores, grandes como almendras.

Eva Le Gallienne, bajo el imperio de su pensamiento único, recobra el corazón de Erhart, permitió a su alma traspasar los linderos de la prudencia en dos ocasiones; la voz un tanto opaca de Alma Kruger es como rara música prisionera en una caja de madera insonora. Aguijoneada por su hermana, la cadavérica Ella, la voz de Alma Kruger adquiere tonalidades rebeldes; sus gestos involuntarios se enormizan, destacándose como esas figuras al relieve, en contraste con la profundidad del surco que las rodea.

Eva Le Gallienne no cede; impertérrita clava su mirada en la hermana que le robó el marido que soñó y los hijos que nunca gestó con fijeza intensa; un escalofrío recorre el cuerpo de Alma Kruger; sus manos aletean como pajarillos nerviosos; se agita el rostro como el lago cuando sopla la brisa fría sobre su licuosidad.

¡Desdichado J. G. Borkman! Ni Ella que lo amaba, ni su esposa que lo odiaba, ni su hijo a quien le era indiferente lo llamaron a la vida activa en las mañanas del tiempo. Se fosilizó el hombre esperando que la suerte le deparara una nueva ocasión para probar el metal de que estaba hecho, esperando las visitas que nunca llegaron; la vida lo dejó atrás, lejos, muy lejos. Entonces extendió sus brazos a la desesperanza y la hizo su querida; con la desesperación en su ya quebrado corazón, escupió sobre la vida. No se rindió, no capituló. Enhiesto, murió con la esperanza, su única amiga, un vago hálito de amor cubriendo su cuerpo yerto —las manos exangües de Ella.

La interpretación de J. G. Borkman por Egon Brecher es magistral. Muy humano con sus egoísmos, muy humano con sus pequeñeces mostrando en todo tiempo esa tacha que en la tragedia griega y en la vida toda atrae la perdición.

El fracaso, a principios indistinto, se hizo profético y heroico cuando el horror de su vida inactiva lo atenaceó con mano de hierro. La desesperación convulsionó sus facciones, sus dedos se hicieron nerviosos y la pena titánica lo envejeció de pronto.

Faltan las palabras para expresar el cálido triunfo de estos artistas del Civic Repertory. El cuerpo frágil, fuegofatuesco de Eva Le Gallienne se perpetuó en la historia del movimiento por el éxtasis que lo produjo; el temblor ligero de su boca, la sonrisa de color subido con que escuchaba a J. G. Borkman rememora los tiempos de su noviazgo, el gesto de leona con que se abraza a su Erhart, los brazos como garfios que quieren rodearlo para siempre, la confianza pueril con que reclina la cabeza en el hombro de J. G. Borkman son inolvidables.

¡Cuánta amargura y desaliento en el eterno ir y venir de J. G. Borkman! ¡Qué tragedia, qué terror, qué misterio en la desilusionada Alma Kruger! Toda la sitibundez de su vida queda sin apagar ante las murallas de china de la vida. Todo el delirio de Níobe, torturada por la muerte violenta de toda su prole, toda la pena de Adriana, abandonada en sus pupilas, todo el llanto de Raquel en los ojos, todo esto hace a Alma Kruger descomunal.

¡Qué simplicidad enorme es el esfuerzo máximo en Eva Le Gallienne! ¡Qué dedos expresivos de pasión bien frenada que surge inesperada en momentos de descuido!

La lección moral de este drama es tremenda. Las fuerzas espirituales nada valen sin la maquinaria del dinero. Por el dolor, Gabriel Borkman, ser de visión altruista, es vencido y humillado. Las manos llenas de oro de un amigo traidor devastaron su vida.

(*Gráfico* [Nueva York], 19 de abril de 1930, p. 6.)

EN EL TOWN HALL

Louis Sugarman y Giuseppe Leone hacen esfuerzos por complacer a tres razas y lo logran

———

Comenzó Sugarman con Johann Sebastian Bach, el Palestrina del protestantismo, quien se inclinó más a la música teologal que a la helénica del Renacimiento, toda alegría, libertad y vida.

Se regaló al auditorio con la música tierna de Falla, la marcial de MacDowell, la intelectual de Albéniz y la bella de Granados.

Cantó Leone el aria "Eri Tu", de *Un ballo in maschera*, del maestro Verdi, dando a las notas el colorido único de su personalidad musical. Sus tonos fueron pura melodía, siempre ajustados, la voz un instrumento que él maneja a su antojo, siempre con maestría.

Sugarman nos deleitó con un *Vals Brillante* en La bemol de Chopin, cuyas obras maestras nadie ha podido rivalizar ni igualar por esa estría de melancolía que les da a sus composiciones su más delicado encanto. Es este vals de tal elegancia y distinción que nos recuerda a su compositor, el "Beau Brummell" de los salones parisienses, siempre de punta en blanco, enguantado, acicalado de pies a cabeza, sin olvidar el clásico alfiler de corbata que casa con la camisa. El más intenso de los compositores, Chopin, expresa en este vals todas las emociones.

Un "Claro de luna" del gentil Claude Debussy trajo a nuestra mente la manera magistral con que maneja este compositor el tono, cosa que el pianista nos puso de manifiesto.

En la *polonaise* de MacDowell nos encontramos con que el poeta de los "modos" de la naturaleza, que con tanto arte sugiere con su música dulce, suspirante, gimiente, riente, tiene creaciones de distintos géneros. Sugarman hace de esta *polonaise* una interpretación bonísima, temperamental, *appassionata*, brava.

Las obras de Falla cantadas por Leone son unas miniaturas de color delicado, pero cálido, de mucho mérito. Leone se sobrepujó en la expresión.

Arrancó Sugarman del sonoro instrumento, que es el piano Knabe, las más donosas armonías. Leone conquistóse el corazón del público con la encantadora gracia de su arte.

El elemento italiano colmó a Leone de aplausos y en los números españoles, tanto el pianista como el cantante, recibieron su buena cantidad de la gratitud del público que la expresó con prolongados aplausos, haciendo que los maestros bisasen con ardor.

Ello no significa que los italianos aplaudieran los números italianos solamente o los latinos, los números españoles; el programa todo recibió una sincera ovación del público en general.

(*Gráfico* [Nueva York], 26 de abril 1930, p. 6.)

CAROLA GOYA

Ante todo, esta bailarina no es española, como a primera vista el nombre indica. Es americana de los Estados Unidos. Esto hay que tomarlo en cuenta con respecto a sus bailes.

Hace cerca de dos años que se presentó esta muchacha en las tablas de los teatros neoyorquinos.

La crítica se hace eco de la perfección y encanto de sus bailes y hasta ahí la crítica no va desacertada.

Los bailes de Carola Goya son españoles, los bailes populares de España, de las Islas del Caribe y de la América Española.

Ella es un producto perfecto. Creeríase que ha salido de una de esas fábricas americanas que tan excelentemente hacen ya cigarrillos, ya "robots (hombres mecánicos de inconcebible fealdad)", ya los automóviles, el radio, etc. Tal es la precisión, seguridad, ritmo y acabado de su baile.

Para expresar hay que sentir. Del sentimiento surge la pasión, maga generosa que lleva en sus entrañas el arte. Pero el arte que no vive no es arte.

Carola Goya se sabe al dedillo el tecnicismo de su profesión. Todos sus bailes son el *summum* de la perfección. Sus trajes armonizan con el baile como el de pocas bailarinas españolas. Si atendemos a la superficie, Carlota Goya está poderosamente equipada.

Pero, ¡ay!, falta la pasión, el sentimiento y, por lo tanto, el arte.

Ver a Luisa de Lerma bailar es sentir con ella. Pasar por toda la gama sentimental del pueblo recio y bravío, del pueblo tierno y religioso, del pueblo fanático de amor.

María Montero, fenecida trágicamente dos años ha, ponía tal vida en sus unidades coreográficas que aún sus dedos afilados hablaban. Observar a María Montero bailar equivalía a querer indómito, a lloro de muerte, a temblor tempestuoso. Cada movimiento de aquella mujer tenía la estética sensualidad de la gata en amor. Cada línea de su cuerpo era un poema hablado, cada pose, estatuaria; sus ojos se entornaban enojados o brillaban acerados en el fuego del movimiento que expresaba. Ya se derretía en pasión, como se entregaba rendida. Aquellas castañuelas, ¡madre de Dios! En sus manos eran palabras mágicas, conjuros de sibilas, admoniciones de combate, plegarias de amor, la rendición suprema de la amada que se entrega en la silente hora crepuscular.

Carola Goya no es medular. Fina y exquisita como una muñeca de Tanagra, fría y desapasionada como las nieves, ni conmueve ni convence. El espectador se aleja del teatro con la sensación de haber vislumbrado algo raro: el cuerpo del baile sin el alma.

(*Gráfico* [Nueva York], 24 de mayo de 1930, p. 6.)

EUGENIO ASTOL

Por eso yo no canto como las aves
Fanfarrias vocingleras a la Natura;
Las notas de mis versos son notas graves
Como las de los Salmos de la Escritura

Almafuerte

En la valorización de los grandes hombres de Puerto Rico, el futuro no podrá dejar de reseñar a EUGENIO ASTOL, porque su personalidad polifacética de escritor-filósofo no puede quedar ignorada.

¿Es Eugenio Astol un innovador, un iconoclasta, un revolucionario? Es todo esto y más; es un hombre que aspira con todas las fuerzas de su alma a llegar a la perfección. Así él se esfuerza en ver las cosas tal cual son para ayudar a la humanidad a conseguir la perfección armónica.

Eugenio Astol es un maestro; comparte con los niños y con los niños adultos su alimento cultural, como comparte también el pan material en muchas ocasiones.

Como poeta, Eugenio Astol pertenece a la estirpe de los que han sufrido mucho porque mucho han amado y luchado. Es un adorado romántico. Oigamos las notas de su canto suave como un paisaje plácido de hechizo helénico que condensa pictóricamente las luchas del soñador pugnando por atalayarse alma adentro en los bosques frondosos y oscuros del yo.

ALGÚN DÍA

Siempre que bajo en sueños
a la sirte profunda de mí mismo,
deténgome en mitad de la jornada.
¡Tan obscuro y tortuoso es el camino!
Ansioso pugno por volver al borde
y a flor de alma estoy: ¿qué oculto signo

me salva del naufragio en que me anego?
Y torno a un nuevo giro
y otra vez la jornada se suspende
y nunca titubeando en el vacío
me lanzo a desgarrar la niebla lívida
que arropa las entrañas del abismo.
Pero algún día violaré esa sombra,
aunque ruede en el curso de los siglos
y tornaré, llevando de mis alas
hacia arriba, hacia el sol: vida y espíritu
con una extraña lumbre en las pupilas
y en el canto el temblor de un nuevo ritmo.

(*Gráfico* [Nueva York], 31 de mayo de 1930, p. 6.)

DOÑA BÁRBARA
Última novela de Rómulo Gallegos

Es universal la novela de Gallegos porque en ella pululan las pasiones, se desborda de su cauce el corazón impetuoso de una mujer, arrasando, torturando, destruyendo. La barbarie en su apogeo está allí rampante; el ímpetu primitivo, sin Dios ni ley, solo la ley del llano, ley del talión, ojo por ojo.

Sin piedad se arranca la vida en un goce que es solo inercia de la moral social. Se roba al vecino con cálculo, premeditadamente, su hacienda. Si hay conciencia en el llano, su voz suena muy queda o se ha apagado ronca de tanto gritar y no ser escuchada.

Es universal Doña Bárbara porque natura potente, impávida en su eterna evolución, en su sed de selección, no se cura del tráfago psíquico del hombre. Hierve la sangre bravía, se vuelca sobre el seno de la tierra, se vacían las venas una a una de plantas, de animales y de hombres; natura no pestañea. Implacable, se traga su propia obra, acaso como esas madres que algunas veces devoran su prole.

El habitante del llano lleva preñez de pasión. La sangre burbujea en sus vasos sanguíneos con calor y con dolor. Es su fiera existencia, su lucha contra natura, la guerra, guerra *à outrance* entre dos fuerzas —la una ciega, la otra, la de la civilización.

Resiste el hombre primitivo las caricias de la hembra que le impone su autoridad; es la primera vez que ebulle su ser y no destruye, que tiembla su corazón al fuego de la pasión y se reprime. La civilización pugna por adueñársele. Y en ese empuje magno de dos avalanchas, en esa colisión de dos fuerzas, vence una, dejando destrozo, lloro, desgarro de almas y más luz en las conciencias atrofiadas.

La selva poderosa resiste a la civilización con sus traicioneros tremedales, sus engañadores espejismos, sus fecundantes lluvias, sus devastadoras sequías; se puebla de ganado en un día y en otro se muere todo de sed en la corriente seca o se hincha de beber agua malsana que también le trae la muerte; termina en las fauces de una boa o de un acimán, sordo el cielo y el hombre a sus mugidos delirantes.

Murió un grande amor, un grande y primer amor en el alma de la híbrida Bárbara en los días de su doncellez. Gestó en ella el amor, muriendo antes de nacer. La concusión fue tan tremenda en aquella naturaleza semibárbara, que odió al hombre porque él había alevosamente matado al único ser que había ungido su alma con el bálsamo precioso del amor que solo vivió un día. Despertó del desmayo, del no ser que le produjo la detonación del arma que cortó el hilo de la vida de su amante, su amor inconfesado, salvo con los ojos. ¡Ah, Asdrúbal!

Volvió a la vida con otro corazón, con otra naturaleza. Se sintió mala. De ahí en adelante fue como una fiera. Asesinó y robó impiadosa. Su belleza salvaje fue la sirte donde se estrelló el barco de muchos. Su encanto animal la proporcionó amantes a granel. Ya no era la pobre Bárbara sino Doña Bárbara, la terrible bruja, la temible asesina, la cacicazga incondicional del llano.

La civilización llegó hasta ella y se prostituyó en sus brazos. Fue un Barquero, emparentado con los Luzardo, señores de Altamira, en quien la fiera se ensañó cruel. Marisela, producto de la unión de Barquero y Doña Bárbara, unión nefasta, fue gestada con el útero solamente pues para nada intervino el corazón.

Fue Doña Bárbara la barbarie hecha carne. Fue Santos Luzardo la civilización en persona. El choque de estas dos fuerzas fue tremendo. Vidas se quebraron, pero Doña Bárbara se halló, resucitó su alma, nació de nuevo.

Esta novela es local porque su tema es el llano venezolano.

Cuando a Doña Bárbara se le perdió el alma, se le torvó la actitud. Asdrúbal se retiró. Vio Doña Bárbara a Santos y no se explicó lo que le pasó. Su alma comenzó a asomarse. Curiosa, se atalaya sin comprenderse. Creyó a Luzardo otra víctima, pero su hombría se impuso a la domadora de hombres, que a su vez quedó domada.

El autor salva una situación difícil con maña y con arte. Las pasiones malévolas destruyen el llano; el amor lo va a salvar.

El amor lava la cara sucia de Marisela. El amor que ruge de pronto en su pecho para su padre, le trae el amor de Santos Luzardo, su primo, el hombre de civilización. El amor la hace bañarse con el polvo de las estrellas del pozo. El amor desvía el arma que apuntaba certera al corazón de Marisela, considerada rival por Doña Bárbara. El amor, en fin, salva al llano para la civilización.

En la selva indómita y bravía, en la selva fecunda y asesina se desarrolla el antagonismo de cacicazga y cacique, de Doña Bárbara y Santos Luzardo. Nos lleva el autor, con mano segura, familiarizado con los latidos del enorme corazón de la selva alerta, en comunión íntima con sus artimañas, cauto como *connoisseur* experto.

Entraña Doña Bárbara la moral del llano, sin ley ni principios; Santos Luzardo, la de la civilización. Chocan estas dos morales y se estremece la selva. Surge la cerca que dividirá los predios y hará volver a sus dueños las reses remarcadas.

El problema magno de la redención del llano lo expone Gallegos con valentía y lo resuelve magistralmente. Terminan los feudos, el amor se exalta, la ley se hace reina. ¿Es esta finalidad la sabia, la que traerá la felicidad universal? "Ah, there's the rub", como diría el buen Hamlet.

El estilo es digno y elevado. Un hálito de belleza acaricia al lector en todas sus páginas; belleza bravía a ratos y en otros sutil, como el de raro perfume oriental que la bella se vuelca sobre las palomas blancas de sus senos. Doña Bárbara, como Clitemnestra, la heroína esquiliana, no nos repugna. Tiene el autor para ella excusas piadosas del que bien entiende y mucho ama.

El novelista no se ensaña jamás, no culpa, no destruye; crea siempre, siembra siempre.

Castellanos[1] describe con verdad la situación del llano. Lanza su ideología sin gritos estridentes, ni atentados de moralización o proselitismo, convencido de que la verdad se impondrá. La calma del convencido es el alma del libro. Su modo de expresión se adapta al simbolismo que, al transmutarse en acción, da el efecto que el autor propone.

Es notable la interpretación artística en el amplio escenario del llano, su lúgubre sinfonía, asordinada por la piedad artística del escritor que introduce el amor para atemperar la severidad del calor dramático y hasta transfigurarlo.

(*Gráfico* [Nueva York], 14 de junio de 1930 p. 6.)

---

[1] N. de la E.: Errata en el original. Debería decir: Gallegos.

AMOR AUDAZ

Agradecemos la invitación de la Paramount Publix Corporation para asistir a la exhibición privada de la película *Amor audaz* en el teatro Criterion de Broadway.

Durante su exhibición nos hicimos varias reflexiones que van aquí fielmente en espíritu de construcción.

La película en sí es para mentalidades pálidas e inferiores. Ni distrae, ni convence, ni enseña.

BARRY NORTON, bien.

La característica, muy atinada.

La protagonista, demasiado reservada; bien es verdad que su papel ingrato no le daba margen para mostrar talento histriónico. Dado el carácter anodino de la película, los actores y actrices no pudieron estar mejor.

Parece increíble que, a un público como el latino, acostumbrado a películas como *Bella Donna*, *Madame X* y tantas otras de gran fuste intelectual, artístico y dramático, se le pretenda presentar una película de tercera clase, pueril y tan sumamente insípida que los artistas a quienes se encomendó la tarea no pudieron desplegar sus dotes artísticas, porque la obra carecía de elasticidad. Todos estuvieron bastante acertados en sus respectivos roles, si se toma en consideración los inconvenientes que tuvieron que vencer.

Fuimos invitados hace un año a una película de cuadros de intenso sabor latino, en que lucían sus talentos Reyva Reyes en el baile, Tomasita Núñez en el canto, Rodolfo Hoyos de Lima y otros más, cuyos nombres se nos escapan. La gerencia regaló a la prensa retratos de todos los artistas con el argumento de la película y una corta biografía de todos los personajes. A eso se llama hacer bien las cosas.

Daba la casualidad que yo conocía a Barry Norton y a Menjou. Con respecto a los otros, me quedé a la luna de Valencia pues, como son poco conocidos en la pantalla todavía, he aquí que hoy no puedo precisar sus nombres.

Creíamos que se nos mostraría una película española en su fondo y forma y quedamos decepcionados al encontrarnos con una traducción del inglés, su atmósfera completamente americana del norte, sin más valor que su fotografía y el bendito hecho de aparecer los nuestros en ella (a excepción de Menjou, que es el señuelo que ofrece la compañía al público para atraérselo) y el idioma, que era al parecer correctísimo castellano, sin vitalidad ni resorte por faltarle el modismo, que es el nervio del idioma.

(*Gráfico* [Nueva York], 5 de julio de 1930, p. 6.)

"LAS CAMPANAS" DE EDGAR ALLAN POE

Trabajo dedicado al Centro Literario Hispano de la Ciudad de New York y al Violinista Mexicano Patricio Castillo

En la musicalidad de la forma se halla el hechizo del verso. El verso da a la poesía su alma melódica.

En "Las Campanas" está la orfebrería en cálido maridaje con la música. Del alma de las campanas emerge la música lírica de las campanillas de los trineos; de las campanas de bodas, la música trágica; de las campanas tocando a fuego y de las campanas tocando a muerto.

Es esta poesía ejemplo vivo de la figura llamada onomatopeya. Es decir, imitación de los sonidos naturales por medio de las palabras. Las manos trémulas del desdichado bardo morfinómano arrancaron a su lira las voces de las campanas.

Las campanas de plata de los trineos se dejan oír. Purifican el aire iónico con sus vocecitas de plata, alegres con los cimbales que dedos de hadas bailarinas hacen sonar en el frenesí del baile, cuando los pies alígeros, rosados como la temprana aurora, bordean el lienzo de la danza. Es un mundo de alegrías el que vuela sobre la noche fría. Se esparcen los rumores mélicos, límpidos sus tintineos, melifluo y sosegado el ritmo por la campiña sonora. Sube al cielo la dulzura abemolada de las campanillas de los trineos, las estrellas acabrioladas, altas, serenas, magníficas, en el claro argento con que se cubren, recogen la melosidad en sus senos rutilantes, repercutiendo su divino retintín en el azul de los cielos. Las campanillas, las campanillas, ¡ah! ¡El retiñir de las campanillas!

Las campanas de bodas también cantan de la dicha del himeneo afortunado. Sus gargantas dulcificadas aturden con las notas de oro derretido de su voz, notas que riman con el arrullo de la paloma torcaz que con los ojos devora en silencio a la luna. Eufónico el sonido, sale blando, se hincha, se detiene en el futuro y cuenta con melodioso fervor de la raptura que las impele a oscilar, a cencerrear, a repicar.

Las campanas de fuego asordan el oído de la noche con la historia de terror que le cuentan. Son de bronce. ¡Cómo alarman, cómo acibaran el oído con sus chillidos discordantes; ríspidas, piden clemencia al espíritu del fuego! Sus gargantas ululan. El fuego no siente piedad, es sordo a sus reconvenciones, brinca más alto. Más y más en su deseo frenético de llegar a la luna. Las campanas tañen su desesperanza y su música inquietante. Cuando se acentúa, la esperanza se marchita, se acentúa y palidece el consuelo. El peligro, como una mar turbada por la tempestad, acrecienta para calmar luego. El ruido no se cansa. ¡Y rechinan las campanas de fuego y chocan, y aúllan las campanas, las campanas!

Las campanas fúnebres son de hierro. La monotonía de su voz melancólica solemniza el momento. Se espeluzna el espíritu cuando gimen en el silencio cristalino de la noche en quietud, como un pájaro dormido en el ambiente hialino, las campanas. La funérea lobreguez de su tono es una amenaza a nuestra vida. Los sonidos roncos que emiten sus gargantas son gemidos. Los que moran en el campanario sienten deseo sanguinario con su tañido, tañido, repetido, repetido, rítmico, rítmico… Sobre el corazón posan una losa; se les abrillantan los ojos malignos, están en sus glorias esos que acibaran la existencia de la noche, son los espíritus malos que se ceban sobre los cadáveres, los *ghosts*. Su rey es el que tañe, es su rey el que repica; graznan las campanas, aturden, retumban. Su chis chas es alegre. Danza el rey, y aúlla, aúlla, aúlla acompasadamente como una rima de bardo rúnico haciéndole dúo el sonsonete de las campanas, al compás, siempre al compás, de las campanas que sollozan, que gimen. Y tañe el rey, sigue tañendo . . . ¡Mugen, mugen, sollozan, sollozan y braman, braman las campanas, las campanas!

Nos ha hecho oír el sabio poeta cuatro clases de campanas. Las palabras que indican sonidos, o sea, música, escogidas todas con visible cuidado para surtir el efecto deseado son ya cristalina carcajada, meliflua canción, fragor de truenos, aullidos de lobos hambrientos.

El genio de Poe ha traducido con esta poesía todo el misterio pasional de sus voces interiores que le rogaron las exteriorizase con ese modo tan sugestivo de expresión. El ungüentario del verso esta vez ha sido lo bastante lato para representar la emoción de la felicidad y del dolor.

Imposible es sentir piedad por este quebrantado corazón, cuando ofrece a la posteridad su alma sangrante en la copa burbujeante de sus versos.

(*Gráfico* [Nueva York], 2 de agosto de 1930, p. 7.)

GLOSANDO A *LA BELLA INTRUSA* DE
MAX RÍOS RÍOS

Hay desbordamiento de vida espiritual e intelectual en el vaso artístico que es *La bella intrusa*. Desuncirse es ascender. La ascensión es siempre peligrosa si no se lleva lastre suficiente. El alma analítica y crítica mira al sol sin temer sus rayos. El autor, en su gran experiencia de hombre, ha sido su propio Dios; en los íntimos dramas de su conciencia, ha sido su propio juez.

Como Manfredo, el héroe byroniano, Max Ríos Ríos gusta de plegar sus alas y hundirse en la soledad de su yo, en monólogo con su yo, contra la sociedad imbécil coterránea.

Sed altiva de idealidad lo impele, el dolor universal lo atrae, su alma henchida de sagrados deberes lo empuja a analizarlo todo, la religión, la ciencia, el porqué de la vida y de la muerte. Con él se puede repetir aquel verso de Sully Prudhomme:

"Avec Dieu cette nuit, mére, j'ai de combats".

En la naturaleza se halla el arte. Ella lo inspira; ella revela el mundo con colores y formas, imágenes y sensaciones. Olvidar la naturaleza fecunda y viva es desdeñar el color y el relieve. Por eso, el que no penetra en la naturaleza con energía y perfora hondo en ella, no es artista.

En la novela, *La bella intrusa,* hay arte, a la vez de carácter filosófico y descriptivo. El estilo es ajustado al plan de la novela y es reflexivo y emocional porque el autor vislumbra alto, hondo y ancho.

Es psicológico su arte porque trata del alma del hombre. Su psicología, sin embargo, no padece de ictericia, de enclenquez ni de frío; tiene los pies bien afirmados en el documento vivo que es el hombre y se afianza y sintetiza lo emocional y relevante. De este modo, el autor ha llegado al verdadero arte por medio de la verdad y de la belleza.

No deja Max Ríos Ríos ningún problema social sin tocar, ya sea somera o profundamente, pero el problema que integra su novela es el derecho sagrado de la conciencia en el libre examen y el derecho a pensar.

Un espíritu amplio de tolerancia llena toda la obra porque todo se comenta y se discute con calor, convicción y libertad. Puntos de vista esencialmente humanos confirman la independencia intelectual del autor.

Los yugos espirituales no son del agrado del protagonista, Marcos Glaube, porque él a todos les ha aplicado su escalpelo valientemente, con una heterodoxia palpitante de curiosidad, desmenuzando el dogma que mata la expansión vital.

Glaube, naturalmente, posee la virtud máxima, libertad. Sin ella no hubiese podido comprender la bondad innegable de Juana, la nobleza del alma de la Berceo, la imbecilidad de Adela, el fanatismo ignorante de don Cloro y la pasiva resistencia religiosa de Irma.

Al capítulo "La Autonomía de la Fe" se le puede aplicar independientemente todo lo que al libro en conjunto, pues sintetiza la obra toda.

Hurga el escritor en las entrañas de la vida. Sin más rodeos, su verdadero instinto analítico de pensador lo dirige recto siempre, reconociendo la inmortalidad del alma en la vida que sirve para dar otras vidas después de la muerte, descartando toda vida ultraterrena. Como Miguel Servet, Max Ríos ha llegado por la sana razón a la glorificación de la vida del hombre, el verdadero Cristo. En antagonismo con las creencias teológicas, Ríos Ríos sabe que el hombre crece en vez de desmerecer. La fatalidad y el castigo por la paradójica falta de nuestros primeros padres no le hace errar y, lejos de oscilar hacia el lado de la gracia y de la nulidad de las obras ante el Dios de ira de los hebreos, cae del lado del esfuerzo que salva, de la voluntad que dirige y de la libertad que es faro.

Las Escrituras aminoran la importancia del hombre a favor de un Dios absoluto. Glaube no está de acuerdo, volviéndose más humana y más penetrante su nueva moral, llegando impensadamente a la lógica conclusión de: "creo en Dios porque soy".

Se da cuenta Glaube de la reñida y cruenta batalla entre la teología y la ciencia y las concesiones que ha tenido que hacer la primera ante el empuje avasallador de la segunda, a pesar de los santos doctores de la iglesia y el texto de las Escrituras. Sufre la teología al contacto con la ciencia una humanización completa.

Marcos Glaube, a la luz del más moderno examen y del análisis más despiadado, personifica la acción latente y la voluntad personal, sin esperar el éxito por orgullo o vanidad.

Don Cloro, poseído de mística fiebre, está contra Glaube, la ciencia. El delirio religioso que lo atenacea es el mismo que antaño quemó a Servet, se cebó en Darwin y Rogerio Bacon, Spinoza y Giordano Bruno y que, hogaño, hará naufragar el hogar de Irma y Glaube.

La novela de Glaube produce algunas veces el efecto de la resupuración de una úlcera casi olvidada, al apuntalar con él nuestras creencias en el esfuerzo humano, al vivir nuestras propias creencias.

Don Cloro es el *mujik* iluminado que no vive para sí sino para la mayor gloria de Dios. Un alucinado es don Cloro. Su vida solitaria le ha preparado el camino; su sistema nervioso acusa en pequeño la vesania: está al margen de ella, presenta el pródromo de la monomanía religiosa. Para él, Marcos Glaube, el individualista, es un criminal porque al adquirir personalidad roba a Dios. Así, su obra es nefanda. Le lastima que Glaube, al parecer tan buen esposo, de tan noble carácter, de tanta potencia intelectual, se dedique a escribir libros funestos; inflexible en su lógica clerical, se pronuncia contra el padre que no da a su hijo las aguas bautismales, es decir, que no lo hace cristiano. Sin saberlo, don Cloro es un panteísta a lo asiático, al sacrificar la familia de Glaube al Dios de que cree haber surgido, por la terrible culpa de Glaube que pugna por cristalizar su alma individual.

La bella intrusa es una novela de rara índole. Sus rasgos generales la sitúan en la escuela realista, pero esta clasificación dista mucho de ser exacta porque es a la vez novela de costumbres, novela de almas y de seres de características salientes. La comparsa entona con los actores principales. Irma, la de la "voluntad abolida", como diría Rómulo Gallegos, no puede resistir a la impetuosa Adela porque no está su resolución flaca, habituada a la energía. Vence la petimetra por sobre Glaube porque el conflicto de Irma era ya avasallador, subjetivizándose al contacto con la agilidad teológica de don Cloro, la carencia de candor en Adela y la estrecha visión de la madre de Irma.

Lo que reviste de máximo mérito a *La bella intrusa* es el hondo análisis psicológico de los caracteres a su modo de obrar en consecuencia.

Epopeya de la vida híbrida que lleva el latino en la Meca americana puede ser *La bella intrusa*. Esta obra, americana neta, está llamada a ocupar un lugar permanente en la literatura hispanoamericana.

Pasamos por alto el intenso color local arrebolado de ley. Nos inclinamos ante arranques deliciosos de sutil sarcasmo, nos olvidamos de trocitos de genial poesía, no echamos en saco roto la belleza del conjunto.

La lucha de Glaube por formar un hogar nuevo dentro de los límites de la razón se estrella ante Irma, que se deshace de Juana porque no conoció nunca la caridad, criada en la escuela de la más irreductible respetabilidad.

"—¡Mujeres sin entrañas! Y luego predican a Dios y se comen los santos".

Juana, la maritornes, la caída, daba a las mujeres respetables una lección, la del verdadero cristianismo. Para nosotros, esas palabras de Juana son fanal y acicate. Encierran tanta luz como el diamante, tienen tanta divinidad como la frase del Maestro, "hombres de poca fe".

"Siempre la humana inteligencia", dice Pompeyo Gener, "pedirá la razón de ser de todo lo que no comprenda; solo el que de ella esté privado aceptará, sin comprender, los principios que le impongan".

¡Ah, los don Cloro! "Donde Dios impera en absoluto, la ciencia es inútil".

(*Puerto Rico Ilustrado* [San Juan, Puerto Rico],
15 de noviembre de 1930, pp. 23-24.)

EN TORNO DE CRISTO

Llega a nuestras manos *En torno de Cristo* de Eugenio Astol. Pequeño volumen, bello y de perfecta impresión, que acaba de publicarse en España.

Es con profundo respeto al pensador y amigo que lo glosamos.

El lector superficial halle tal vez una serie de bien escritas historietas en el libro de Astol, pero aquel que baje a las profundidades encontrará cosas muy serias; miniaturas solamente religiosas al parecer, no lo son, pues hay en todas ellas una bien orientada filosofía imantada por la idea del mito analizado intelectualmente a la par que místicamente. Humana e históricamente, el Cristo en la obra de Astol es bloque cierto.

No es el misticismo del escritor superstición vana sino idealismo experimental, verdad contundente de las canteras emotivas de su ego.

Si el Cristo de Renán es vivo, el de Astol no lo es menos. Renán tomó al Cristo de la Biblia y lo despojó de los velos que lo oscurecían a los ojos del vulgo. El Cristo de Astol es su propia hechura, se ha formado y ha crecido alma adentro, en las regiones creativas del autor.

Como puede deducirse, Cristo es la figura central de un altorrelieve. En torno suyo, los más destacados personajes bíblicos en bajorrelieve, agrupados con arte y gracia inimitables, hacen del autor escultor sagaz.

En el libro todo se halla el poeta. Su visión interior une a la superficie saturada de belleza ideal y rara, única porque el sentimiento de lo bello en este autor es de suprema delicadeza, la poesía en él anida. Astol no tiene rival en los cuadros que pinta. Como Watteau, es un colorista exquisito, aunque, contrario a él, siente verdadera pasión a la par que delicada emoción por su sujeto.

Incomparable es el estilo. Fluido se deslíe en fácil lectura, adornada con exquisito gusto de figuras siempre oportunas, nítidas como alas de gasa, hialinas como aguas límpidas, afiladas como escalpelos.

De avanzada es la filosofía del escritor y del hombre; es decir, su hallazgo de la razón de las cosas es del futuro o, lo que es lo mismo, Astol se da cuenta plena de lo que acaece en sus reconditeces y de lo que observa y ejecuta su exterior, con el testimonio de sus sentidos y su conciencia, penetrando en la razón de las cosas con los ojos del cuerpo y del espíritu. Manera sencilla y cuerda de filosofar. Así dice:

". . . cuerdos imbéciles . . . sin lanzar nunca una ojeada, un atisbo, hacia su mundo interior, inconscientes del tesoro que llevan dentro . . .".

Mas, como la filosofía es la investigación, la primera necesidad filosófica es examinar detenidamente las cosas y las personas; al menos Bacon y Descartes así profesan creerlo. Pero la filosofía tiene su aplicación práctica y se impone por demostración.

Así, pues, Astol dice: "los sembradores de ideas marchan siempre adelante, lanzando con amplio ademán la semilla en el surco, y toca a los que vienen detrás recoger y clasificar las espigas". Nos acordamos de aquellas palabras paralelas de José Ingenieros: "su obra es tender un puente y pasar, para que en el punto de llegada sobrevenga otro a renovar su esfuerzo".

Es por el amor que terminará el dolor, según nuestro autor. La razón es antorcha y el dogma, imposición. La tolerancia se hace indispensable porque el pensamiento de todos es distinto. Humanidad, por sobre todas las cosas, es su esencia filosófica.

No se le oculta "En las Rosas del Divino Señor" el enamoramiento sexual de Santa Teresa. Tan primorosamente lo expone, que no podemos dejar de citarlo:

"¿Por qué se irguió Santa Teresa como impulsada por oculto resorte y lanzando un ronco grito se inclinó bruscamente hasta tocar con su rostro el pavimento de piedra?

Sobre la cabeza de Cristo culebreaban, buscándose, dos flexibles llamas, y su cuerpo era como un extraño vergel de flores lujuriantes; de cada herida, de cada llaga, de cada cuajarón sangriento habían brotado lozanas rosas, con el rojo matiz de labios femeniles en plena juventud, agitadas suavemente en sus hojas de sangre, por un misterioso, subterráneo aliento".

Humano es el Cristo de Astol, pero también divino. Parece como, si al describir a Teresa, se inspirase en el cuadro del gran Bernini, "Éxtasis de Santa Teresa". Es más amor humano que divino el de la santa, pues ve "las mariposas abatiendo después su vuelo sobre las maceradas carnes del Apóstol, allí en el propio lugar del corazón, confundiendo sus brillantes alas en un tembloroso ritmo".

También un eco de Hipólito Taine nos llega en la descripción bellísima de Astol:

Taine: "Algo demacrada por el fuego y las lágrimas".

Astol: "Su semblante marchito".

Taine: "La languidez de las manos".

Astol: "Sus manos inmóviles semejaban mustios lirios".

Taine: "Con los ojos entreabiertos, se ha dejado vencer por un éxtasis delicioso".

Astol: "Sus ojos fijaban en la trágica escultura hipnotizante".

En el mundo el hombre ha avanzado siempre. Olvidando su forma vegetal, diremos que de algún antropoide cuyos lineamientos se han perdido en alguno de los diversos estratos geológicos, ha pasado de forma en forma y con más luz cada vez, esto es, más desarrollado su intelecto, menos encadenado "al polvo donde anidan los gusanos". Estas formas producto son de nuestra materia, pues "espíritu y materia, alma y cuerpo, son inseparables y ambos se encuentran en una relación necesaria, ley absoluta para todo el reino animal".

Pasar de forma es natural y a forma más alta, natural también, pero una oración feliz de Charles Richet, que tomamos prestada, casi nos define: "terrestres somos y terrestres morimos".

Insumisión al *statu quo* es parte integrante de la filosofía de este pensador. Una Mano que llama es breve compendio de la vida del hombre en la tierra. La mano del hombre prehistórico talla el sílex y da el primer golpe de cincel que construirá el Partenón y modelará a Pallas Atenea.

Al hombre prehistórico siguió el rey, monarca absoluto, semisalvaje, despótico. Pasó este a la nada y surgió el sacerdote, padre de las castas y los privilegios. Continúa el cambio de forma, siempre en progresión ascendente, hasta hacer del mundo una condición ideal de libertad y ciencia.

¿Terminará ahí el ciclo de la vida del hombre? Responder a esta pregunta no cabe en este estudio.

Una revolución espiritual es el librito *En torno de Cristo*. Si bello es el pensamiento, la forma no lo es menos. Vuelos poéticos se nos enfrentan a cada instante, haciéndonos exclamar: ¡Lindo! ¡Primoroso!

Pero, es ante el pensamiento claro que se nos regocija el alma. La personalidad del autor nos es de interés secundario, es su idea la que nos enamora.

En el sendero de la credulidad, Cristo ha sido Dios, Profeta, Verbo. El aspecto único, literario y divino que Astol nos presenta es fascinador, pero nos gustaría verdaderamente más si lo hubiese hecho UN HOMBRE.

Clotilde BETANCES JAEGER
Nueva York, marzo, 1932

(*Puerto Rico Ilustrado* [San Juan, Puerto Rico],
14 de mayo de 1932, p. 20.)

EL CÁNTICO DE ASÍS

De Rosita Silva

———

Para Laura Galaviz

Obrita última de Rosita, tras la que se le va a una el alma. Hacerse lenguas de ella es lo único posible.

Se nos presenta Rosita bajo una fase nueva: la mística.

Levadura que tiene de Francisco y de Teresa, de Swedenborg, Keyserling y Kempis que fermenta en el manantial generoso de Rosita, es este libro.

Nada de letras. Mucho hondor. Rosita ha dado a logro una nueva modalidad mística puesto que, si aspira al cielo, no renuncia por completo a la tierra.

Ignoramos cómo se ha determinado la evolución temperamental de la autora hacia el misticismo, pero, a juzgar por los que la han precedido y se cuentan entre los grandes místicos, el estado de ánimo que predispone a la vida de renunciación es siempre de carácter trágico, a excepción del gran Han Ryner.

Las cualidades dignas de nota y loa en Rosita son indudablemente exquisita dulcedumbre, mezclada a profunda ternura y sencillo candor.

Puramente mística como Novalis no es nuestra amiga, pero, en su anhelar ferviente, pertenece a la gran familia de los místicos del mundo.

Varios poemitas que tienden un puente hacia Dios, con algunos cuentos, forman un todo de delicia sin rival. En los poemas late el alma sencilla. El milagro de la noche y el mar se juntan en un solo.

Novilunio místico, poleo oloroso a santa, incienso de ofrenda, libación odorífera se entran por las niñas de los ojos hasta el intelecto. Hay oro virgen en el pensar sereno pero madurado. La palabra mansa, la expresión aterciopelada, el estilo suave, el ritmo pausado como el de sacra procesión de la Virgen de Dolores es *El cántico de Asís*.

No cabe duda que a las letras, no tan solo puertorriqueñas sino internacionales, aporta Rosita con *El cántico de Asís* algo muy sonoro y muy bello, muy del corazón.

(*Artes y Letras* [Nueva York], año II, núm. 15. Septiembre de 1934, p. 5. En "Página femenina")

EN SU RECITAL DEL McMILLIN

Leopoldo Santiago Lavandero

Para calibrar a Leopoldo Santiago Lavandero como recitador, no puedo atenerme a la comparación pues no he oído a Berta Singerman, González Marín, Pablo Casado, Mario Barral, etc. Así pues, es a la luz de mis exigencias personales del arte de la recitación como lo entiendo que me extenderé en algunas consideraciones sobre mi joven compatriota y amigo.

A despecho de lo que puedan creer los demás, mi opinión es que el sentimiento empujado por el intelecto domina al mundo. El intelecto sin el sentimiento es huérfano de padre y madre. Por lo tanto y en primer lugar, el recitador debe estar saturado de emoción que se traducirá en *nuances* de la voz, en el tinte más o menos sobrio del gesto y el ademán. Ayudado en gran parte por la técnica, el artista escalará las alturas, sin género alguno de dudas. Cierto grado de cordura unido a una dosis de continencia son indispensables al artista más experto y acabado.

En Leopoldo Santiago Lavandero existe una cualidad muy digna de loa: sentido exquisito de proporción que naturalmente ha de captarle el interés de los oyentes. Pero la atención no es todo. El público debe vibrar a cada palabra que vierta el recitador. Los corazones y las mentes del auditorio deben pertenecer al artista. Poseer ese público en puño de hierro y a la vez de terciopelo es la prueba final y decisiva de todo arte logrado. Santiago Lavandero es frío. La pasión dentro de cauce controlado es como [un] caballo árabe, finamente nervioso e inquieto, pero dominado hábilmente por el jinete.

La poesía de Pablo Neruda, por ejemplo, austera, formal y económica de medios para el recitador, se torna árida en extremo si el declamador no le pusiera detrás toda la fuerza de una interpretación viva y el ímpetu de pasión refrendada con arte. La fascinación de Neruda estriba en el claro-oscuro. Si su intérprete le da el matiz oportuno y la delicada nota tonal, no cabe duda que el efecto de la recitación será luminoso.

Buzo experto, Santiago Lavandero rebusca en las profundidades, con raro sentimiento individual, la emoción nerudiana. El colorido, sin embargo, es monótono e intenso. Falta la gradación sabia de lo claro a lo oscuro y viceversa, lo que hace que predomine la media tinta lúgubre en la música de la voz.

De todos modos, Santiago Lavandero no es todavía la figura abarcante que promete ser. Su arte viene de lo hondo, donde se desarrolla y crece. Momentos hay en que difícilmente penetra el escalpelo interpretador hasta la médula, pero siempre logra atrapar la concepción central del poema que recita.

Una de las más salientes virtudes de este declamador es el dominio que ejerce sobre su cuerpo. Cuando llega a los momentos culminantes, entonces el cuerpo de prestancia suma obedece a la mente y los movimientos son bellos y sinuosos, elegantes e intensos.

La voz posee don vibrátil que la hace penetrar en todos los oídos, sean los tonos modulados del violoncelo, los pianísimos mañanales de la alondra que despierta a los estruendos de sabor wagneriano. No hay una nota forzada en la escala musical de su garganta.

En la interpretación de las poesías negras de Luis Palés Matos este artista es magistral, en mi opinión. Él se ha hecho cargo de la música, de la pintura y escultura de los versos de Palés a grado tal que, cuando recita, recibimos espléndidos obsequios artísticos por todos los sentidos.

Leopoldo Santiago Lavandero es culto, versátil, joven, bello, penetrado por lo que intenta hacer. Olvidando deficiencias en los gestos, algunas veces demasiado angulosos para ser agradables y artísticos, hay que notar esto: el recitador no es esclavo del poeta pues también está en el deber de crear, no cruda, extravagante y pródigamente como la naturaleza, sino aplicando a su creación aquella característica especial del genio inventivo: la utilidad. Tal parece que este joven crea a su modo. Toda creación consta de lo verdadero, lo bello, lo bueno y lo útil. El arte por el arte es anacronismo en nuestra época. La utilidad por venir última no es la menor parte de la fórmula creativa. La utilidad es tanto más importante en toda creación por su aplicación universal. El campo de la ética, o lo bueno en la creación, se contrae demasiado cuando falta la utilidad ideal para dar un paso solamente a la belleza ideal.

Hay dos clases de arte, estético y social. ¿A cuál se inclina nuestro compatriota? A los dos tal vez, o quizá no se ha decidido por ninguno, haciendo de ambos mazo armónico.

El lenguaje del gesto está más perfeccionado que el lenguaje en sí porque la función del gesto y las señas tuvo como fin indicar relaciones. Por eso, un recitador de gesto acabado debe ser lo corriente y no la excepción. El gesto santiagueño adolece de variedad. La mano expresiva no sabe qué hacer con los dedos. ¡Manos de gesto perfecto las de Leopoldo Stokowski!

El lenguaje recitado es sonido. Las fluctuaciones vocales, en este sentido, se prestan a infinita variación en la tonalidad. Leopoldo Santiago Lavandero se ha adueñado del sonido que no siempre trasmite a perfección. Ha podido visualizar el sonido y fotografiar en su cerebro las imágenes del poeta que interpreta.

Como somos muy exigentes, hallamos que Santiago Lavandero pudo estar mejor en su recital del McMillin. En la función de media noche en la Cervantes se superó. Harlem lo consagró.

Sin regateos, deseamos rotundo triunfo a este nuevo luchador. Como hoy los hombres se miden por su estatura moral, se es grande entre gigantes y pigmeos mientras no falte la talla.

Clotilde BETANCES
New York, 1937

(*Artes y Letras* [Nueva York], año V, núm. 2.
Febrero de 1937, pp. 8, 18.)

"... ERA EL PENSAMIENTO DE TRES MIL LARENOS"

Termina "Caminito Blanco", uno de los poemas de *Abanico de fuego,* con la estrofa que da título a este estudio crítico de los poemas de César Gilberto Torres. Hemos tomado, con perdón de César, esta línea porque nos ha emocionado hasta el tuétano. Si algo tiene César y mucho tiene es emoción, sin olvidar la sinceridad histórica y literaria.

Tímido y muy callado es César, pero dícese que las aguas quietas son profundas. Cuando a Puerto Rico atañe, César es de fuego y es de hondura.

Cierto que *Abanico de fuego* tiene muchas deficiencias literarias y poéticas. Se nos viene a la memoria el poema "La Matanza de Ponce", que pierde en emoción y efecto por los muchos errores poéticos y gramaticales.

No obstante, es *Abanico de fuego* algo así como una escoba nueva para barrer basuras y dar limpieza a ciertos actos lareños que, de oscuros, se pasan. Ya entonces no hay confusión ni tanteo histórico, sino revelación y entendimiento sobre hombres y hechos antañales. El espíritu de los poemas, siempre antipuritano, es aquí de consciente y orgullosa inocencia.

Aunque el desarrollo del arte de César está incompleto, muchas líneas robustas dan vida a los poemas. Sin ningún género de dudas, su lectura estimula porque abre varias ventanas históricas para aquellos que quieren asomarse a ellas. Como él ha investigado e interpretado a conciencia, este motivo lo ata a los buscadores.

Renglón poco rosado es el hecho de que César no posee el mando de su instrumento: el lenguaje. Además, tanto la mecánica del verso como su ángulo técnico mucho dejan que desear. Pero César es modesto y ruboroso, sencillo y ameno, verdadero y sincero. En sus momentos de sensibilidad tonal falta el tinte esencial para convencer y persuadir. Carece en los pasajes cromáticos de transición discreta, sin que ello merme su visión interior, aledaña a la ubicuidad de los grandes profetas.

Delicadeza y pudor tienen los versos de flama, aunque su contribución a las letras patrias sea poca cosa, a pesar de su patriotismo genuino, por faltarles el toque cordial poético. Precisamente por esto un hilito de melancolía cósese entre las estrofas. El hombre interior busca sustancia en la poesía interpretada y el modo *sui generis* de interpretarla. El lector, a su vez, busca más percepción poética de parte del autor.

Sencilla la expresión, llama a nuestro sentido estético, aunque nos duela el verso académico y la poca seguridad técnica.

Caleidoscópica historia de Puerto Rico es *Abanico de fuego*. Para los nostálgicos de los lares puertorriqueños, estos poemas traen dulce consuelo.

A pesar de sus pocas pretensiones a la forma, el autor revela autoridad en el fondo.

Para Puerto Rico, tierno sentimiento, para sus enemigos es acerado. Aunque unificado, con su Isla es siempre subjetivo.

Comienza la historia puertorriqueña de César Gilberto Torres con un rebelde borinqueño, "cacique de caciques", quien se presenta a sí mismo explicando: "Soy el indio Agüeybaná".

En "Descubrimiento de Puerto Rico", hacen ronchas en nuestra atención estos dos versos:

parece que al Caribe
le nació un corazón.

En las estrofas cuatro y cinco, un pequeño cambio daría elasticidad y vigor a los versos, si en vez de decir "se parecen las costas", fuera "parécense las costas", y, "se me parece aquel", "paréceme aquel".

En "La Muerte de Agüeybaná" no se sabe quiénes "se fueron llorando", "si los tranquilos coches", "la ceiba y el ciprés", "la comitiva fúnebre" o ellos.

Tales máculas, como las señaladas arriba, debilitan la intensidad y la emoción que el poeta intenta traspasar al lector.

En "La Fuente de la Juventud", el cambio de ritmo quiebra la monotonía y la poesía se hace linda con la musicalidad del ritmo.

De Agüeybaná y Ponce de León pasa César al negro esclavo. Una pena que este poema tenga tantos errores de imprenta, pues la nota querulante y larga pega agradablemente en el oído.

Los pronombres dan mucho que hacer al bardo. Hace uso de ellos para rematar el verso, lo que da anemia a la expresión.

No obstante, César tiene en muchos casos el decir todo suyo o, mejor dicho, pensamientos viejos en moldes hechos por él. Del recurso literario para dar potencia y brillo a la frase, César está muy alejado. Por ejemplo: "Llenó de incienso sus penas", tan lindo y tan sugestivo, se oiría mejor y vigorizaría al poema si se dijera: "De incienso llenó sus penas".

Cuando leemos "La invasión Holandesa" nos preguntamos cómo Puerto Rico puede ser colonia con una historia tanta de valor. ¿Quién dice que el puertorriqueño es cobarde ni está estancado? Así lo prueba "El Motín de Yauco".

Abunda la sinceridad lareña y penateña. El pueblo puertorriqueño y la patria tierra tienen en César un campeón.

Por lo mismo que el arte verdadero va hacia arriba, la poesía debe entrañar verdad en la formación. La sangre del borinqueño no es latina. Hubo latinos en la *Latium*. Italia en Iberia nunca fue latina. Mal puede Iberia entonces dar a los indígenas latinidad que nunca tuvo.

No cabe duda que César siente la historia puertorriqueña en *Abanico de fuego*, pero la llama de ese abanico quema sin alumbrar porque, si bien el fondo es de oro de ley, la forma deja mucho que desear; sin embargo, el espíritu de batalla por libertar al suelo sagrado está en los versos.

Damos la bienvenida a *Abanico de fuego* y decimos a su autor: ¡Adelante! *Ad astra per aspera*, ya que, únicamente pisoteando al dragón de las dificultades, se puede caer de cabeza en los astros.

(*Pueblos Hispanos* [Nueva York], 24 de julio de 1943, p. 6.)

VI
"Si pudiera, escribiría unos versos"
Creación literaria

AGUA HERMANA

¿Qué intranquilidad acosa al agua? El corazón del agua es esquivo a toda quietud. Su movimiento incesante tiene del viento la fuerza y del mar la profundidad.

El río tiene voces extrañas. En el silencio del boscaje pasa sin detenerse. Retrata en un instante las copas verdes y sigue su curso serpeando sobre las rocas limpias, sobre las rocas agudizadas y escuetas.

El agua canta por la arboleda una canción de paz; por la sabana se desliza perezosa; su voz es soñadora, rumorosa; su ritmo, lento y sereno.

Pasa por el cañaveral besando ávida las raíces preñadas de dulcedumbre, paladeando la corteza que encubre el néctar. Allí su canto es sosegado lleno de contentamiento.

Llega al pobre arrabal. Ya ha perdido el cristal de su linfa. Se ha tornado amarillento como una rosa marchita; su caudal corre pesado; tiene su melodía tonos de escalas menores, vibraciones disonantes.

Se desliza bajo los rosales. Una abeja con patitas amarillas por el polen robado a las flores se retrata en la corriente. El alma de la tarde le confía sus secretos; explora el sol acuchillado por la noche impiedosa; natura toda está pálida, una perla enferma, diríase. Las flores se deshacen en perfumes como un bote de esencias que se destroza llenando el aire de fragancia. El color opalino del cielo da a las aguas matices de pedrería. El Ángelus se escucha. Tiene de la noche su manto de sombras. Las aguas recitan un réquiem.

Perfora la montaña el volumen de agua. Su canción encierra ecos de tormenta. Su taladro horada con fuerza. Emerge de las entrañas de la tierra; trepa sobre el altiplano; muge, truena, brama, crepita el cristal acuoso; bufa en su ascensión; jadea como persona adiposa que trepa colina escapada; se revuelve feroz, da resoplidos violentos como caballo de batalla enardecido por el fragor del combate; se yergue mayestático, escala la cumbre. Se adueña del monte con frémito rabioso y se lanza por la pendiente, desatado, a carcajadas, retorciéndose en el ardor de la pasión de haber vencido. Es trueno su canción. El Apocalipsis lleva en su voz. Sube hasta el cielo su grito ronco de campana de fuego; se extravasa tendiéndose por el llano; goza metiéndose a raudales dentro del caserío. Ya su voz enronquecida tiene el cansancio de la tarea. El aniquilamiento se inicia hasta que solo queda una sábana de agua argentada donde jugaron los niños en el atardecer de ayer al caer silencioso de la noche.

Es el agua mi hermana. No tengo paz. La inquietud me atosiga. El ansia de no sé qué me desvela. No resisto la calma profunda de la tarde, ni el beso del céfiro nemoroso. Me lanzo a la carrera, atalayo mis montañas interiores y caigo sobre el valle jadeando, desvaído, inerte, incomprendido de mí mismo, siempre errante, siempre tras mí la jauría del insomnio.

(*Gráfico* [Nueva York], 10 febrero de 1929, p. 15.

En "Charlas femeninas")

Y PIERROT LLORÓ . . .

Como acudiendo al llamamiento de un conjuro mágico, apareció Pierrot. La luz expiraba asesinada, impiedosa por las manos aterciopeladas de la tarde. El ambiente era un arpa eolia, tocada por los dedos áureos de hadas invisibles; el jardín, apoteosis de perfumes. En la calma profunda de la hora, diríase que moría un niño. El cielo era de argento y azul.

Lentamente Pierrot se acercaba. La fragancia que escapaba del alma de los azahares le producía una vaga sensación de zozobra. Bulliciosas, las rosas bailaban el compás de los céfiros. En la copa de la ceiba gigantesca, Filomena daba al aire su canción.

Junto a la fuente rodeada de estatuas, Pierrot se detuvo. Dragones de aspecto fiero vomitaban chorros plateados sobre los pececillos de gualda. El agua del fondo aparecía esmeraldina. Los cisnes contemplaban a Pierrot alargando sus cuellos líricos para saludarlo. Él les acarició fraternalmente, siguiendo adelante. Bajo la ventana de Colombina se paró. Sus dedos deslizándose diestramente sobre las cuerdas de la guitarra cantó:

"Sal a escuchar mi canción,

sal mis penas a calmar".

La ventana permaneció cerrada como un corazón rebelde a todo ruego. El desdén de Colombina lo torturaba, como a Hércules la túnica de Nesus.

El jardín estaba en actitud expectante. La ventana se abrió lentamente.

"¿Qué deseas, Pierrot?

Sal como antes al jardín. Anhelo mirarme en los negrores de tus ojos y soñar contigo sueños de amor. Los lirios, tus hermanos, desean besar los rubíes de tus labios tibios; las magnolias están tristes porque tú les haces falta; los cisnes se mueren sin ti. El jardín todo desfallece. Sal para contemplar juntos el vuelo de las palomas enamoradas y el ritmo de las nubes. Ven, Colombina, te llama el Amor".

"No puedo, Pierrot. Bajo mi ventana me cantaste amor en noches radiosas de luna". Su voz se hacía trémula, como las cuerdas de una viola tocada por manos que añoran caricias pesadas. "Tu canción era bella, demasiado bella, pero Arlequín me besó y la canción se hizo vida. Amo a Arlequín". La voz terminó en un suspiro.

Y Pierrot lloró como lloran los hombres engañados por su mejor amigo, y la mujer de sus sueños lloró bajo los cielos, ante el jardín.

VERDAD. ¿Qué valen las palabras ante los hechos?

(*Gráfico* [Nueva York], 10 de marzo de 1929, p. 11.
En "Charlas femeninas")

SOLA

¡Me dejaste sola, oh amado!

El peso de la soledad cayó sobre mí en la hora misteriosa del atardecer.

Mis ojos hinchados de tanto llorar, mi tez como una ceriflor, mi cabeza estallante de dolor no podían ya atraerte.

Cien cuchillos me herían; tu beso de despedida me derritió en dolor. ¡Qué horrible es el dolor de la ausencia! El día se parecía a la noche, tan densa era su negrura. El sol estaba frío y mi alma gélida, como polluelo enfermo a quien no cobijan ya las alas maternales, se encogía, acongojada de mil muertes, recordando su acerba soledad.

¡Me dejaste sola, oh amado! Huyeron aquellos días en que, al besar mi pelo, preguntabas si habías dormido bajo los pinos o si los había lavado con ébano. ¡Qué cortas las horas en que me olfateabas porque el perfume de mi carne te traía memorias del jardín! Mis labios te sabían entonces a las cerezas que mordías en el bosque, mi tez era de azucenas de que tanto gustaste siempre.

¡Me dejaste sola, oh amado! Como el pajarillo a quien han robado el nido con los hijuelos, me lamento a todas horas; tu ausencia es la copa de cicuta que estoy condenada a beber cuando todavía tengo en el cuerpo calor y en el alma, la primavera.

Añoro el fuego de tus besos; la pasión con que estrujabas mi carne toda, te añoro bajo las holandas, cuando con el calor de tu cuerpo joven hacías culebrear por el mío la pasión.

¡Oh, amado, yo te seguiré! El gusano no te poseerá mucho tiempo. Voy a reclamarte. Mis cenizas se unirán a las tuyas amado. Un solo rosal tendrá sus raíces sobre nuestras tumbas, nutriéndose de tu esencia y la mía. Entonces, amado, estaremos siempre juntos.

Marzo 13, 1929

(*Gráfico* [Nueva York], 30 de marzo de 1929, p. 7.
En "Charlas femeninas")

RIÑA DE GALLOS

Cuento criollo

Primera parte

El cielo azul pálido semejaba un *canvas* de añil diluido. Las sicilianas multicolores se mecían vanidosas en sus tallos. Vestían a la tarde riente de pompa regia. Una vaquita de San José, zumbona y alegre, se posaba amorosa, ya en la siciliana policolor, ya en la unicolor, secreteándose íntimas. La vida palpitaba. Las iguanas tardas y abultadas de vientre se movían perezosas con paso que querían hacer ligero. Su timidez proverbial las hacía huir hasta de los niños con quien debían estar harto familiarizadas. Un cobo subía por el tallo de la higuereta, dejando una línea vermiforme de baba viscosa e hialina que se irisaba al secarse. El gongolí dormilón no se hacía una rosca como otras veces, sino que se desperezaba al sol, luciendo la gallardía de sus anillos de oro y ébano. El céfiro jugueteaba alegre, cargado de perfumes.

Aparecieron los niños.

"Mira qué bella esta, Librada, para tu corona".

"La que veo allá es más preciosa todavía. Roja y amarilla, la bandera española".

Mientras unas recogen sicilianas, las otras, sentadas en piedras enormes, las ensartan para hacer coronas con que luego adornarán sus testas adorables de juventud, brazaletes para los brazos impúberes, pulseras para las muñecas torneadas, collares para las gargantas líricas, tobilleras para las piernas prometedoras.

Se oyen gritos de angustia. Una abeja ha castigado a la osada manecita lilial, enterrándole su aguijón. La mano de la víctima se hincha. El remedio para la picadura es muy barato. Natura lo provee. Una de las amigas ofrece solícita su orín que mezclado con tierra es remedio mágico. Todos los chicos conocen esta cura por experiencia.

Librada aplica la debida dosis, acariciando a la angustiada que se deja cuidar melosita.

"¿Verdad, Librada, que no me moriré?".

"No, mi vida, a todos nos han picado las abejas. No es nada. Todos los años sucede. El año pasado estábamos todas por el campo. Yo vi un cerezo; me acerqué y estiré mi brazo para alcanzar una más roja que la cresta del gallo de abuelo; al tirar del ramo, movilo lo suficiente para que un nido de hormigas se cayera. ¿Dónde crees que cayeron? Pues se colaron por el escote de mi vestido. Toda me picaron. Pasé una tarde horrorosa. La tierra del nido me causaba escozor y las hormigas hicieron de mí su presa. ¡Cuánto me odiaban por haber destruido su hogar! Cada vez que yo me tocaba, trataba de aplastarlas. No sé cuánto millones maté. Fui una asesina. Yo sufría matándolas, pero me picaban furiosamente; cada dardo que me asestaban las precitas me enfurecía más; yo me daba bofetadas recias en la espalda. Y verás tú, nena, pensaba en el cerezo que se quedaba sin su nido, que tal vez lloraría en la noche la ausencia de sus vecinas, a quien había prestado sus ramas para construir un hogar. Cuando llegué a casa aquella tarde, tenía fiebre y abuelita dice que me pasé toda la noche gimiendo la soledad del cerezo y plañéndome el haberme visto en la necesidad de causar una matanza general de las hormigas del cerezo".

Librada era la mayor de las niñas. El sombrero que se había quitado, así como sus faldas, estaban llenos de las sicilianas purpúreas, gualdas, ambarinas, albas. El sombrero semejaba joyelero enorme, cuya copia de pedrería despedía destellos como los encontrados por Aladino en la gruta. Los pétalos de las sicilianas eran puro raso; un perfume leve, incapaz de poderse aprisionar por el perfumista, se escapaba de sus almas, tal vez de dolor, al dejar el tallo madre, o de añoranza por los metales cuyo color subía de sus raíces al tallo para engalanarlas.

Una tras otra, las sicilianas de colores, como las cuentas de un rosario, eran enhebradas. Manos peritas, deditos diestros adelantaban la obra.

Todas hablaban a la par.

"Mira qué bella mi corona, parece la de una desposada".

"¡Uy! ¿Para qué la has hecho toda blanca, Laura? Semejarás una muerta".

"¡Ave María, Celina, solo piensas cosas tristes!".

"Yo no, tú".

"Tú, tú, tú".

Una voz dulce como una queja de amor se dejó oír.

"Vaya, que tienen ustedes que pelearse todos los días. Gocemos, bailemos, vivamos en este precioso día".

"Pero Li, si es Celina que, como siempre, me critica. Dice que mi corona blanca parece una corona de muerta".

"No hagas caso, Laura; verás, jugaremos hoy a novios; tú serás la prometida, yo el novio y nos casaremos".

"¡Ay, qué rico!", dijo Laura, bailando y batiendo palmas. Sus ojos negros despedían destellos.

"Ya está la corona y todo preparado, pero Li, ¿y el cura?".

"Celina será el cura . . .", mirando a Celina que estaba mohína y casi llorando.

"Bueno, Li . . . creí que estabas enfadada conmigo . . .".

La risa de Li se dejó oír otra vez; era como el sonido de campanillas argentinas. Todo el ambiente se llenó de música.

"¿Yo, enfadarme por tan poca cosa, tontuela, el día de mis bodas, el día de junio más claro y arrogante? ¡Qué gansa eres, Celina!". Le tendió sus manos ducales en señal de armonía.

Se celebró el rito sacramental bajo el regio dosel de los cielos de azur que enviaban la luz a torrentes. Los convidados estaban ya tendidos sobre la yerba de verde nilo, de verde París, de verde botella, verde claro, verdinegro, esmeraldino, ora sobre las rocas escuetas, altas, bajas, chatas, redondeadas, con sus huequitos, donde posaban las aguas pluviales o se refugiaban los animalejos nocturnos. Terminó la ceremonia a satisfacción de todos.

"¡Qué mucho hemos gozado hoy!", dijo Mina Mor Camacho a su hermana Librada.

(Continuará en la edición de la próxima semana.)

(*Gráfico* [Nueva York], 6 de abril de 1929, p. 6.)

RIÑA DE GALLOS

Cuento criollo

———————

Segunda parte

Sí; pero siento tanta pena por las sicilianas ajadas. Sus almas acongojadas llenarán la noche con sus lamentos de pena".

"Pero, Li", dijo Mina, "¿tú estás segura que las flores tienen alma?".

"Pues claro; ¿cómo quieres que tanta belleza no tenga vida? Las cosas tienen alma y la de las sicilianas es muy grande. Cuando corto flores, me entristezco, porque estoy quitando el color a un pajarito, robando a un enfermo la belleza, robándome a mí misma el perfume; verlas desfallecer en los jarrones faltas de sol, de aire, de su madre tierra, me hace casi llorar".

"Li", prorrumpió Mina, besando a su hermana, "tienes unas ideas tan bellas; eres tan diferente de todas nosotras. Solo tú te ocupas del dolor de las flores y de la felicidad de los animales. Es por eso que te queremos tanto".

La sombra caía lentamente como temerosa de desafiar la luz que se declaraba vencida en aquel combate diurno por la primacía en que una vence a la otra en la hora matinal para, a su vez, ser conquistada al atardecer.

Seis campanadas lentas, sonoras, de ritmo igual, dieron al aire la música de sus gargantas. Las niñas, deteniéndose, se santiguaron. Era el toque de oración; esas campanadas que parecen golpear el corazón con la melancolía de su voz; era la hora sagrada que invita al reposo de la tarea diaria; esa hora poética que unge el alma como el bálsamo de la Magdalena ungió los pies cansados de Jesús. La noche se adueñaba del día. Calma sepulcral, misteriosa, calma pesada, era la del momento.

Librada estaba en sus glorias. El gallinero era su reino. Ninguna soberana se hallaba más gozosa entre sus súbditos que ella en su corral.

La reina del gallinero era Miquelona, una gallina joven, toda blanca, cresta de rojo caliente, ojos amarillos, vivos e inteligentes, toda ella vivaracha y sonriente. Tenía dos hijos: Pierre y Pou. Librada los mimaba; prometían ser dos gallos magníficos. A todos quería pero estos tres eran sus favoritos. Jamás se atrevería la abuelita a hacer caldo con ellos porque Librada no lo consentiría.

Era Librada una real moza. Llevaba sus diecinueve con toda la realeza de la rosa de Francia en botón. Dos trenzas tejidas por las manos amorosas de la abuela, doña Mariana de Mor, colgaban largas y macizas, negras como la madera del ébano, con dos lacitos azules y coquetones a ambos extremos. Toda su persona olía a musgo recién crecido. Su cuerpo tenía la esbeltez de la palmera joven. Su seno turgente era promesa deliciosa, fontana láctea para los labios ávidos infantiles. La tersura de su cutis era superior a la suavidad del nardo.

Su alma de poetisa veía la hermosura hasta en las más viles y pequeñas criaturas. Las florecillas campestres, los árboles del campo, el pozo, el riachuelo, la rana dormilona, la causaban como a Francisco de Asís, raptos profundos.

Acodada en el poyo de la ventana de su cuartito coquetón de niña mimada, se pasaba horas contemplando, arrobada, el concierto estelar, sus ojos abriéndose tamaños, como queriendo penetrar el misterio de la nube y de los mundos siderales.

Su simpatía hacia las aves se traducía en el especial encanto con que cuidaba del corral, tal vez por sed de idealidad de su alma o por el afán de infinito que albergaba, por las voces de la quimera que la llamaban, simpatía que le acercaba al sol.

Sus canarios, ávidos de libertad, volaban al bosque vecino y volvían con sus pequeñuelos después del idilio primaveral engendrador. La cotorra se paseaba por toda la casa y se metía en su jaula a dormir. El gato de ojos de esmeraldina dormía sus siestas en la camita de Librada.

Ella no podía concebir el ensañamiento cruento del hombre al azuzar a dos aves inermes a destrozarse. Le parecía que los tiempos de los Césares romanos, cuando fieras y hombres luchaban en la arena, se repetían en las domingueras peleas de gallos. Al incitar animal contra animal, se enardecía la bestialidad latente del hombre. Volvían los días salvajes en que el pez grande devora al más chico por ley de selección natural. El hombre ensañado contra el animal, contra la tierna ave de corral; Librada no concebía crimen más nefasto. Pensaba que la civilización no es biológica, puesto que el plasma celular civilizador no ha entrado todavía a formar parte del hombre después de tantos años de progreso. De aquí las eternas guerras, la encallecida caza, los combates taurinos y las riñas galleras.

El gallinero estaba jubiloso. Librada repartida el maíz y el millo; cada granizada que les llovía acentuaba el escarceo. Corrían las aves desaladas de aquí para allá, volaban, se enardecían, picoteaban de aquí, de allá; uno daba a otro un empellón, un aletazo, se robaban mutuamente el grano codiciado. Perla y Diamante, los dos perros falderos de la abuela, que habían visto la luz el día en que Alfonso Mor, padre de Mina y de Librada, había caído para jamás levantarse, aturdían con sus ladridos. Perla ya no tan agresiva, pero Diamante, su hijo, daba saltos de alegría, cogiendo las pollas entre los dientes y soltándolas luego, brincando para coger el maíz de la mano de Librada. Los cacareos eran incesantes. Terminada esta operación Librada llenaba las vasijas con agua fresca y se despedía hasta la tarde.

"Ce, ce", gritaba Librada, tirando un manotazo de millo molido a los críos, "diablo de pollo ese". En un rincón del corral, un gallipollo se atrevía con las matronas del corral. Zas, Librada los esparció a los cuatro vientos.

A paso lento se alejaba Librada; sus mejillas estaban coloreadas por el ejercicio y el sol. El sombrero le colgaba a la espalda. Diamante triscaba a su lado. Perla, muy grave, con la seriedad de la edad, marchaba junto a ella. Ante el rosal se detuvo; tiernamente acarició los capullos, aspirando el perfume de una hermosa rosa amarilla. Con paso mesurado, se le acercó en ese instante Pepe Donatiu.

"Li, estás hoy más bella que nunca. Tienes la piel de grana, tus ojos fulgen como azabaches".

"Quita allá, adulador".

"Li, me acaba de decir Juan el Bizco que tienes dos gallos de pura cepa y vengo a que me los muestres".

"Con mucho gusto", dijo Librada acercándose a Pepe para arreglarle el nudo de la corbata. "Uno de esos gallos es para ti y el otro, para Manolo".

"Siempre Manolo", dijo Pepe con seria expresión de disgusto y contrariedad.

"Déjate de tonterías, Pepe".

"Pues mira, Li, maldita la gracia que me hace tu amistad con Manolo. Quiero ser tu esposo, lo que significa que él no te puede requebrar".

Librada sonrió. El marfil de sus dientes menudos hacía vivo contraste con la purpurina pulpa de sus labios; tomó una mano de Pepe, mirándolo larga y fijamente.

"Pepe, te amo como a Dios, pero también amo lo mismo a Manolo. Los dos son mis amores. ¿Quieres suerte más aterradora, posición más falsa? Puso la mano de Pepe sobre su corazón palpitante. "¿Lo sientes, Pepe? Late por ustedes dos, ambos guapos, cultos, ricos, mis amigos de la niñez y ahora ambos mis novios; de los dos amada, a los dos amo; de los dos soy y de ninguno".

Pepe la miró aterrado.

(Continuará.)

(*Gráfico* [Nueva York], 20 de abril de 1929, p. 7.)

RIÑA DE GALLOS

Cuento criollo

Tercera parte

"¿Es verdad lo que estás diciendo, Li? ¿Sabe esto Manolo?".

"Sí, ayer se lo dije también". Suspiró entristecida la infortunada niña de grandísimo corazón.

Pues mira, dijo Pepe, "de uno solo tienes que ser, así que uno de nosotros está demás". Alzó el látigo y pegó al árbol de alelíes. Lluvia de pétalos cayó.

"Pepe, sin ustedes dos, no podré vivir: los dos son míos, de los dos soy", dijo con voz como una queja doliente que parecía una melodía tocada en un arpa eolia. Su seño se agitaba, respiraba convulsivamente; dos lágrimas rodaron por la albura de sus mejillas de terciopelo.

Pepe seguía castigando inmisericorde el alhelí. Tenía el ceño fruncido y los labios apretados: gruesas gotas de sudor se perlaban sobre su frente. Miró a Librada y se arrodilló impetuoso.

"Perdóname, Li; qué bestia soy; hacerte llorar, yo, que por uno de tus cabellos daría la vida. No llores, Li, no llores más. Irguiéndose, la tomó en sus nervidos brazos, bebiéndose las lágrimas.

"Pepe querido", dijo Labrada ensayando una sonrisa; "mañana les entregaré los gallos. Ven a la hora de alimentarlos por la mañana. Pierre será el tuyo. Pou, el de Manolo".

"Todo lo que quieras, Li, con tal de que no llores; hasta a ese odiado Manolo toleraré. ¡Suerte la mía! ¡Pensar que mi rival tiene tanta parte como yo en tu amor!".

Librada puso su manecita de lirio sobre los labios de Pepe. Él la besó con pasión. Apresurado la volvió la espalda y se fue. Por todo el camino se desquitó con los árboles a latigazo limpio. Este soltaba una fruta con un corazón; el soberbio mango; otro, una poma de oro, la china jugosa; los tamarindos se hacían pulpa bajo la gruesa suela de sus zapatos. Ni el plátano escapó ileso; le tocó el último latigazo; uno sañudo que abrió ancha herida en su tallo por la que se escapó la savia lechosa.

Sola quedó Librada. Sus brazos cayeron inertes a lo largo de su cuerpo. Su cabeza lírica se dobló sobre el pecho como la flor que la racha hace inclinar. Diamante la miraba interrogativo; a ratos gemía, ladraba quedo, se impacientaba, gruñía. Perla sabía en achaques del corazón, se echó a dormir, sus ojos sin luz a medio cerrar, las orejas levantadas.

Así la encontró Mina.

"Por Dios, Li, ¿qué te pasa? ¿Estás enferma? De seguro que la resolana te ha marcado. Vamos a casa pronto". Rodeó la cintura menuda de su hermana con su brazo torneado y níveo. Tardamente subieron los cinco escalones que separaban la cocina del patio.

Eran las ocho de un día hermoso de agosto. La mañana estaba fresca. Todavía el rocío, parecido a gotitas de diamante sobre flores de marfil, brillaba sobre las flores del mirto. Las lagartijas se enamoraban en la empalizada, estirando y encogiendo la media luna amarilla que es su agalla; sus ojillos vivos saltaban de placer, el placer de vivir. Una abeja robaba el néctar a los aguaceros. Estallaba la urna de sus semillas, dispersándose por el suelo. Las reinitas volanderas se miraban en el surtidor. Un árbol enhiesto de magnolia se cubría de flores albas. Mina se ejercitaba en la equitación sobre un soberbio caballo llamado "Espartero". Mario, apodado cariñosamente "Rayo", la daba lecciones. El río se arrastraba; un hilo enfangado era su caudal. Golpes dados a la ropa sobre la piedra por las lavanderas en cuclillas, subían hasta el montículo donde se asentaba orgullosa la casa de Librada. El azul del cielo era de índigo subido. Los caballos relinchaban, pateando para espantarse las moscas. Mina se reía. Librada, sentada en un kiosco al extremo norte del jardín, esperaba a Pepe y a Manolo. Era el día en que Pou y Pierre pasaban de sus manos.

Manolo llegó el primero. Se sentó al lado de Librada y, distraído, comenzó a hojear La Meditación de Cristo de Kenmpis, que Librada tenía en su canasto de labor. Así los encontró Pepe; mudos, esperándolo.

"Buenos días, Li; ¿cómo está, Manolo?".

Li devolvió el saludo matinal de Pepe con la tez encendida en rubor, los ojos virginales encandilados de gozo.

"Vamos al corral, ya verán qué preciosos son".

La siguieron en completo mutismo.

"Una cosa deben prometerme los dos antes de verlos".

"Todo lo que desees, Li", afirmó Pepe brevemente.

"Dalo por hecho", dijo Manolo con voz grave.

"Ustedes bien saben cuánto quiero a mis aves. Nunca han sido para la gallera; quiero que me juren que ni Pierre ni Pou pelearán en esos injustos torneos dominicales, donde el hombre se rebaja a la condición de la bestia. Pues que ya lo han prometido, huelga hacerlos jurar. Con mi bendición les doy a Pierre y a Pou. Cuídenlos bien". Así diciendo, tomó un canasto, sacando de él dos arrogantes gallos.

"Pou será el niño mimado de mi corral, Li. No sabes cuánto te agradezco tu dádiva de reina, como en verdad lo eres de mi corazón", dijo Manolo. "Mi vida te la daré gustoso".

"¿No es ya tu vida toda mía, Manolo?".

Pepe nada dijo. Admiraba a Pierre con ojos expertos.

La gallera era el sitio predilecto de las muchachas de aquel recinto. Cuando no había pelea, se juntaban y en las gradas pasaban las horas muertas, sobre todo los domingos. Se salía al batey de la casa, se cruzaba la calle, se pasaba por el patio de la casa fronteriza y cata la gallera. En los días de pelea solo los hombres asistían. A las mujeres el espectáculo les estaba prohibido por sus sentimientos, ya que no por leyes.

De bote en bote estaba la gallera aquel día de septiembre. El bermellón de que estaba pintada crepitaba con los rayos solares. Los hombres entraban con sus gallos en sacos. Los sacaban y los ponían en sus correspondientes jaulas. Los ánimos se excitaban.

Los dos mejores gallos del vecindario iban a medir sus fuerzas. Pierre y Pou, los hijos de Miquelona, madre de vencedores, los querendones de Librada, eran los contendores. Pierre era todo blanco como su madre, con cresta flamante; Pou tenía varias plumas negras. Ambos eran bien formados; sus patas, finas y nerviosas; los espolones, duros como el hierro. Ambos habían sido adiestrados con maestría. Jamás se había visto la gallera tan concurrida. Los ojos amarillos de Pierre y los negros de Pou brillaban fieros.

¿Cómo es que Pierre y Pou van a reñir, cuando Librada había hecho que sus dueños la prometiesen que no lo harían? Cosas de la vida. Manolo y Pepe eran rivales en el amor de Librada. Hicieron un convenio. Absurdo, si bien se mira. Ambos sabían que disgustarían a Librada hasta la muerte. Pero si uno de los dos gallos quedaba vivo y vencedor, Librada no sufriría tanto y el amo del que ganara cedería el campo al otro. ¿Qué saben los hombres del corazón de la mujer? Así disponían del de Librada, a su antojo, como una cosa. Era para ellos inconcebible que Librada los amase a los dos.

El calor era sofocante. La atmósfera estaba cargada de bochorno. Los hombres bebían grandes vasos de agua. Se enjugaban el sudor con sus pañuelazos, que se empapaban. Algunos se limpiaban el sudor que les corría hasta las cejas pobladas con el dedo grande de la mano, tirando el sudor a un lado con un chasquido especial de dedo con dedo.

(Continuará.)

(*Gráfico* [Nueva York], 27 de abril de 1929, p. 7.)

RIÑA DE GALLOS

Cuento criollo

Tercera parte

"Voy a Pierre", vociferaba Juan el Bizco. "El corazón me da que ganará. No voy a Pou porque debo ir a Pierre, pero iría a los dos".

Las apuestas eran enormes. La mayor parte de los jugadores apostaban a Pierre. Dos gallos más majos no los había seis leguas a la redonda.

Llegó la hora de la pelea. Completo silencio. Pepe apareció con Pierre por la derecha, Manolo con Pou por la izquierda.

Manolo Montes no era bello como Pepe, pero toda su persona respiraba virilidad, nobleza y hombría.

Se enfrentaron; se midieron de pies a cabeza con mirada desdeñosa. Luego se apretaron los cinco con fuerza, como se dan la mano los hombres.

Se agazaparon uno frente al otro con sus gallos sujetos en ambas manos en actitud de echar uno encima del otro; los gallos pugnaban por desasirse. Al fin los soltaron. Silencio de tumba. Pierre y Pou se contemplaron. Pou volviendo las espaldas corrió hacia una esquina.

"Cobarde . . . ", rugió la multitud.

Pierre se le fue detrás. Pou se volvió y lo miró de nuevo. Pierre se le acercó. Parecía que se hablaban. Volvieron al centro de la arena. Pierre atacó desganado. Sus espolones pulidos brillaban. Los de Pou eran agudos como dardos. Pou contrarrestó indiferente. Cuatro o cinco escaramuzas se iniciaron sin consecuencias. Pero Pierre, que era el más nervioso, se acaloró pronto. Olvidó que Pou era su hermano. Se le tiró encima con furia, dándole un tremendo picotazo en el flanco. Pou se defendió con un espolazo soberbio.

"Bien . . . ", gritó la gallera entera. "Pégale duro, Pierre, que es tuyo".

Empezaba la sangre a correr. Pierre no se daba punto de reposo, brincaba, corría, pegaba, se defendía. El ruido sordo de dos cuerpos al chocar embriagaba a aquella multitud salvaje que aullaba ronca ya. La simpatía era toda por Pierre; Pou, sin embargo, era tan buen peleador como Pierre. En nada se quedaba atrás. El pescuezo desnudo de Pierre era una llaga sangrante, el cuerpo todo de Pou, un exutorio. Ninguno cejaba. ¡Jadeaban! Un espolazo de Pierre desorbitó el ojo izquierdo de Pou. La rabia y el dolor lo volvieron loco; un picotazo maestro hendió en dos el pecho del gallardo Pierre. Tambaleaban. Estaban en los últimos cartuchos.

"Voy a mi gallo" . . . gritaba enronquecido Pepe.

"Pícale, Pou", aullaba Manolo.

"Cien pesos, voy a Pierre", se desgañitaba Juan el Bizco.

"Trescientos a Pou", respondía un segundo. Aquello era una Babel.

"Pícale, Pou, duro con él. Pierre, defiéndete".

"Bien, bravo . . .", gritaban todos con el gaznate seco.

Pou ya no veía. Peleaba por instinto. Pierre se caía. Su propia sangre lo cegaba. Su cresta, el orgullo de Librada, era un guiñapo rojizo; por un agujero enorme se le salían los sesos; Pou había perdido una de sus espuelas y su ala derecha colgaba de un hilo. ¡Nobles animales que la crueldad humana azuzaba en contra!

Pou en la ansiedad de la muerte dio un picotazo tamaño al pescuezo de Pierre. Pierre le sacó el otro ojo. Ambos cayeron aleteando. Pierre, con las patas hacia arriba, en dos temblores convulsos expiró. Pou, de lado, acababa de morir. Los dos habían ganado las apuestas, quedaron inéditas. ¡Buen Pierre! ¡Bravo Pou!

Los hombres echaron sus sombreros al aire. Se tiraban de las gradas a la arena de un brinco. Pepe y Manolo habían desaparecido.

De rodillas ante Librada estaban los dos acusándose de haber matado a sus favoritos. La abuela Mariana de Mor los consolaba... Mina enjugaba las lágrimas que hacían surcos en las mejillas tiernas de Librada.

"Librada", decía la abuelita a los dos mozos, "nunca ha estado enfadada con ustedes; muy sentida, sí".

"¿Es verdad, Li?", preguntaba Pepe apenado.

"¿Es verdad, Li?", decía Montes con los ojos de mirada profunda.

Librada se enjugó el llanto; levantándose se dirigió al corral. "Es a Miquelona a quien tienen que pedir perdón por haberle matado sus hijos".

La abuelita, arrastrando las piernas cansadas, se fue también al corral con la gente joven. Las aves estaban quietas. El sol casi llegaba a su ocaso. Una ráfaga de viento derramó sobre el corral pétalos blancos de mirto y reseda, llenando de olor el ambiente como ánfora de esencia que se vuelca.

"Miquelona", gritó Librada, "ven a que te vean los culpables".

Al oír su voz los habitantes alados corrieron, pero Miquelona no apareció.

Caliente aún, la encontraron en su rincón. Acaba de morir. Pepe y Manolo se miraron . . .

Extendieron sus brazos y estrecharon sus manos en puños de hierro. Era la paz.

Librada suspiró. "Mis dos amores, abuelita", dijo gozosa.

"Dios los bendiga", murmuró Mariana de Mor.

Mina se enjugó dos lágrimas.

La noche cayó de pronto.

FIN

(*Gráfico* [Nueva York], 4 de mayo de 1929, p. 7.)

ASÍ ES LA MUERTE

Qué lástima grande que el
cuerpo se acabe en la tumba;
me miro, me palpo
y siento tal pena.

Mi pelo de seda,
mis labios de grana,
mi piel satinada
serán del gusano.

Pero me conformo
porque doy la vida
que se me quita.
Mi piel forma pieles,
mi sangre da savias;
el vermículo vive
de mis entrañas.

La rosa que crece sobre mi tumba
de mi esencia se nutre;
el raso de sus pétalos
es de mi tez;
de mis labios su color salió;
mi piel su perfume le dio.

(*Gráfico* [Nueva York], 1 de junio de 1929, p. 10.)

MAMITA, ¿ME OYES?

Mamita, ¿me oyes? Tú no puedes morir. Dejarme sola en esta vida es la muerte. No te vayas, mamita, no te vayas.

¿Me oyes, mamita? Escucha: lo amé como aman las águilas las cumbres. Altiva en el grande amor que le entregué, olvidé a Dios y a la sociedad.

Me dejó. Mi corazón es una flor roja deshojada. Sus pétalos caen. La razón me abandona. Apuntalarle he, analizando este dolor que me roe las entrañas como el buitre feroz a Prometeo.

¿Me oyes, mamita? Mi cuerpo, que con tal arte cuidaste, esa carne que él ajó en el lecho nupcial se muere. Flaca y amarillenta está. Los ojos nimbados están del livor enfermizo. Mis cabellos de seda se desprenden, caen y se pierden en la inmensidad. ¡Tú, que los besabas tan tierna! De mis labios volaron las abejas de la dulzura y del color. La miel se la robó goloso. La púrpura se destiñó de rabia.

¿Me oyes, mamita? El pródromo terrible de la desintegración se ha iniciado. Estoy muerta, mamita.

¿Me oyes, mamita? Mis hombros se desprendieron de sus redondeces, mis senos olvidaron su turgencia porque bocas infantiles no los mamaron.

¿Me oyes, mamita? No puedes morir. Dejarme sola es condenarme al desierto.

Él me legó las lágrimas, empujó la calumnia hasta mi vera, sedujo la amistad, envenenó la confianza de mi padre; solo tu amor de madre resistió todos los ataques. ¿Me oyes, mamita? No puedes irte porque me dejas sola.

Sola no; el Dolor será tu madre.

(*Gráfico* [Nueva York], 3 de agosto de 1929, p. 10.

En "Charlas femeninas")

ODIO

¿Por qué te odio? Pregúntale al sol por qué, con ígnea conflagración, quema los mundos sin piedad. Pregúntale a la luna por qué su luz de cirio pascual ilumina los cementerios, esos imperios de podredumbre, los cementerios, donde yace el hombre agusanado, caído, derrotado.

¿Por qué te odio? Pregúntale a los céfiros que visitan los mataderos. Esos céfiros que soplan sobre esas capillas de muerte... porque tu carne blanca me recuerda al vermículo, "heraldo de acabamiento", ese gusano vil que chupará el ébano de tus ojos y se adueñará de tu carne olorosa a mil flores, como una sinfonía de olores, de olores.

¿Por qué te odio? Las estrellas rutilantes te contarán que te odio porque tu voz, melodía encarnada, nacarada melodía, tiene sonrisas de bebés y carcajadas de Lorelei vencedora.

Te odio tanto que, cuando la caricia seductora que es tu voz vibra en mi oído, quiero estrangularte y sé que estrangularte puedo en la vehemencia de mi deseo, en la intensidad de mi odio.

¿Por qué te odio? Te odio porque no puedo hacer de mis dedos dardos punzantes para sacarte los ojos como el hijo de Iocasta, para hacer de tus días tinieblas, tinieblas de tus días. Para que tu voz de sirena no encante más incautos, más incautos no encante.

¿Por qué te odio? Porque no soy Caravaggio para pintarte, para pintarte sombría, tenebrosa, muda, quieta, muerta.

Te odio porque palpitas, porque centelleas, porque vives.

(*Gráfico* [Nueva York], 10 de agosto de 1929, p. 10.)

FLOR DE BELLEZA

Para la niña de once años, Violeta González Miqueli

Sabatina está triste.

Bajo la presión de sus dedos marfileños, ahusados y largos, el piano exhala quejas.

Bien es verdad que el día no es propicio al ensueño. Gris plúmbeo está el cielo. Llovizna. Gimotea el rítmico gotear. Su vocecilla meliflua pone melancolía en las alas del corazón.

Ha dado la mejorana, sus hojillas incrustadas de diamantes hialinos, en exprimirse el alma para esparcir en el ambiente la gloria de su perfume.

Porque el mélico madrigal, que con notas borda Sabatina, no ha de quedar tan delicado si la moza no aspira la belleza por los cinco sentidos.

Sabatina se deslíe en arte.

Si así no fuese, moriría. Gélido beso del lago transparente, verdinegro el fondo, basta para cortar el hilo de la existencia de Sabatina.

Si en su cara florecen las rosas, si en los ojos de azabache refulgen las estrellas, si en los labios de cerezas hay dulcedumbre, si en la frente tersa y lata anidan los cisnes de Apolo y la cabellera rivaliza con la de Hebe, en cambio su cuerpo es deforme.

Sabatina tiene una giba.

Poco importa a la moza la fealdad de su cuerpo. Los poros de su ser son liras. La poesía, rediviva en ella, es flauta, cincel y también pincel. Sus dedos lácteos de tan blancos, diestros tejen con sonidos de melodía feérica la tela de Penélope.

De la pasión loca que le bullía en los nervios, daba a su música estampido de castañuelas, gemido de crótalos y llanto de niño. En la soberbia orquestación de todo su organismo, Sabatina era el más bello instrumento, el ameno cordio.

Sin la exaltación de su dorada fantasía ni el entusiasmo ardiente de su jovial naturaleza, el piano jamás expresaría la exaltación de su modo poético, la raptura de su apasionado corazón, la desbocada sensualidad de su todo.

Sabatina está triste.

Como un chorro de agua hirviendo se le ha adentrado el amor en el alma. Al piano le cuenta esta congoja mezclada de claridad. Resplandece alma adentro. Una estrella lleva sobre el corazón.

Sabatina está triste de estar alegre.

Le agujerearon el alma unos ojos negros. La miraron con admiración y amor. La miraron nada más. Allí se ha quedado la mirada radiosa. Luminosa la niña parece fabricada de materia fosforescente y no de carnes albas.

¡Sueños como pájaros! ¡Alígeros os introducís en las telillas de los corazones! ¡Allí moráis hasta escanciar todo el licor vital! ¡Os habéis colado, sueños vanos y locos, en la entraña de Sabatina, *Flor de belleza*! ¡Regia morada os ha caído en suerte! ¡Preexcelsa la belleza domina en ese predio!

Sabatina es demasiado joven y por demás vieja. Su soledad y su piano, flores y pájaros la han iniciado en el secreto del vivir.

¡Canta la esperanza su perenne canción!

❧ ❧ ❧

La mejorana se mustia. El canario ha plegado las alitas y esconde allí la cabeza para llorar a solas. El ruiseñor no puede sincronizar con esa música rara y singular que brota de los dedos exangües.

Y está nevando.

Los campos blancos cubren la tierra y también el corazón de Sabatina como un sudario.

Toda la noche la ha pasado en claro. Pianito, amargamente pianito, comenzó el sollozo; tomó proporciones de desgarrador llanto, llanto de corazón que se quiebra.

El padre de Sabatina no quiere oír esa tempestad de pasión que cuenta el piano. Él que ha traspasado a su hijita el amor por todo lo bello, comprende la desenfrenada pasión que ella expresa.

Solloza el padre cuando los ojos de la hija rebrillan de fiebre. Solloza el padre cuando el corazón hecho pedazos de su niña da gritos estridentes. La desesperación que huye de los dedos de Sabatina le repercute en la mente. Se aprieta las sienes que le estallan.

¡Piano indiscreto! ¡Cómo le desnuda a Sabatina el corazón!

Rechinan los dientes del amante y cuitado padre. Astillas hará el piano.

Sabatina toca sin cesar. No puede detenerse o la vida la abandonará. No mira a ningún lado. Fijos los ojos desolados en el vacío, la infeliz ve el torrente de mirada, mirada de horror, mirada que se le ha retratado en la retina y se le ha estampado en la razón.

De lejos acariciaron los ojos de él los cabellos de Freya de ella. Su mirada le lamió los ojos llenándola de ternura, sus labios se posaron en los suyos. Bajaron sus ojos y vio . . . el horror pintado en los ojos que la contemplaban atónitos, le narró la historia.

¡Sueños rotos! ¡Telas de oro desteñidas, corazón en girones!

Postrer alarido del piano y Sabatina cae inerte.

El padre se mesa los cabellos que blanquearon en la noche de agonía.

Ha muerto el ruiseñor. La belleza se deshace en lágrimas. Ha perdido una devota.

Los rosados dedos de la aurora pintan el cielo de rosa pálido. Sabatina envuelta en blanco sudario, azucenas entre sus manos liliales, azucenas a sus pies, azucenas por doquier, esconde para siempre la giba que le causó la muerte.

(*Puerto Rico Ilustrado* [San Juan, Puerto Rico],
27 de febrero de 1932, p. 51.)

EL REVÓLVER DE PAPÁ TORO

Cuento verídico y criollísimo.
Para mis amiguitos, los niños de cortos años,
Carmen Amalia Pagán y Jacobito Vega

Poco a poco subía la cabalgadura el peñón de Ponce. Fuerte era la ascensión, así que la bestia iba paso a paso, tanteando el terreno. Una mala pisada y jinete con montura resbalan al abismo sin fondo.

Era bien de mañana. Las banastas colgaban a los dos lados del animal, abarrotadas de tabaco que Papá Toro, mi bisabuelo, iba a vender al mercado de Ponce.

Un lío parecía Papá Toro sentado entre las dos banastas, las piernas colgando a lo largo de cada una. Su cabeza blanca de canas estaba descubierta. El fresquito mañanal de las montañas se le deslizaba entre las greñas plateadas y escasas. La cara del viejo era seria. Miraba a todos lados como receloso.

Quién dice miedo cuando Papá Toro era un valiente que había ayudado a capturar al célebre bandido conocido por El Águila Blanca, cuando allá en sus mocedades fue jefe de la Guardia Civil.

Precisamente por eso. No ignoraba Papá Toro que el Peñón estaba cundido de facinerosos que asesinaban al que no les daba su dinero. No las tenía él todas consigo porque había olvidado traer su pistola, bien caro le podía costar el descuidito. En eso, miraba suspicaz a todas partes. La bestia, que se daba cuenta del estado de su jinete, se mostraba nerviosa. Las orejas gachas, aventaba las narices y resoplaba fuerte.

En esto llegaron a un sitio bastante umbrío. La arboleda era espesísima. Sin darse cuenta, Papá Toro dio rienda suelta a la cabalgadura que corrió como alma que lleva el diablo. Una bala rozó la oreja izquierda de Papá Toro y encabritó al cuadrúpedo. Se paró en las patas traseras, despidió fuego por los ojos y echó a todo correr.

—Alma mía, no te azores, díjole Papá Toro con voz insidiosa.

Se escuchó fenomenal tiroteo. Las escopetas ladraban. En medio de la carretera se destacaba un objeto. No dejó de conocer Papá Toro a uno de sus enemigos. Menester era jugar el todo por el todo. Algo tenía que hacer, pues dejarse matar por deme acá esas pajas no entraba para nada en sus planes. Empero, no se le ocurría maldita la cosa. Pasmosa era su situación y asombrosa su sangre fría.

En esto se le ocurrió meter la mano derecha en una de las banastas. Rayo de alegría despidieron sus ojos. Algo largo y redondo acarició la piel de su mano. Lo agarró en un santiamén. Lo miró y en la penumbra pudo cerciorarse que era una patata o batata, como se le llama en Puerto Rico. Por la madrugada bien podía dar la ilusión de un revólver. En un abrir y cerrar de ojos formó su plan. Apuntaría al forajido con su improvisada arma de fuego.

Bergante gritó con voz de trueno, despeja el camino o te levanto la tapa de los sesos.

¡Oh milagro de los milagros! El bandido puso pies en polvorosa.

Carcajada larga de satisfacción le siguió.

La mañana mostraba sus senos rosados por el saliente.

(*Artes y Letras* [Nueva York], año II, núm. 10.
Abril de 1934, pp. 3, 8.)

PAISAJES DE LA TIERRA PUERTORRIQUEÑA

Para Pedro Caballero

Un puentecito de madera. El agua se escapa riendo. Salta majestuosa una rana.

Me siento en el puente. Las piernas cuelgan hacia el agua. La contemplo pensativa.

Adentro, me retoza el sentir. Si pudiera, escribiría unos versos.

Piedras, piedras, piedras. Las aguas del río Barceloneta se han desbordado para unirse al pedregal vecino.

Esas monturas van tanteando adagiosamente.

Sus herraduras chocan con las piedras. El agua hace ruido de chapoteo a dúo con las patas de los bentos.

Escila se azora y grita.

Yo, de sentir tanto, me río.

El Yunque. Enhiesto. Verde esmeralda. Domina todas las escarpaduras.

Un salto de agua se desliza gozoso por sus laderas. Tiene el agua blanca. Y suave como el *moiré*.

Siento, con tanto sentir, que me pongo a llorar

En el Condado. Con beso de mujer transida de amor, las olas besan las arenas.

Selenia acaricia su perfil de dios griego.

¡Qué bello es el que amo!

No puedo más y río como una bendita.

El sentimiento del paisaje se me adentra. Hace latirme el corazón. Me revolotea la emoción como pajarillo asustado. Y río.

Clotilde Betances Jaeger
En New York, 1935

(*Artes y Letras* [Nueva York], año III, núm. 22.
Abril de 1935, p. 5.)

APÉNDICE

LA MUJER MODERNA

Por Emma Barea

Mucho se ha hablado de la mujer, tanto en contra como a favor y quizás aún más en contra que a favor. Esto en su mayoría de parte de los hombres, pues las mujeres han sido muy pocas las que se han dedicado a discutir el tema. Pero si en todos los siglos esto ha sido tema de discusión, en el presente lo es aún más; la mujer moderna siendo el producto de la evolución de la mujer de todos los siglos.

Un sabio griego viendo a una mujer ahorcada de un árbol dijo: "¡Oh, si todos los árboles produjeran esos frutos!". En tiempos de Petronio se discutió en Roma si las mujeres tendrían alma y fue opinión unánime entre los intelectuales de la época que no tenían ninguna. El sitio de la mujer en aquella sociedad estaba circunscrito exclusivamente al hogar y en este no como ama y señora, sino como un ser de ornamento y entretenimiento de un hombre poderoso.

Fuera del hogar, la mujer no era admitida. Aun en las representaciones teatrales, los actores se vestían de mujer y representaban los papeles femeninos. Con el avance de los siglos, la posición de la mujer, tanto en el hogar como en la sociedad, mejoró. En los tiempos medioevales fue fuente de inspiración y colocada en el tercer lugar en las obligaciones de un caballero. En el juramente caballeresco se prometía obrar:

"Por su Dios, por su patria y por su alma".

Más tarde, Shakespeare nos describe un tipo de mujer completamente diferente. La chispa intelectual en Portia es una revelación. Ella demuestra ser capacitada para tomar responsabilidades y las reclama. Su cerebro claro ayuda a su corazón, pues actuando de juez salva al hombre a quien ama. Ella no representa su época, sino es una profecía de la mujer moderna en su más bello aspecto.

Las exigencias de la vida actual y más aún el cambio radical en la psicología femenina explican esto tan complejo que llamamos mujer moderna. Antes, una mujer palidecía en ensueños y se ponía macilenta a fuerza de vigilias. Era un lirio cantado por los poetas, más por bellezas adivinadas que vistas. Hoy, la mujer es activa, se mueve y no se adormece en ensueños irrealizables. Come como necesidad natural de un organismo normal. Hoy la mujer es comparada con una rosa, en plenitud de vida, que desea ser besada por el sol. La violeta de antaño se esconde, la rosa de hoy se asoma. La mujer del tiempo antiguo se recluía en su casa en el desempeño de los quehaceres domésticos. La mujer actual no puede hacerlo así, la vida le exige más. No saber desempeñar estos quehaceres domésticos es para ella una vergüenza, pero saberlos desempeñar no es virtud que alabar, es parte de la preparación femenina y eso es todo. Su labor actual es múltiple. Hoy en la misma mujer ha de unirse la cocinera y la dama de sociedad. La que no pueda reunir en sí estas cualidades no está al alcance de su época. La mujer moderna va hacia la conquista de la vida. Dejadle paso.

(*Gráfico* [Nueva York], 27 de enero de 1929, p. 15.
En "Charlas femeninas")

LA MUJER EN LAS EDADES

Leyendo el artículo de Emma Barea acerca de la mujer, no puedo por menos que dar mi humilde opinión sobre ello, sobre ese eterno tema de La Mujer.

Yo creo que más o menos la mujer casi siempre ocupó y aún ocupa en mucho un lugar preferente en los reinos de este mundo.

Pues según la historia antigua, desde el Siglo VI antes de J.C., ya la mujer egipcia tenía en sí muchas libertades que a través de los siglos han menguado.

En efecto: En aquella época, según los historiadores, "[En] La vida de familia, como en la vida política, la mujer ocupaba un puesto respetado, el padre, en vez de mostrarse déspota a la manera del *pater familias* romano, era un tutor con derechos meramente protectores y lo propio puede decirse del marido, que daba a la esposa el título de ama de casa (palabra empleada en aquellos tiempos en los contratos matrimoniales).

La mujer egipcia vestía ricamente y ocupaba en la mesa el sitio de honor entre los comensales, y no era raro (pero sí casi corriente) ver a los hombres dedicados a trabajos domésticos y, al igual que las mujeres, a unos ordeñando vacas y a otros guisando y haciendo los oficios de la casa, y mientras las mujeres ejercían el comercio, los hombres se quedaban en casa tejiendo. En los *sports*, juegos de destreza, ejercicios de fuerza o equilibrio y la música vocal o instrumental eran todos en sí distracciones de ambos sexos.

Tanto los hebreos, los asirios como los babilonios disfrutaban de las conveniencias del divorcio, y una queja de la esposa al juez de malos tratos recibidos del esposo como, por ejemplo, si el marido la obligare a vestir mal, comer lo que a ella no le guste, vivir en sitio mal sano, trabajar en industrias de olor infecto, mal trato personal, eran estas razones muy suficientes para obtener un divorcio". Si el esposo se divorciaba voluntariamente de la esposa, el tan afamado *alimony*, era o usual como derecho a la esposa.

"Teniendo la esposa egipcia la ventaja de la separación de bienes y conservaba el derecho de hacer y deshacer sin autorización del esposo". Y dice todavía el historiador Fernando Nicolay: "Si comparamos la condición legal de una joven caldea de hace veinticinco siglos con la que las leyes impusieron a la mujer romana, preciso será reconocer que esta última se encontraba en un estado de inferioridad con respecto de aquella".

Como se ve no hemos sino tan víctimas, y es de notar como fenómeno psicológico que la mujer, a pesar de todos sus progresos, no ha progresado en nada en comparación a los siglos transcurridos desde la brillante civilización egipcia hasta nuestra era, al contrario, nos hemos atrasado moralmente y en mucho.

Una de las causas directas de la decadencia de la humanidad es la moralidad de un pueblo, cuando las multitudes comienzan a desfallecer moralmente la enfermedad es incurable y la ruina es total. Esa decadencia moral que terminó con el progreso de Egipto, de Grecia, Roma, esa es la misma que nos amenaza ahora. Hoy tenemos de todo, todo se puede hacer, hemos llegado a la era de lo no imposible, pero creo que no llegaremos a muy lejos por[que] una fatal coincidencia en lo más bello y brillante de la carrera de una nación hacia el progreso encuentra siempre un misterioso algo que les hace parar y retroceder. En este país, como en los antiguos, la causa será la misma y será esa la eterna causa. La desmoralización. Es innegable que el estado actual es lastimoso en ese sentido. [. . .] más que en realidad enferma moralmente a las masas humanas son leyes o muy severas o demasiado libres. He aquí, sin ir más lejos, tenemos prohibición como a niños chicos que se les quieres enseñar, sin embargo, en el hogar, el padre, la madre tienen derecho a trabajar, desvivirse por los hijos, proveerles de todo, pero cuando llega la hora de propinarles unos zurriagazos, ya la policía interviene y acto seguido multas y prisión para los padres. No hace mucho sucedió en Los Ángeles, California, un caso vergonzoso. Una madre propinó a su hija de quince años unos manoplazos por usar la hija el automóvil de la madre y venir a deshoras en la noche. Las madres, como cosa natural, le propinó algunos *old fashions* de esos que se usaban antes; la hija se quejó (siendo la única hija), la mujer fue presa, no se oyeron sus razones, fue multada y así envilecida a los ojos de los ignorantes. Ahora, tan pronto ocurrió dicho caso, muchos hijos comenzaron a amenazar a sus padres si no les dejaban hacer lo que ellos querían. Yo bien creo que, si la condición del hogar ha de estar sujeta en bases tan artificiales y débiles, si en el hogar no hay un respeto, si la madre y el padre están sujetos a hacer el papel de Robots (los hombres automáticos), trabajar automáticamente para los hijos, sin poderles contrariar por temor de meterse uno en la corte, no vale la pena formar un hogar. Desde luego culpamos a las autoridades, pero si la mujer al reclamar los mismos derechos de libertad al igual del hombre reclamara el respeto que es debido de los hijos a los padres de seguro que la prostitución y el crimen no tendrían la asombrosa cabida que tienen hoy en el cerebro humano de este país. Especialmente, al abandonar la mujer el hogar, abandona la simiente del futuro de la nación entera, la responsabilidad moral, y esa es la consecuencia de los crímenes tanto de un sexo como del otro.

Según la estadística se cometen entre ambos sexos los crímenes a razón de:

Estados Unidos: 45 mujeres; 100 hombres.

Inglaterra: 35 mujeres; 100 hombres.

Francia: 26 mujeres; 100 hombres.

Italia: 7 mujeres; 100 hombres.

España: 6 mujeres; 100 hombres.

Como se ve, la mayor parte de la criminalidad aparece por parte de la mujer en los países donde ella goza de más libertad, y es porque nosotros no sabemos ser libres. Al tomar la libertad, la mujer la toma de un modo que no es beneficioso ni para ella ni para los suyos porque decir libertad para ella, digo para la mayoría, porque todavía hay algunas de ellas que, como dice el sabio Padre Feijoo, en sus anotaciones sobre la mujer "que a la mujer resta la más hermosa y trascendental de todas las bellezas, que es la vergüenza; gracia tan característica de aquel sexo que aun en los cadáveres se le desampara. Si es verdad lo que dice Plinio, que los hombres abnegados fluctúan boca arriba y las mujeres boca abajo". Todavía, pues, repito yo que quedan millones sobre todo en los países de la América Hispana y raza latina en general que no les ha dado el toque de locura que nos inunda. Al reclamar los mismos derechos del hombre, repito, no ha sido sino como mucho para contribuir a la caída del hogar. El hombre siempre ha sido proveedor de la familia, él ha nacido inconsciente con ese deber moral, la mujer al tomar libertad es de lo menos que se ocupa, pues muchas de ellas si trabajan es por el mero hecho de proveer para sus lujos y gustos, quedando los infelices hijos privados del afecto maternal y siendo alimentados automáticamente en los *Nurseries*, colegios de niños donde pagan una pensión y les visitan una vez al mes o como menos trabajos dé. La liberta a la mujer le ha proporcionado hacer causa común con los criminales, y las que no, robando ellas por su cuenta, fumar en público, pintarse en público, hacer señas a los hombres en público, besarse en público, emborracharse en público, dar muestra de poca cultura, aparecer vulgar, echar ajos y cebollas como algunos hombres, ir a *wild parties*, tener *boyfriends* que les paguen sus extravagancias, inducir al hombre al crimen para satisfacer sus apetitos de hijos y, en resumidas cuentas, la ruina de la nación a que ellas pertenezcan.

Al leer este artículo, no crean que es que voy en contra de mi sexo, pero sí deploro el grado de desfachatez a que muchas de ellas han llegado. Yo creo que nuestra libertad, si es que así se llama, debe ser empleada en un sentido beneficioso a nuestros hijos principalmente y no al abandono de ellos. La mujer por algo tiene hijos, y los hombres no; ese algo es la responsabilidad moral del hogar, y el hogar es el esposo y los hijos, si los tiene. Por algo, la mujer nació sin formas atléticas como el hombre, pero sí con bellas curvas en su cuerpo, por algo, la cara de la mujer en su mirar es más dulce que el fiero mirar del hombre, y el más grande algo es el amor maternal que ha contribuido en la historia del mundo a la inmortalidad de tan grandes hombres como Washington, habiendo llegado a conclusión científica que el hijo hereda la mayor parte de la inteligencia de la madre, y que la madre influye moralmente en mucho a la formación del carácter del hijo.

Sin que hayamos pecado de atrasadas, la historia está llena de mujeres que sin proclamar libertad han dominado las masas humanas, esas fueron mujeres que supieron ser libres, siendo al mismo tiempo cumplidoras de sus deberes de esposa y madre. Y si no, que lo diga en la historia, Isabel la Católica, Santa Teresa de Jesús, Agustina de Aragón, Carlota Corday, Blanca de Castilla, Juana de Arco, Cecilia Böhl (Fernán Caballero), María Barrientos, Condesa de Pardo Bazán, Carolina Coronado, Teresa Cabarrús de Tallien, Madame Curie, Catalina de Médici, Olimpia Pamphili (que fue conocida como Inocencio X y como la Papisa Juana, ejerciendo su potestad papal con las mismas dignidades que el cargo requería). Son innumerables los casos de mujeres que se han hecho oír en el mundo y las páginas de la historia están llenas de ello, pero . . . nosotras, hasta la fecha, hemos hecho ruido solamente; el voto, por ejemplo, no nos ha servido de nada; una de las principales cosas [por las] que debió de abogar la mujer al obtener el voto era la unión de todas en contra de la guerra. En esas sangrientas luchas, hijas solamente de la ambición, el egoísmo de unos cuantos, son las madres y las esposas, las hermanas las que pagan con sus penas amargas, sobre todo, las madres, que pagan con amargas lágrimas el egoísmo de esos pocos.

La mujer debe ser el contraste del hombre, y si no hubiera sido así, ¿no hubiera pintado Leonardo da Vinci a La Gioconda?

¿Qué del Dante sin su Beatriz?

¿Qué de Petrarca sin su divina Laura?

¿Dónde La Fornarina de Rafael?

¿Existiera "La Maja Desnuda" de Goya sin la Duquesa de Alba?

La mujer debe ser el ideal del hombre, la inspiración del hombre, pero no el reflejo del hombre.

María M. Pozo
Feb. 7, 1929

(*Gráfico* [Nueva York], 17 de febrero de 1929, pp. 15-18.
En "Charlas femeninas")

LA MUJER Y EL ALMA

Por M. M. Pozo

Los egipcios concedían alma a las plantas y a los animales muchos siglos antes de J. C. Los primeros padres de la iglesia discutieron si teníamos alma o "no", y los Santos Varones quedaron a obscuras acerca de nuestra parte psíquica, ¿por qué extrañarse que Petronio Séneca y Lucano lo dudaron?

La mujer se puede decir fue libre. ¿Cómo pude ella misma encaminarse hacia la esclavitud?

El esclavo de cuerpo y de alma se ha libertado (aunque de un modo no satisfactorio porque la real libertad no existe), y lo que yo pienso que en realidad estacionó a la mujer en la ignorancia (sin pecar de no creyente) fue la iglesia católica, ella fue la que nos impuso el papel servil de inferioridad al hombre. Y al imponernos en sus cláusulas el obedecer y seguir al marido sin voluntad propia, ya nos impuso la iglesia el papel de Sancho que, aunque viera las locuras del Quijote, tenía que creerlas. Y nosotros, por siglos y siglos, hemos seguido los dictados de la iglesia y de nuestros Quijotes. Hemos dormido un sueño soporífero por siglos y siglos. Y aunque hubo muchas, como dije en mi anterior artículo, que se hicieron oír del mundo y ganaron fama e inmortalidad, el resto de nosotras seguimos, justamente, siguiendo al Quijote. No procuramos imitarlas. Y el deber de la mujer se resumía a soportar y más soportar bajo la dictadura de diferentes amos. No hay duda, pues, que era porque la iglesia estaría segura de que en realidad no teníamos alma. Y nosotras, inconscientes, andando por esta espinosa senda de la vida, seguíamos la huella del Quijote.

Lo que me admira es el tiempo que hemos tomado para realizar el estado que hemos vivido, y seguramente que después de todo, solamente nosotras y nadie más que nosotras tenemos la culpa. Una de nuestras características ha sido la testarudez, y bien sabido es que cuando generalmente queremos salirnos con la nuestra, dicho y hecho, así es que, ¿por qué no lo pensamos antes? Ninguna de las que se han salido de sus casillas para realizar sus ideales ha sido condenada a muerte, muy al contrario, han ganado la simpatía y admiración del mundo, y ahora venimos a dar voces de las tristes obscuras etapas de nuestras vidas, aunque, dicho sea de paso, [. . .] carecieron de cierta fuerza moral e interesante como demostraré más adelante en estas líneas.

Toda cosa encima de la tierra tiende a libertarse, ya sea el hombre, los animales, las plantas, la libertad es, pues, un instinto natural de todo aquello que vive, y en pensando de la antigua creencia egipcia, yo creo que cada cosa viviente, animales, plantas, incluyendo, por supuesto, al ser humano, todo tiene alma, cada cosa adecuado al reino de la naturaleza a que pertenezca. O, en caso contrario, tendremos que negar el alma al hombre.

¿Dónde siente el culto de su alma el ser humano sino ante el cuadro grandioso de la naturaleza? ¿Y de qué se compone la Naturaleza? ¿No es de humanidad, animales, flores, todo lo que ella produce? ¿Y no es allí donde se siente a Dios? Ahora dudo yo y le concedo o no le concedo alma al hombre. ¿Creeré como los egipcios que todo lo animado tiene alma? ¿O creeré que el alma la produce la Naturaleza?

Hay miles de preguntas y respuestas dudosas que se agolpan en mi mente, y mucho se ha escrito sobre el alma y todos quedamos poco más o menos con las dudas.

Seguramente que, si los primeros padres de la iglesia dudaron de nuestra alma, no acierto a comprender la candidez de ellos al pensar que una cosa que no tenía alma pudiera producir alma. Y la iglesia fue la creadora del "dorado yugo" dado a la poca importancia que teníamos.

Y ahora que estamos dejando a un lado el "dorado yugo", se encamina la mujer hacia una libertad justamente sin alma, a una libertad puramente material, en la cual la educación moral apenas si es tocada. Mientras miles de nosotras rivalizamos por gastar fortunas en trapos lucientes hoy ajados y sucios mañana, otras por millones se ven acosadas por el hambre, las enfermedades y miserias en general. Nada más que en el Asia hay millones de infelices madres que piensan en un pedazo de pan para el hijo adorado, como si pensaran en un pedazo de gloria, y muchas en el Siglo de la Libertad y del Progreso venden al hijo de sus entrañas hasta por tres dólares. ¡Renunciar para siempre [a] lo que más se quiere! ¡Por un pedazo de pan! Y sin ir muy lejos tampoco; ahí tenemos nuestro Puerto Rico, mi pedacito verde de isla, sumida y rodeada en el Mar de la Miseria, no quiero ya ni enterarme de lo que allá sucede; ciertas cosas, cuando no se pueden remediar, mejor es ignorarlas. Yo abogaría por una Liga de mujeres dejando a un lado rangos sociales, una liga hispana, si no Universal, para dar una salida creadora, regeneradora, productora del bien, y para el bien del hogar de nuestros hijos. Una Liga donde anuláramos las guerras. ¿Quién si no una madre paga con el ser de sus entrañas la codicia y el egoísmo de unos cuantos? ¿Quién si no ella, sufre inmolada en el altar erigido para la rapacidad del poderoso? Si nosotras no queremos guerras, no debía de haber guerras. ¿Cómo la mujer que se dice que tiene o posee sentimientos tiernos puede criar al hijo de sus entrañas para carne de cañón en el mañana? ¿Cómo el sentimiento, el amor, pueden hacer causa común con la crueldad? Y nosotras, al través de los siglos, hemos mirado las guerras impávidas.

Formemos el corazón de lo que llamaríamos las mujeres del mañana. No es mi idea que tomemos puestos que son más dignos de hombres que de mujeres. No sé por qué, me daría vergüenza infinita tener un esposo haciendo los quehaceres domésticos del hogar, y ocupar yo el lugar que por dignidad pertenezca a él. El hombre tiene por naturaleza cierta virilidad y fuerza moral que es lo que más admira la mujer en él, al yo misma humillar el amor propio de mi sexo opuesto, ya le considero algo menos que una mujer.

Así es que debemos tomar la parte educadora, la parte moral, para cincelarla como supremos artistas del hombre del mañana.

Yo creo que esa ola que arrolla a la mujer moderna de invadir los recintos del trabajo del hombre es una de las causas del decaimiento moral actual. La mujer marcha a trabajar, el marido queda en casa dispuesto a los quehaceres domésticos, y predisponemos inconscientemente nuestra felicidad entera a la bancarrota moral, y rompemos ese vínculo invisible que sostiene los mundos. El hombre ha de ser el cuerpo que trabaja, el cerebro que piensa, y la mujer, el sentido que manda; tiene la mujer por naturaleza cierta intuición que le hace presentir y adivinar las felicidades y zozobras de la vida, pero esa intuición es a menudo formada por el tiempo que tenemos, tanto moral como material, y más aún con el mar sin fondo de cariño que tributamos a lo seres que amamos, ya sea la madre, ya la esposa, ya la hija, ese cariño nos hace ser hadas del bienestar de nuestros amores.

El cerebro del hombre se ocupa, y en mucho, de sus múltiples atenciones diarias, dejemos a él, pues, el cuerpo, su cerebro, pero seamos para él, el corazón que forma el altar donde todo ser humano busca un surco [más] allá de la vida material. Seamos el corazón del hombre, donde se acoja con nuestro amor, y descanse en nuestro lecho espiritual su parte psíquica.

Las multitudes humanas han llegado a un periodo de decadencia moral alarmante, y la causa es el haber la mujer abandonado el escondite de hada mágica invisible donde a voluntad ella hacía y deshacía.

(Continuará el próximo número.)

(*Gráfico* [Nueva York], 13 de abril de 1929, pp. 10-15. En "Charlas femeninas")

LA MUJER Y EL ALMA

(Conclusión)

Por M. M. Pozo

La libertad triste de la mujer de hoy es más digna de pena que de admiración; hoy la mujer es mucho más esclava que en los tiempos en que no éramos libres, hoy en los hombros de la mujer pesan múltiples obligaciones forzosas que ella misma se ha impuesto; hoy la mujer es mucho más esclava que cuando llevaba aquel "dorado yugo" porque antes ella tenía, en medio de su esclavitud material, el homenaje del hombre, la admiración genuina del hombre, el amor del hombre, y aunque aquel hombre hubiese sido un león, un toro de fuerza moral, material o física, él venía a ella como un corderillo humilde a buscar amor y olvido adonde ella, y ella era la real reina, la real heroína oculta por quien él todo lo hacía.

Tanto el hombre como la mujer de hoy están hambrientos de cariño, y la mujer ya no recibe del hombre ese homenaje tan natural hasta en los animales machos a sus hembras; el hombre de hoy mira a la mujer como otro hombre y pasa el tiempo con ella, sin que trato íntimo llegue hasta las fibras de su alma, y en vano el uno y otro sexo buscan hambrientos como el Rey Midas quien le sacie el hambre, hambre moral, el alimento moral hecho metal vil, que sacia solamente las superfluidades de la vida.

La mujer de hoy trabaja sin descanso, marcha en la mañana, regresa a la noche, para encontrar otras tantas obligaciones que terminar, y al final de la noche, ¿qué encuentra? Se siente desgraciada y extenuada, cansada de vivir cuando aún no ha empezado. Eso hablamos de las que tienen hogar, el otro cuando después del trabajo se lanza al torbellino del placer material y nauseabundo donde no recoge nada más que dolores morales y físicos, y al final se sienten más desgraciadas que las primeras, y ese es el torbellino humano que camina y camina sin saber dónde va ni dónde vienen. Lanzándose unos al suicido, otros a la desesperación, tributo final de una vida inútil, estéril, buscando el más allá que no comprenden, se refugian en los brazos de la muerte.

Soy de opinión de una Liga hispana, a lo menos, para formar un nuevo camino social a nuestros hijos.

No hace mucho leí una estadística, en un periódico americano, sobre la inmoralidad en las escuelas; daba la estadística un promedio de sesenta por ciento de muchachas de escuelas, menores de edad, que habían pasado por el embarazo, sesenta por ciento eran o habían sabido lo que era embarazo, y el resto de las cuarenta, expertas en el asunto. Dicen los educadores, dice el gobierno que no encuentran remedio para eso; yo lo suprimiría muy pronto, anulando las escuelas mixtas, niñas con niñas y con maestras mujeres, y niños con niños y con maestros hombres, pues es terrible saber lo que sucede en las escuelas.

Se charla: los gobiernos de las naciones hacen pactos de paz, se engañan a sabiendas unos a otros, se arman hasta los dientes; se dice de fraternidad entre las naciones, y en las escuelas se implanta en el niño el germen del odio, el germen de la superioridad, el germen del egoísmo. Se les enseña a despreciar a las demás naciones que no sea la nuestra, y se hace propaganda increíble.

Se preguntan: ¿por qué las muchachas abandonan el hogar?, y se le quita al hogar la autoridad paterna o materna. ¿Puede un barco andar sin capital que le guíe? Y esas y otras muchas cosas podría remediar una Liga Universal de Mujeres, anulando la crueldad del mundo y formando el alma de las cosas.

(*Gráfico* [Nueva York], 20 de abril de 1929, pp. 10-15.
En "Charlas femeninas")

LA MUJER NUEVA

Contestando a Clotilde Betances Jaeger

Querida señora Jaeger:

Es tan extenso este campo de la mujer que, al hablar de ello, paréceme como si quisiera atar átomos.

La mujer varía según los sueños del poeta, y cada cual la ajusta a su individualidad. Algunos hay que ni la ajustan a sus individualidades, sino que se abalanzan con la opinión de otros. No me crea usted pesimista, de ningún modo, pues es justamente el optimismo el que me hace expresar mi opinión. Al expresar mi idea lo hago por el temor de que me parece verse evaporar "algo" que es muy de nosotras, algo puro y genuino, esto es: una de nuestras más potentes armas para la lucha de nuestras vidas. ¡Feminismo! La Mujer Nueva, según un estudio sobre la mujer que hace un sabio psicólogo, el prominente Profesor doctor Alfred Adler, de Viena, dice que "la mujer actual va en un camino antagónico con el hombre. La mujer de hoy va con la idea de superar al hombre. No de igualarle. La mujer le disputa la supremacía al hombre, y no porque la siente, solamente por hacerlo". Dicho profesor añade: "Seguramente, la mujer cuando hace algo no debe de hacerlo por el hecho de querer superar, ha de hacerlo simplemente porque lo sienta en su alma". Y sigue el profesor vienés: "La desconfianza, que es universal en los dos sexos, oculta su franqueza, y, naturalmente, la humanidad sufrirá las consecuencias. Para ser feliz un matrimonio, cada parte debe de poner su óbolo. En el matrimonio no debe de caber la competencia".

El doctor Daniel Carson Goodman, psicólogo y novelista, opina "que, si un hombre quiere mantener el amor de su esposa, debe dominarla. Para mantener el fuego del hogar con felicidad, es necesario para el esposo ganar todas sus batallas".

"Si la mujer gana las batallas, mirará al marido con desprecio, no lo tendrá como su 'igual'".

Otro psicólogo, Profesor William M. Marston, dice: "Las mujeres son más impulsivas y no ponen valla a la contención de sus impulsos, ni siquiera para su propia conveniencia. El hombre, por el contrario, tiene más calma y, si son asunto de corte, él espera que turnen las cosas. La mujer no; ella en su arrebato del momento se constituye en Corte, Juez y ejecutor. Esa matanza de maridos o amantes es alarmante y la mujer encuentra muy justificado su crimen. Cuando una mujer mata, ya no le importa más por ella, ni por lo más queridos, de sus sentimientos".

Son tres hombres y sus opiniones justas las que he transcrito, y todas ellas van con la más justa lógica, nada de apasionamientos, sino la verdad clara y sencilla, ¡y cuánta verdad encierran todas ellas! El carácter de la mujer es más incontrolable que el del hombre, nos puede dar o nos da una ráfaga de ira, y tal vez sea tan rápida como un meteoro en el espacio, pero ¡cuántos males muchas veces ocasiona! No me quiero cegar con luces falsas, pero nuestra emotividad es nuestro primer enemigo.

¿Que lloramos de ira? ¿Que lloramos de sufrimientos? Pero, cuando el infante hijo de nuestro amor, al vernos llorar, piensa que "reímos" y nos pregunta: "¿de qué tú te 'ríes', mamá?", al momento parece que el calor de algo divino nos inunda, y sentimos la felicidad que vuelve, y contestamos con un beso, o mil besos, y estrechos apretones del hijo adorado contra nuestro pecho. Una seña clara de lo incontrolable de nuestro sentir. ¡Hay tanto candor e inocencia en la pregunta del chiquillo! ¡Y lo dijo con una sonrisa tan indescriptible! Y esa es la base; puede ser que solamente la madre vea más allá de la pregunta del infante. Dijo Jesús "que solamente de pan vivirán el hombre", y esa pregunta del chiquillo es la otra mitad, diferente del pan, que necesita el hombre. La espiritualidad mengua a medida que el materialismo crece, ¿y después? El ser humano necesita expansión para su espíritu y únicamente la mujer puede ser la despensa proveedora del hambriento caminante, despensa rebosante de cariño y projimidad.

La mujer nueva tiende a la anulación del hogar, pero lo tanto, los hijos estorbarán grandemente a la realización de sus ideales.

He ahí dos bases principales de feminismo, hogar, familia; la importancia del hogar ha constituido la principal obra de la humanidad; del hogar sale el sol que alumbra el mundo, cuando falte el hogar, ¿qué ideal tendrá el hijo que no conoce la ternura de la madre? ¿Serán sus sentimientos los mismos que los de hoy?, ¿que los de antaño? La madre, repito, es la suprema artista que modela las almas, el hombre modelará el barro, esculpirá el mármol, pintará maravillosos lienzos, pero ella modelará el átomo que compone la vida, el sueño del hombre.

Aristóteles dijo, con razón, "que unos nacen para mandar y otros para ser mandados". Otra verdad que cae por su peso.

(Continuará.)

(*Gráfico* [Nueva York], 15 de junio de 1929, p. 15.)

LA MUJER NUEVA

Contestando a Clotilde Betances Jaeger

(Conclusión)

No pretendo, de ningún modo, aplicarnos esto, pues mi idea del matrimonio no es que ni uno ni otro "mande", que se haga lo razonable y se discuta su pro y contra, pues ningún hombre pundonoroso en realidad manda a su mujer, pero las cosas en la vida tienen que ser relativas, y como se trata de que el hombre y la mujer constituyen dos sexos opuestos, es lo más probable que uno luche por la supremacía y el otro luche por la supremacía y, al fin y al cabo, tal vez sea la mujer la que pierda, pues muchas características del hombre jamás la mujer podrá alcanzar. En todas las fases de la vida tiene que haber un activo y un pasivo y uno de los dos sexos tendrá que ceder y, seguramente, que como de más fácil emoción, cederemos después de la lucha.

No solo aplico la teoría de Aristóteles en cierto grado a nosotras, sino que ya estamos en el terreno aristotélico, le pesará la teoría a muchos que pretenden como la vieja canción de "Si yo no tengo nada, que nadie tenga na". Muchos creen que la humanidad está compuesta o de genios o de idiotas, así es que, según ciertas doctrinas que circulan entre los ignorantes, el ingenio de Edison, Marconi, Hugo Eckener, Hindenburg, el dinero de Henry Ford y otros prominentes debe ser "para todos lo mismo". Sin diferencias del rango, ni derecho al dinero, que ha causado mil desvelos su acumulación, cuyo producto da vida y trabajo a otros millones de hombres. Así es que, en resumidas cuentas, existen millares de seres humanos que son más cerrados de cabeza que ciertos animales. Y se pretende que seamos todos iguales. No digo que debemos considerar a nuestro prójimo en lo sumo, pero es fuera de cuestión que mi dinero sea repartido entre otros que son vagos de naturaleza, y que el sudor de mi trabajo se vea tan mal remunerado y que el capital se ponga como fundamento. No todos son genios, y no todos son idiotas, y hay aproximaciones de uno y de otro, y existe en el saber humano todos los grados, y la humanidad es una inmensa colmena humana y todos debemos de contribuir con nuestro trabajo en el mejoramiento de nuestra existencia, cada uno, con la mentalidad dispuesta para aquello que es más apto. Esta teoría de igualdad absoluta daría con el traste para la terminación del progreso. Pero dudo, primero, que nos conformemos, ya que es natural en todo ser, ser algo, eliminando el algo. ¿Valdría la pena desviarse? Por otro lado, nadie se interesaría ni en artes, ciencias, ni menos en trabajar, sería entrar en una era de esclavitud directa para el hombre. Las cosas en la vida necesitan su pro y su contra, y en el caso de nosotras veo que queremos abrirnos paso a diestra y siniestra. No soy de opinión que miremos por los ojos del hombre; la mujer, más de las veces, ha sido dueña de su propia opinión, y no solamente de la suya, sino que con frecuencia la opinión de la mujer ha sido beneficiosa al hombre.

La palabra del hombre no debe ser el amén en la familia, pues eso está bien para tiempo muy atrasados, lejanos ya, [en los que] con alguna frecuencia, el hombre era el amo.

El hombre debe ser sí el sol del hogar, que fecunde con su deber y buen ejemplo, con su trabajo en pro del hogar y de la humanidad, y la esposa, como la luna plácida y serena que inspira y hace a nuestro espíritu la secretaría de las almas, de los poetas, de los que sufren, de los que son felices, la que los niños aman y miran, y se la piden a su madre. Misteriosa, como el alma de la mujer es la luna, y la luna debe de ser el reflejo de la mujer, su duplicado en cuanto a espiritualidad. Los rayos de la luna no queman, los del sol, sí. ¡He ahí, el hombre y la mujer! Nuestro prototipo. La luna no debe de envidiarle nada al sol, cada uno tiene su misión que cumplir y cada cual más bella.

La carrera vertiginosa que la mujer pretende al compás del hombre, ¿dónde la llevará? Y después de llegar a la meta, ¿qué? Uno de los dos tendrá que ceder; ¿quién cederá por ley natural? Yo creo que la mujer, la mujer al final estará, repito, extenuada o, si así no fuere, sería muy difícil esa batalla. Entonces, como tal vez cederá uno y en caso que sea el hombre, y si existiere algo de hogar para ese tiempo, el hombre (muchos de ellos) se quedará en casa con el pretexto de que no "encuentra" trabajo. Se pasará meses y hasta años en plácida paz, en casa, y la mujer madrugará y marchará a trabajar, dejando a su cara mitad, "pacíficamente", al esposo entregado al *dolce far niente* y pluguiera el cielo que no le den destellos "activos" porque si no puede ser que el hogar fuera el teatro de algunas que otras batallas de palabras y obras de parte de la forzada parte "pasiva", y si después la parte acti-

va, esto es, la mujer, decidiera estarse en casa y no trabajar más . . .
Ya sé yo de muchos casos actuales en los que el hombre obliga a trabajar a la mujer, a fuerza de golpes e insultos, y él se queda en casa,
lo más fresco, esperando el dinero. Seguramente, yo no lo culpo a él,
ella y no más que ella es la triste culpable.

Por mi parte, si los hijos los hubieren, en tan envidiable matrimonio no podría esperarse sino la repetición de la historia en el mañana
cuando llegaran a edad adulta.

A mi corto entender, el marido debe ser algo que mejor me enor-
gullezca, en vez de avergonzarme. Ya sea por su trabajo, su personalidad o su intelecto. Y un hombre que vive del trabajo de una mujer es
el ser más despreciable, de lo que en realidad repugna a cualquier persona de alguna delicadeza moral.

Mi ideal de mujer moderna ha de ser empezando por conservar su
feminismo, instruida en el arte, la ciencia, ame la música, la pintura, la
escultura, la poesía, la literatura, esos campos, debían, en mi opinión,
ser cultivados por la mujer. ¡Una mujer científica como Madame Curie!
He ahí un ideal, callada en su laboratorio, sin necesidad de hacerse oír
con heraldos, ciencia, que ella ama y, sin embargo, lejos del clamor, del
bullicio, muchas veces engañoso de la humanidad. La libertad actual,
con raras excepciones, está dividida en varias fracciones, a saber: Unas,
que su manía es casarse y descasarse y volverse a casar. La moda lo
manda así, aunque no tengan un porqué para divorciarse, lo hacen. Las
otras fracciones trabajan y trabajan sin cesar, y dejan hasta el alma en la
lucha. Algunas se interesan en hacerle la contra al hombre en aviación,
cazando en el África a los pobres leones, etc., etc. Otras, que no piensan
en nada ni saben nada, y otras, que realmente sienten con el alma entera
todo aquello que su inclinación le llama, estas son las últimas y más
felices. Para comer un plato favorito es preciso darse cuenta que lo
comemos y lo saboreamos para que nos de satisfacción.

Y aquí dejo un pequeño átomo del Mundo de la Mujer Nueva, mi
querida señora Jaeger.

M. M. Pozo

(*Gráfico* [Nueva York], 22 de junio de 1929, pp. 10-15.
En "Charlas femeninas")

MUJERES DE CARNE Y HUESO

A la Sra. Clotilde Betances

Señora:

Ante todo, he de decirle que carezco de lo que usted posee en abundancia: un profundo conocimiento de la pluma, con el cual usted se ha permitido insultar a las mujeres latinas que viven en esta ciudad, sin considerar ni razonar los motivos por los cuales estas no han respondido a su llamamiento lanzado desde las columnas de GRÁFICO.

En la edición de ese periódico de fecha 29 de marzo de 1930, aparece un artículo suyo (página 14) en el cual usted aplica a la mujer latina el cómodo calificativo de "Muñecas de Cartón".

No se le puede tachar de inverosímiles a sus aspiraciones; mucho más cuando ellas no constituyen esfuerzo material de ninguna clase, y cuando para poderlas realizar se hallen las partes afectadas, colocadas en un plano donde el tiempo material del día, no sea imprescindiblemente destinado a ganarse el sustento.

La mujer latina a quien usted tan injustamente ataca y llama "mujeres de cartón" tiene que pensar hoy en día en este país tan materialista en resolver el problema de la vida; en ayudar a sus padres, esposos o hermanos; y esos sentimentalismos que tan bien usted expone tienen que pasar aparentemente desapercibidos por nosotras.

¿Desconoce usted que la mujer latina aquí, en su ochenta por ciento tiene que salir a trabajar, unas en las fábricas, otras en oficias y otras en *restaurants*? ¿Cree usted posible que tengamos tiempo para responder materialmente a sus clarinadas? ¿No cree usted más propio que nosotras, dado el corto tiempo que disponemos, lo dediquemos con más preferencia a la atención de nuestros hogares?

Resulta muy cómodo escribir y llenar cuartillas para un periódico cuando todo en la vida nos sonríe. Usted escribe muy lindo; sus artículos salen muy bien floreados; utiliza usted el lirismo con admirable maestría, pero en este caso ha errado lamentablemente el tema.

Usted escribe sin conocer el ambiente en que se desenvuelven sus lectoras; y su primer artículo, llamando a las mujeres para que hiciésemos una labor conjunta en pro de la paz del mundo, si en algunos de nuestros países se hubiese publicado, indiscutiblemente que los resultados hubieran sido fructíferos.

Su labor aquí será estéril por las razones que le dejo expuestas. Escriba usted algo más práctico y sin perder de vista que escribe para MUJERES DE CARNE Y HUESO.

De usted muy atentamente,

Clara Ponval
17 Pike St., New York City

(*Gráfico* [New York], 12 de abril de 1930, p. 10.)